"不忘初心 牢记使命"
主题教育学习用书

做好新时代的答卷人
领导干部克服本领恐慌八项修炼

于立志◎著

ZUOHAO XINSHIDAI DE DAJUANREN
LINGDAOGANBU KEFU BENLINGKONGHUANG BAXIANGXIULIAN

新华出版社

图书在版编目（CIP）数据

做好新时代的答卷人1：领导干部克服本领恐慌八项修炼 / 于立志著. -- 北京：新华出版社，2018.4（2025.2重印）
ISBN 978-7-5166-4068-5

Ⅰ.①做…　Ⅱ.①于…　Ⅲ.①中国共产党–干部教育–学习参考资料
Ⅳ.①D262.3

中国版本图书馆CIP数据核字(2018)第084600号

做好新时代的答卷人1：领导干部克服本领恐慌八项修炼

作　　者：于立志

责任编辑：赵怀志　祝玉婷　　　　　封面设计：臻美书装
责任印制：廖成华

出版发行：新华出版社	
地　　址：北京石景山区京原路8号	邮　　编：100040
网　　址：http://www.xinhuapub.com	
经　　销：新华书店、新华出版社天猫旗舰店、京东旗舰店及各大网店	
购书热线：010－63077122	中国新闻书店购书热线：010－63072012
照　　排：臻美书装	
印　　刷：大厂回族自治县众邦印务有限公司	
成品尺寸：170mm×240mm	
印　　张：21.5	字　　数：300千字
版　　次：2018年6月第一版	印　　次：2025年2月第三次印刷
书　　号：ISBN 978-7-5166-4068-5	
定　　价：42.00元	

版权专有，侵权必究。如有质量问题，请与出版社联系调换：010-63077101

目 录 | CONTENTS

第一章　增强学习本领 …………………………………………… 1

领航空间　解决本领恐慌：学习 ………………………………… 3
　　　　　　读书学习贵有恒 ……………………………………… 9
　　　　　　学习与思考结合 ……………………………………… 11
　　　　　　学个孔夫子"每事问" ……………………………… 15
　　　　　　由"一字师"说开 …………………………………… 17
经典故事　半部鲁论治天下 …………………………………… 19

第二章　提升用人智慧 …………………………………………… 21

领航空间　慧眼识人指要 ……………………………………… 23
　　　　　　用贤杰者成大事 ……………………………………… 29
　　　　　　天将大任付斯人 ……………………………………… 33
　　　　　　不拘一格选人才 ……………………………………… 39
　　　　　　用人所长勿苛求 ……………………………………… 41
　　　　　　重提"用人不疑" …………………………………… 46
　　　　　　善用智囊的睿智 ……………………………………… 51
经典故事　最难鲍叔能知管 …………………………………… 55

第三章　提高执政能力···················· 57

领航空间　奋斗的人生最幸福·················· 59
　　　　　　担当：时代的要求·················· 63
　　　　　　忠诚依旧铁石坚···················· 66
　　　　　　事业进步在于勤奋·················· 71
　　　　　　盘马弯弓惜不发···················· 76
　　　　　　督促检查重实效···················· 81
　　　　　　协调能力使合作顺畅················ 83
　　　　　　做讲政治的表率···················· 86
　　　　　　运用授权的智慧···················· 89
　　　　　　察纳雅言致胜局···················· 93
　　　　　　婉谏忠言的技巧···················· 97
　　　　　　用制度制约权力···················· 102
　　　　　　坚持科学赏罚观···················· 105
　　　　　　位高常怀敬畏心···················· 110
　　　　　　做官必自清廉始···················· 113
　　　　　　塑造良好形象的提示················ 118
　　　　　　怀德自律乃强者···················· 121
　　　　　　安得静气有洞天···················· 125
　　　　　　修炼忍耐力························ 128

经典故事　百年英烈公为先·················· 134

第四章　提高调研水平···················· 137

领航空间　调查研究：重要法宝·············· 139
　　　　　　一孔之见与观察能力················ 144
　　　　　　典型调查的方法···················· 147
　　　　　　问卷调查的方法···················· 149
　　　　　　个别访谈的方法···················· 151

窥一斑亦能知全豹 ··· 154
怎样挖掘典型经验 ··· 156

经典故事 毛泽东赞赏韦睿 ··· 159

第五章　注重交往修为 ··· **161**

领航空间 待人处事换位思考 ··· 163
领导说话应注意的问题 ····································· 166
增强语言表达能力 ··· 170
习近平讲话的语言技巧 ····································· 174
与领导说话的艺术 ··· 176
怎样在不同场合说话 ······································· 180
为官须练嘴上功 ··· 185
用幽默增添魅力 ··· 188
赞美是个技术活 ··· 192
无声胜有声的"语言" ······································· 195
应对媒体之路径 ··· 198
坚持自省乃赢家 ··· 202
践行正确的交友观 ··· 208
培养高雅情趣 ··· 214
舍与得的辩证法 ··· 216
世上荣枯无百年 ··· 220

经典故事 攻心则反侧自消 ··· 223

第六章　提高群众工作本领 ····································· **225**

领航空间 提高与群众沟通的本事 ····································· 227
惠民安有息肩日 ··· 232
群众路线永铭心 ··· 236
力倡"马上就办" ··· 241
群众是最好的老师 ··· 245

	补充情商"短板"	248
	拙诚胜于巧伪	251
	容得下谔谔语	256
	让从谏如流常态化	260
	积极稳妥处理突发事件	263
经典故事	先天下而后个人	266

第七章　展示战略思维韬略　271

领航空间	培养高强的前瞻力	273
	胸有谋略展大为	279
	放在大局去摆布	281
	待时不如乘势	284
	科学思维纵横谈	287
	创新是第一动力	291
	韬光养晦乃俊英	293
经典故事	沧桑南国出伟男	297

第八章　锤炼文字表达技能　301

领航空间	撰写文稿须准确	303
	文稿并非无情物	307
	怎样写会议报告	310
	怎样写讲话稿	312
	怎样写演讲稿	315
	怎样写典型经验材料	317
	怎样写新闻评论	319
	怎样写杂文	320
	常用文体写作的特别提示	327
经典故事	文章大家毛泽东	331

第一章
增强学习本领

做好新时代的答卷人
领导干部克服本领恐慌八项修炼

领航空间

解决本领恐慌：学习

马克思曾用家犬与猎犬的差别，来说明人与人的聪明程度先天差别很小，主要是后天学习和分工逐渐拉大距离的。任何人都不可能是"生而知之者"，都只能是"学而知之者"。长时间在工作岗位，本领的大小、能力的强弱，从根本上说也是由学习拉开的。

聪明与愚笨都可以转化，聪明和取得成功主要在于个人修己、勤奋学习、笨鸟先飞、熟中生巧。吕不韦充满智慧，经商、为政、治学都厉害。他认为人的记忆能力、知识水平从学习中得来。司马衷被视为历史上最愚痴的皇帝，又不好读书学习，怎能有作为？康熙被誉为最聪明、最有学问的皇帝，主要是他几十年坚持勤奋学习、锲而不舍。江郎重视早期刻苦学习，起步很早，功成名就。后来陷入平庸，不是能力不足，而是放松学习，勤奋不够。杜甫说："富贵必从勤苦得，男人需读五车书。"通过多种途径学习，不断给自己"充电"，也能取得很多成就。《射雕英雄传》中的郭靖比较笨，靠勤学成为一代大侠。

中国有着要求官员读书的悠久历史，这是传统文化中的优秀成分，应当在现代社会中加以继承和发扬光大。为了加强修身，做好工作，都必须善读书、勤读书、读好书，多一些书卷气。宋朝黄庭坚有言："士大夫三日不读书，则义理不交于胸中，对镜则面目可憎，向人则语言无味。"因此，要学习各种文史知识、古今中外优秀传统文化书籍，"以学益智，以学修身"，从中获得启发，为我所用。领导干部唯有多学习、储备丰厚的知识，扩充自己的知识面，才能具备长远的眼光，同时提高自己的办事能力以及思考的深度、广度，从而提高我们的战略布局能力。

通过读书学习来增长知识、增强本领，这是新时代做一名称职的领导干部、胜任领导职责的内在要求和必经之路。读书学习可以吸收前人修治齐平的经验和智慧，养浩然之气，塑高尚人格，不断提高人文素养和精神境界。十九大报告指出："领导十三亿多人的社会主义大国，我们党既要政治过硬，也要本领高强。要增强学习本领，在全党营造善于学习、勇于实践的浓厚氛围，建设马克思主义学习型政党，推动建设学习大国。"一个政党的学习能力有多高强，她的执政本领才会有多高强。

早在1939年，毛泽东就提醒说："我们队伍里边有一种恐慌，不是经济恐慌，也不是政治恐慌，而是本领恐慌。"把学习作为提高能力、增强本领的重要途径和根本方法，是我们立党、兴党、强党的优良传统。毛泽东于1939年提出有些共产党人"本领恐慌"的问题，解决的根本办法就是学习，充实知识，讲究学习方法，提高学习能力。毛泽东把学习形象地比喻成"开铺子"，如存货不多，取一点、少一点，不久就要告罄；"不进货"甚至就要关门倒闭，旨在告诫各级领导干部要有"紧迫感"，别闹"本领恐慌"。可见，学习是领导干部消除"本领恐慌"的重要途径。"开铺子存货不多"，就要根据"顾客需要"组织货源，看新时代需要什么"货物"，加强学习，才能从容应对本领恐慌。

对于领导干部而言，读书学习是天大的事情。爱学习、勤读书，是新时代领导干部走向卓越的阶梯。学习能力的提升意义重大，不能仅仅从个人习惯和爱好上来看待学习的问题，必须上升到精神状态和事业成败的高度来认识。领导干部如果不奋发地学习，不努力用科学的理论武装自己的头脑，不努力掌握先进的科学技术知识，不善于实现知识的不断更新，就必定要落后：知识就会老化，思想就会僵化，能力就会退化，就很难做到执政本领高强，就不可能肩负起党和人民交给自己的历史任务。这应该成为每个领导干部清醒和自觉的认识。

2017年10月27日，党的十九大刚刚闭幕的第三天，习近平同志在主持十九届中央政治局第一次集体学习时要求："全党要来一个大学习"。

学习，是中国共产党与生俱来的鲜明品质。其实，早在延安时期，毛主席就要求"来一个全党的学习竞赛"。领导干部不能胸无点墨，也不能只做两脚书橱；强调向书本学，向实践学，向身边人学，读万卷书行万里路；强调学习的目的是为了实践，为了修齐治平。

历史在发展，时代在奋进。在当前瞬息万变的形势下，唯有前进才不会落后。面对新时代中的新东西、新情况、新问题，有的干部表现出"本领恐慌"，知之较少，若明若暗。群众掌握的知识越来越多，群众利益诉求不断增加，对领导干部的执政能力的期望值越来越高。如果你的执政本领和服务水平达不到群众要求，就交不出群众满意的答卷，不能有一番大的作为。

领导干部"本领恐慌"的具体表现是：在工作中不懂规律、不懂门道、缺乏知识、缺乏本领，在解决同题的时候总是用老一套方法，结果没解决问题，没干成事情，甚至"搞出一些南辕北辙的事情来"。书籍代表知识，获取知识关键又在于学习。唯有学习并运用所学知识，一个人的能力才有可能得到提高。谁最爱读书学习，谁就最有底气。

党的十八大以来，面对新时代新使命，习近平同志提出了一系列新要求。"如果不抓紧增强本领，久而久之，我们就难以胜任领导改革开放和社会主义现代化建设的繁重任务。"党的十九大报告提出我党要提高八项执政本领，排在第一位的就是要学习的本领。

学习可以增强本领，提升人的能力素质，为成为一个卓越领导者打下基础。诸葛攻读多韬略，苏秦发愤终成功。古代士大夫们十分珍惜读书时间，勤于利用针头线脑的零星时间多读些书。有"三上"（枕上、马上和厕上）、"三余"（冬者岁之余，夜者日之余，阴雨者时之余）之说。王安石特别聪明，读过的书终生不忘，写出的文章下笔如飞。然而他非常重视后天学习，一生手不释卷，知识非常渊博。王安石写过《伤仲永》的文章，讲了一个神童终成平庸的故事，是因为没受到后天的教育，忽视了后天学习。

知识是能力的基础，知识能转化成能力。正如习近平同志所说："领导干部的读书学习水平在很大程度上决定着工作水平和领导水平。"我们面临的问题复杂、困难很多,打的"铁"比较坚硬,需要领导干部懂行,同时兼顾一些综合的知识结构,带着求知欲望学习,带着实践需要学习,坚持读书、武装头脑,立足实践,瞄准前沿,坚持干什么学什么、缺什么补什么,针对知识"短板"、能力空白、经验盲区,精准化学习,提高专业化能力,增强工作的科学性、预见性、主动性,使领导和决策体现时代性、把握规律性、富于创造性。

读书是多多益善,腹有诗书气自华。习近平同志在中共中央党校各类开学典礼上公开发表的19次讲话,有10次以上都是专论学习,成为建设学习大国、学习型政党的理论支撑和行动指南,凝魂聚力实现中华民族伟大复兴中国梦的动力源泉。习近平同志指出:"一个政党要走在时代前列,一刻也离不开理论指导;一个领导干部要做好本职工作,一刻也离不开理论学习。"领导干部的读书原则和读书范围,要坚持干什么学什么、缺什么补什么的原则。学习是成事之本。大凡富有远见卓识的人,善于理性思考的人,具有敏锐眼光的人,能够成就事业的人,一个首要的前提就是酷爱学习,把学习当作自身的最好投资,当作成功的最短阶梯。

"只有用人类创造的全部知识财富来丰富头脑,才能成为共产主义者。"马克思主义理论及其中国化最新成果是做好一切工作的看家本领。党的十八大以来,我们党和国家的事业发生了历史性变革,中国特色社会主义事业站到了新的历史起点上;党的理论创新实现了新飞跃,形成了习近平新时代中国特色社会主义思想,在马克思主义中国化进程中具有开创性意义和鲜明时代特色,开辟了马克思主义中国化新境界。要学习中国特色的社会主义理论体系,特别是要用习近平新时代中国特色社会主义思想武装头脑,指导实践、推动工作。唯有学习、理解透领导干部必须遵循的理论体系,才能在工作中把握好方向和全局,做出正确的决策。

领导干部应把学习当成一辈子的事,把外在的要求转化为内在的自觉,成为自己的一种兴趣、一种习惯、一种精神需要、一种生活方式。党的路线方针政策,是指导领导干部工作的要领,领导干部必须加强学习。习近平同志曾指出："不掌握这些，你根据什么制定决策、解决问题呀？就很可能会在工作中出这样那样的毛病。"一个人工作能力的最高体现是专业，达到专业水平的方法只有一个，就是加强专业知识的学习，掌握专业技能。

通过读书学习，对现实问题进行深入思考，领悟、感悟，融会贯通，把看到、学到的东西吸收进来，由此及彼，由表及里，力求孤立的东西变为相互联系的、粗浅的东西变为精深的、零散的东西变为系统的、感性的东西变为理性的，从而形成正确的工作理念。

领导干部应该把学习作为一种追求、一种爱好、一种健康的生活方式，做到好学乐学。有了学习的浓厚兴趣，就可以变"要我学"为"我要学"，变"学一阵"为"学一生"。兴趣是一个人内在素质和外在行为的综合，可以激发学习的积极性，使自身处在愉快、满意、兴致淋漓的状态，达到活跃思维、激发想象力、形成创造力的良好效果。《论语》开篇第一句话就是"学而时习之，不亦说乎"。兴趣对自己是一种享受，对别人则是一个磁场。兴趣，既有天生，又有后天培养；既有内在的历练，又有外部的影响。要根据自己的工作经验，培养理论兴趣，根据自己的世界观、理想和信念来推动和调节兴趣，增添趣味的元素。读书能够提高人的综合素质，拉开人与人之间素质的差距，读书能够带来乐趣。习近平同志指出："兴趣是激励学习的最好老师。'知之者不如好之者，好之者不如乐之者。'讲的就是这个道理。"

习近平同志用著名学者王国维关于治学的三种境界来论述理论学习也要有"望尽天涯路"的追求，有耐得住"昨夜西风凋碧树"的清冷和"独上高楼"的寂寞；也要有"衣带渐宽终不悔""人憔悴"的心甘情愿；更要有"众里寻他千百度"，最后在"灯火阑珊处"去领悟真谛。这种语言比一般地提学习要求更妙趣横生、意味深长。

学习是提高能力的主要途径。习近平同志强调，党员干部要增强学习本领。我们正处在竞争激烈、崇尚能力的时代，不熟悉、不懂得的东西很多，需要学习和掌握的知识很多，应有"本领恐慌"的危机感、"能力不足"的忧患感，以"无一事而不学，无一时而不学"的紧迫感，摈弃"不思进取不愿学、热衷应酬不勤学、流于形式不真学、浅尝辄止不深学、食而不化不善学"的不良作风，把读书学习作为一种使命、一种境界、一种追求，下苦功夫惜时读书学习，抓住一切机会，通过各种形式和渠道，挤时间学，抢时间学，多学习一些新知识、多掌握真本领，具备"张口能讲、提笔能写、遇事能办"的基本素质，使自己成为做好本职工作的行家里手。

"学习历来不是一件轻松的事情，特别是对于新理论、新知识、新经验的学习，更需要花大气力、下苦功夫，不能遇难而退，更不能投机取巧。"（习近平：《关于建设马克思主义学习型政党的几点学习体会和认识》，原载《学习时报》2009年11月16日。）习近平同志提出，"要精，要原原本本地学、仔仔细细地读，下一番真功夫"，在2013年12月3日政治局第11次学习的讲话中，他要求全党通过学习和掌握历史唯物主义原理，来更好地认识规律，更加能动地推进工作，"努力把马克思主义哲学作为自己的看家本领"。

学习要想取得良好的效果，很重要的一点在于理论联系实际，形成崇尚实干、力戒空谈、精准发力的良好风尚。亲历方得真知，向实践学习才是善于学习的表现。应该自觉地把本职工作当学问做，把工作的过程看作学习和研究的过程，把学习研究过程当作工作一样要求。要大力提倡"学习工作化，工作学习化"，把学习与工作看成一个问题的两个侧面、两个视角，使学习和工作有机结合，踏踏实实地提高自身的素质和能力，努力成为博学多才的领导者。

增强应对复杂局面的本领，真正使读书学习成为工作、生活的重要组成部分。所有领导干部要自觉把学习作为一种生活方式、一种人生境界、一种政治责任，养成好读书的自觉，培养读好书的习惯，以学明理增智，以学修身养德，加快知识更新，优化知识结构，使一切有益的知识和文化入脑入心，沉淀在血液里，融汇在行为中，融入人生和事业之中，不断提升工作能力，当好新时代的"答卷人"，向党和人民交出优异的答卷。

读书学习贵有恒

人的相貌是遗传的,而修养、气质是后天培养的,读书是提高修养和气质最好的土壤。任何人都不可能是"生而知之者",都只能是"学而知之者"。走上工作岗位之后,本领的大小、能力的强弱,从根本上说也是由学习拉开的。学习可以提升人的能力素质,为成为一个优秀的领导者打下基础。知识是能力的基础,知识能转化成能力。正如习近平同志所说:"领导干部的读书学习水平在很大程度上决定着工作水平和领导水平。"

勤奋学习是心灵的美容,能使丑陋变为美丽,能改变气质,去掉俗气,如入芝兰之室,身香而不闻其香,浑身上下散发出一种书香味、书卷气,不言自华。读一本好书犹如经受一种圣洁的精神洗礼,能增进志向在胸的崇高追求。通过坚持惜时读书学习,把握人生道理、领悟人生真谛,形成崇高的思想品德、高尚的道德情操和特有的人格魅力。

康熙是中国皇帝中学识最渊博的,因而识通古今,能以前代治乱的经验教训作为安邦治国的鉴诫,故能平定"三藩",统一台湾,抗击沙俄侵略,从而奠下了康乾盛世的基础。

曾国藩与一般行伍出身的将领不同,可以算是一位半路出家的儒将。平时为人处世也难掩其读书人的本色,在带兵时也念念不忘读书,"每天读史十页,虽戎马生涯,从未间断一日"。他从历史人物成败得失中吸取了宝贵经验。正是他治学有方,通过读书,走上仕宦之途,领会了行军打仗之术,树立并实践了报效国家、明道经世的远大志向。

现代人才学中有一个理论叫作"蓄电池理论",认为人的一生只充一次电的时代已经过去,只有成为一块高效蓄电池,进行不间断的、持续的充电,才能不间断地、持续地释放能量。只有努力读书、勤奋学习,才能掌握知识,获取信息,增长见识,陶冶性情,精神田园才不至于荒芜,才能提高能力,成为强者,走向成功;才能使人的情感更细腻,举止更优雅,气质更深沉,淡泊以明志,宁静以致远。

我们应以毛泽东"饭可以一日不吃,觉可以一日不睡,书不可以一日不读"的风范激励自己,挤出时间、静下心来学习。据毛泽东的同学萧瑜的回忆,1917年暑假,毛泽东与萧瑜徒步游历了湖南5个县。在去宁乡途中,曾拜访过一位姓刘的前清翰林。这位刘老先生问他们读过哪些古书,毛回答读过《十三经》(包括《诗》《书》《易》《论语》《尔雅》《孝经》《孟子》《周礼》《仪礼》《礼记》《公羊传》《穀梁传》《左传》),还读过《老子》《庄子》。

只有坚持读书学习,才能用丰富的知识充实自己,用科学的理论武装自己,用先进的文化陶冶自己,开阔视野,陶冶性情,提升思维能力,努力成为"杂家",成为复合型人才。只有借助读书学习这个阶梯,我们才能站得更高、看得更远、想得更深、悟得更透、做得更好。

习近平同志说:"领导干部加强学习,根本目的是增强工作本领、提高解决实际问题的水平。要发扬理论联系实际的马克思主义学风,带着问题学,拜人民为师,做到干中学、学中干,学以致用、用以促学、学用相长。领导干部应该把学习作为一种追求、一种爱好、一种健康的生活方式,做到好学乐学,如饥似渴地学习,只要坚持下去,必定会积少成多、积沙成塔,积跬步以至千里。"(2013年3月1日在中央党校举行建校80周年庆祝大会时的讲话。)

为什么基层干部群众喜欢听有水平的领导讲话?重要原因是他博览群书,信息储存量大,给人很多启迪。"一要选好书,二要选择精华背下来,三要亲自动手写文章",以提高自己的知识层次和文化品位。

现代社会的领导活动,工作节奏快,迎来送往多,领导干部很难有整段的时间静下心来读书学习,因而更要珍惜时间,有一点"汨余若将不及兮,恐年岁之不吾与"的紧迫感。常惜朝霞勤起舞,难抛珠玑是光阴。伴随着时间每时每刻"滴答滴答"向前走,我们要珍惜时间,追赶太阳,不让它落到崦嵫山,勤于学习新知识。养成终身学习的习惯,才不会有落伍的感觉。

习近平同志在2013年中央党校进修班暨专题研讨班开学典礼上指出："学习需要沉下心来，贵在持之以恒，重在学懂弄通，不能心浮气躁、浅尝辄止、不求甚解。领导干部一定要把学习放在很重要的位置上，如饥似渴地学习，哪怕一天挤出半小时，即使读几页书，只要坚持下去，必定会积少成多、积沙成塔、积跬步以至千里。"习近平同志2014年1月答俄罗斯记者问时说："读书可以让人保持思想活力，让人得到智慧启发，让人滋养浩然之气。"

如果忙碌于迎来送往、觥筹交错，心境就难免会变得浮躁。领导干部一定要静下心来，多一点读书学习，少一点应酬。有些同志说工作太忙没有时间学习。关键是思想认识问题，就看你把学习放在什么位置上，如果真正充分认识到它的重要性，总能挤出时间来学的。毛泽东日理万机，对马列著作、《二十四史》、古典名著能通读数遍，而且作了批注。问题的关键在于有没有高度的政治责任感、强烈的求知欲望和进取精神。

学习是学问之本，不学是愚昧之根。"学则智，不学则愚"。"气血虚弱谓之身穷，学问虚弱谓之心穷"。捷克教育家夸美纽斯说得形象而辛辣："富人没有智慧，岂不等于吃饱了饲料的猪崽？贫人不懂事理，岂不等于负重运行的驴子？美貌而无知的人，岂不是只有羽毛之美的鹦鹉……"

习近平认为，领导干部普遍应当读3个方面的书：当代中国马克思主义理论著作；做好领导工作必需的各种知识书籍；古今中外优秀传统文化书籍。中国有着要求官员读书的悠久历史，这是传统文化中的优秀成分，应当在现代社会中加以继承和发扬光大。

学习与思考结合

若想取得学习的良好效果，必须注重思考。古今中外，有许多理论家、思想家很重视在学习中精心思考，认为学习与思考密不可分。古人一再强调"博学之，审问之，慎思之，明辨之，笃行之"。如果读书学习囫囵吞枣、不求甚解，自然无法把书本上的知识变成自己的知识，无法把知识转化成本领。德国作家、科学家利希顿堡也说过："人们很少记住读过的东西，原因在于他们思考得太少。"

"读书心细丝抽茧，练句功夫石补天。"南宋哲学家、教育家朱熹一生勤于学习，有个经验之谈："读书有三到：谓心到、眼到、口到。"他曾强调：心到最重要。"心到"，是指读书时必须集中注意力，专心致志，用脑子来想、来思考，边读边作分析研究。他说："读而未晓则思，思而未晓则读，反复玩味，久之，必自有得矣。"清朝学者焦循说："学贵精思，吾生平最得力于'好学深思，心知其意'八字。"马克·吐温曾经说过："人的思维是了不起的，只要专注于某一项事业，那就一定会做出使自己都感到吃惊的成绩来。"

潜心思考可以避免读死书、死读书，避免许多无谓的阅读，"变成书橱"。死记硬背容易导致思想死板、僵化、迂腐，"抱着西瓜只说圆，捧着桂花只赞香"，把书当教条，拿现成的结论去生搬硬套。在学习中独立思考，才能学得深刻，触类旁通，启迪灵感，转化智慧，触发创造。

学习与思考是互为条件、相互促进的辩证统一。要把书本知识和别人的经验变成自己的东西，必须经过思考这个"再加工"的过程。法国哲学家笛卡尔所言："意志、悟性、想象力以及感觉上的一切作用，全由思维而来。"向深层思考，亦即用概念、判断、推理，按照唯物辩证法进行思维，把零散的东西变为系统的，把孤立的东西变为相互联系的，把粗浅的东西变为精深的，把感性的东西变为理性的，而且把这种思维方法融会贯通到学习的全过程，从而形成正确的工作理念，转化为科学决策。诚如宋代朱熹所言："举一而反三，闻一而知十，用功之深，究理之熟。"

善于读书表现在许多方面，习近平同志讲了三条。其中第一条，善于思考是关键，它贯穿于读书学习的全过程。习近平同志在中央党校2012年秋季学期开学典礼讲话中说："'学而不思则罔，思而不学则殆。'孔子这句话讲得好。学习与思考、勤学与善思是相互联系和相辅相成的，不可把二者割裂开来。在学习过程中,要结合自己的工作实际,脑子里经常装几个问题,反复思考。这对于培养和提高自己的理论思维和战略思维能力很有好处。"

中国特色社会主义进入新时代,新知识、新经验、新情况、新问题层出不穷,需要我们勤于学习,敏于思考,才能提高学习效果。我们通过读书学习,对现实问题进行深入思考,对一个问题善于从现象到本质、从局部到全局、从个性到共性、从静态到动态的思考,领悟、感悟、融会贯通,把看到、学到的东西吸收进来,由此及彼,由表及里,从而形成正确的工作理念。

"学而不思则罔,思而不学则殆",这是孔子的名言。只学习不思考,则迷乱不明;只思考不学习,则疑惑不解。他说:"君子有九思:视思明,听思聪,色思温,貌思恭,言思忠,事思敬,疑思问,忿思难,且得思义。"即是说,学与思二者有机地结合起来,多动脑子去"悟",就比较容易理解所学东西的精神实质,记得比较牢。苏轼认为读书须在熟读、深思上下苦功:"故书不厌百回读,熟读深思子自知。"学习与思考,犹如吃饭用牙齿咀嚼和胃肠道消化一样,不可须臾离开。朱熹说:"读书譬如饮食,从容咀嚼,其味必长。"英国作家波尔克指出:"读书而不思考,等于吃饭而不消化。"为了掌握知识和本领,就必须不断地在学习中思考,在思考中学习。

马克思对所读过的书并非全盘接受。他选出有价值的图书,接着便握笔重读,"顺便把自己的思考记在纸上"。——思考所读过的书和"顺手"写批注,成为马克思与书打交道的一种习惯和必要的准则。由这些批注汇集成的笔记,对马克思来说,是通往科学发现的可靠桥梁。

马克思在学习、写作劳累时,开始了独特的休息——在书房里走来走去,一边走,一边思考。年长日久,在门与窗之间的地毯上,留下一道被马克思的脚踩出来的痕迹,恰似一条穿过草地的小路。

物理学家爱因斯坦在学习时善于独立思考,不迷信任何权威,不崇拜任何偶像。他在青年时代,看了许多科普读物,认定《圣经》上的许多故事不可能是真的。他在谈到获得成功的体会时说:"学习知识要善于思考、思考、再思考,我就是靠这个学习方法才成为科学家。"光思考而不学习,思考就会成为"无源之水,无本之木"。应当使头脑成为一个加工厂,对所学习的每部分内容、每个问题,都应勤思考,善于找出它们之间的联系,总结出规律性东西,不能让头脑只作为一个批发站,不动脑子,不求甚解,书云亦云,亦步亦趋,毫无见识。

有的人学习浅尝辄止,没留下印象,其重要原因是没有动脑子思考。书本上的知识,或学习实践中的东西,不可能绝对正确,即使是真理,也是相对的,也还需要发展;更何况由于历史的局限等因素,有些书本上的知识或实践中的东西,难免真伪俱存,或者有用没用的同在,需要我们在学习时,思考加工,吸取精华,发现问题,得出独到见解。

一个人学习成果大小与思考程度深浅成正比。在学习中下功夫进行思考,主体始终处于积极状态,就可以把抽象的材料形象化、散乱的材料系统化,无意义的材料赋予一定的意义,能学有所悟、融会贯通、举一反三,取得好的学习效果,又促进了思想能力的发展,这样就不必呆读死记。现实生活中,常常可以看到,一些人同样读一本书,有的能系统地谈出体会,并有独到见解,有的则只记住片言只语,过些日子都淡忘了。其重要原因在于是否动脑深入思考。

思考是一种艰苦的劳动。清代程国彭说:"思贵专一,不容浅尝者问津;学贵沉潜,不容浮躁者涉猎。"在学习中会遇到不少概念、观点、事例等,包括一时没弄懂或理解不深的东西,在学习中还会产生丰富的联想。我们应当抓住这些线索深入地想一想,从过去、现在、未来和正面、侧面、反面,联系起来进行周密的思考。《文心雕龙·神思》说道:"相如含笔而腐毫,杨雄辍翰而惊梦……"司马相如含笔思索,真是含到毫毛都要腐烂了;杨雄停笔苦思,竟因此而做了噩梦。

人们掌握知识的多少,是与能否敏锐地发现问题成正比的。列宁指出:"为了能够分析各个不同的情况,应该有自己的头脑。"(《列宁选集》第4卷,第223页)善思即善于释疑,力求甚解,加以鉴别,决定取舍,掌握真谛。习近平同志指出:"领导干部阅历丰富,独立思考能力比较强,要带着问题读书,养成边读书边思考的习惯,在广泛阅读的基础上,联系实际,开动脑筋,对现实中的疑惑进行深入思考,力求把零散的东西变为系统的、孤立的东西变为相互联系的、粗浅的东西变为精深的、感性的东西变为理性的。要敢于拿起批判的武器,在思考中发现新的问题,在继承前人的基础上努力形成新的认识。"

提出疑问,多问为什么、可能吗,不是想入非非,不是怀疑一切,也不是钻牛角尖,而是应当有秩序地由浅入深地提出问题。可以采取逐步深入法:书的论点、观点是不是长期实践证明了的,符合不符合当前客观实际,需要做哪些修改、完善,论证这些观点的论据是否充分,有没有偏颇、错误之处,这个观点与其他书籍的观点有何异同,怎样结合自己的实际情况加以融会贯通和落实到行动之中。

学个孔夫子"每事问"

"草根"出身的刘邦,很谦虚、没架子,遇到不懂的问题,就向别人咨询,可谓"每事问"的高手。遇到问题,他有一句口头语:"为之奈何",征求别人的意见,察纳雅言,分析综合,作出决策。经过五年楚汉战争,刘邦最终能打败军事家项羽,根本的原因就是刘邦遇事都要来句"为之奈何",请教别人。

"每事问"出自《论语·八佾》:"子入太庙,每事问。"——孔子进周公庙的时候,问这问那,每一件事都要问个明白,表明他对周公、周礼的尊敬和谨慎态度,体现了孔子重视多见多闻、虚心请教的作风。"每事问"就这样被后人沿用下来,许多人从中受益不浅。

如今电脑进入每个办公室、家庭,了解信息很方便,地球真的成了"小小寰球"。领导干部的办公室配置较全,通过网络、电话等设施了解面上的情况便利多了，可谓"秀才不出门，便知天下事"，然而深层次的东西、新鲜活泼的第一手资料，还需到群众中去才能了解到。他们遇到工作中的难题，不忘咨询下属、请教群众，实践着从群众中来、到群众中去的工作方法，不断积累经验与能力，厚积薄发。

事实上，讨论会上最受仰慕的人，往往善于提出发人深省的问题。毛泽东说过："学问，就是讲的又'学'又'问'。"教育家陶行知认为，天地是个闷葫芦，里面有很多妙理；无论对于什么事情都要心存疑问。为此他写过"每事问""问到底"两首诗。他说："发明千千万，起点是一问……人力胜天工，只在每事问。"在现实工作中，不少"术业有专攻"的专家、资历深厚的领导，不光听汇报、看简报、查报表，言谈举止很谦虚，真正和一线工人、农民交成朋友，带着真情和诚意去问，常常不耻下问，请教别人，以"海不辞水、山不辞土石"的精神，吸纳百姓建议，博采众长"取真经"。巴尔扎克说："打开一切科学的钥匙无疑是问号。"

爱因斯坦有一句被人反复引用的名言："我并没有什么特殊的才能，我只不过是喜欢寻根问底地追究问题罢了。"他认为："提出一个问题，往往比解决一个问题更重要。"人们时常把这理解为科学家的谦逊、低调，其实是一语道破了发现和创新的"天机"：好奇心、问题意识以及锲而不舍的探求是创新成功的前提。美国学者博恩·崔西说："培养创造性思维的最好的方法是问问题。"一个好的问题总是能够直击问题的核心。勤问，贵在一个"勤"字。作出决策和检查日常工作，必须了解很多情况，要多问，问到底，追根求源，问个明明白白，不留半点疑问。这是求真务实的学习态度和学习品质。毛泽东曾倡导"每事问"，强调"凡事尽量搞明白"之后，才能解决问题。1930年5月，他在《反对本本主义》中有段精彩的论述："迈开你的两脚，到你的工作范围的各部分各地方去走走，学个孔夫子的'每事问'，任凭什么才力小也能解决问题，因为你未出门时脑子是空的，归来时脑子已经不是空的了，已经载来了解决问题的各种必要材料，问题就是这样子解决了。"

毛泽东在中国革命的一些重大问题上提出过许多好办法，这与他长期深入群众作调查、虚心向群众学习是分不开的。在著名的《寻乌调查》中，毛泽东谈到为其提供城市材料的两位先生时说："多谢两位先生的指点，使我像小学生发蒙一样开始懂得一点城市商业情况，真是不胜欢喜。"毛泽东说："中国人民中间，实在有成千成万的诸葛亮，每个乡村，每个市镇，都有那里的诸葛亮。我们应该走到群众中间去，向群众学习"，并表示要"和全党同志共同一起向群众学习，继续当一个小学生"。向群众学习，是一项长期的必修课，必须做到持之以恒，不应"毕其功于一役"。

深入群众了解社情民意，不要轻视"臭皮匠"，一定要摈弃官僚主义、不懂装懂的坏作风，不妨学学中华圣贤，降低身段、俯下身子，以小学生的姿态，多来些"每事问"，变"模糊泛问"为"针对性问"，变"无根由问"为"指向性问"，虚怀若谷、真心实意地向群众学习请教，倾听群众呼声，态度真诚，开诚布公，推心置腹，不断总结人民群众创造的新做法、新经验。要积极探索向群众学习的新路子。例如，可以凭借网络广开言路，既听"精英"建言，也听"草根"之声。

由"一字师"说开

南宋诗人杨万里，一生作诗二万首。他的"小荷才露尖尖角，早有蜻蜓立上头"，为千百年来人们所传诵。当然，这样的大才子也并非无所不知。有一天，杨万里说话时把"晋于宝"说成"晋干宝"，一旁的小吏告诉他乃"于宝"，非"干"也。杨万里高兴地称小吏："汝乃吾一字之师也！"这个故事从一个侧面说明诗人学者向周围的人学习的虚心态度，而能成为"一字师"者，往往也是肯于钻研，知识面广的人。

诚如大家所言：给人一杯水，自己得有一桶水。换言之，"博观而约取，厚积而薄发"。如今全面改革开放，有许多东西我们尚不熟悉。缺乏知识而孤陋寡闻，容易产生片面认识，难以左右逢源、举一反三。黑格尔认为:"无知者是不自由的,因为和我对立的是一个陌生的世界。"

若进步,要成事,要有新作为,需高人指路。当年刘邦打仗不如韩信,谋略不如张良,治政不如萧何,但他能虚心请教、学其精华、补己短板、察纳雅言,最后打败了强大的项羽。当过和尚、实力不强的朱元璋,能够战胜很厉害的陈友亮和张士诚,一个重要因素是他诚恳听取刘伯温、高升的谋划和指点,长袖善舞,以谋取胜。

老革命家吴玉章有过拜小服务员为"一字之师"的故事。1958年,他应《红旗飘飘》编辑部的约稿,把1942年写的五言古诗《和朱总司令游南泥湾》拿出来抄写。身边一位姓张的青年服务员,看到诗中"纵横百余里,'回乱'成荒地"两句,不解其意,便问吴老。

吴老说:"南泥湾原来是回族聚居地,物产丰富。由于清政府横征暴敛、残酷剥削,逼得回民起来造反,被清兵镇压,使南泥湾荒无人烟。"那位小同志说:"你经常给我们讲,哪里有压迫,哪里就有反抗,回民造反有理嘛。""回乱"二字,看上去仍觉得南泥湾"成荒地"的责任是在回民身上。吴老赞赏地说:"对,对,对,提得好!我写诗只是沿用历史上的说法,没有仔细推敲。"

经过一番斟酌,把"回乱"改成了"剿回"。符合了历史的本来面目,既歌颂了回民的革命精神,又鞭挞了清朝政府的反动统治。后来吴玉章称这位小服务员为"一字之师"。

"一个人必须随时随地向别人学习,而且活到老,学到老,才能不断取得进步,才能避免发生错误和及时纠正错误。"吴玉章既是这样说的,他也是身体力行的。

拜群众为师,始终是共产党人的永恒课题。学习人民、尊重人民,才能更好地服务人民。只有善于做群众学生的人,才可能做群众的先生。习近平同志在全国创先争优表彰大会上,明确提出要"拜群众为师,向群众问计"。拜人民群众为师,是共产党人的优良传统。火热的基层,沸腾的一线,有许许多多没有名气但颇有真才实学的人,都各有所长,正所谓人才济济也。领导干部深入群众,博采众长,就能提升灵性、充实自己,将群众的智慧集于一身。只有问政于民、问需于民、问计于民,才能摸清情况、发现短板、增加本领。

▶ 经典故事

半部鲁论治天下

人之初并没有聪明与愚昧之分(即使有差别也很小),只因后天是否勤奋学习,提高素质;处世、为官并没有成败之说,只因在实践中是否及时悟出经验教训,增长才干。

中国历史上的五代十国,其兴也勃焉,其亡也忽焉,多为混乱无序,但也蕴含一些变革,造就了若干挥舞长枪大戟的战士,造就了一批读书不多但却富于政治才干的文臣。

赵普(公元922-992年),字则平,原籍幽州蓟县(今北京西南),是宋太祖的主要谋士,北宋的开国元勋,第一位宰相,宋太祖、宋太宗两朝重臣,担任两朝宰相达12年之久,参与制订重大方针政策。

赵普没有什么家族背景,又缺少知识底蕴,然而他能够出将入相,干出一番事业。赵普原本与赵匡胤同为后周世宗柴荣的部下,深谙赵匡胤的为人。在平定天下前后,有两大突出贡献:他在幕后策划、发动"陈桥兵变",帮助赵匡胤兵不血刃地黄袍加身;建议赵匡胤"杯酒释兵权",以加强君权,从而使宋朝在开国之后避免走上历代杀功臣、夺兵权的老路,巩固了中央集权的北宋王朝。因此,宋太祖很信任赵普,视为"左右手",让他掌握军机大权,朝中无论大小事都要问过他。

"片言契合千秋业,两部平章半部书。"赵普并非读书人出身,年轻时没有打下厚实的学问功底,学识不深,缺少做宰相的知识水平,还闹出过笑话,被赵匡胤奚落。有一次,赵匡胤突然问赵普:"礼节为何规定男人跪拜，而妇人却不跪呢？"赵普回答不上来，很难堪。赵匡胤多次劝勉赵普多读书。赵普每次回家就关起房门，取出书籍认真诵读，论年龄，他倾心向学时已过不惑之年；论工作节拍，他长期身居要职日理万机。尽管如此，赵普却能做到下功夫精读《论语》，持之以恒，"手不释卷，每归私第，阖户启箧取书，读之竟日"，并能活学活用，"每日临朝，处决如流"。

后来，家人打开书箱一看，原来是《论语》20篇。于是民间流传赵普：半部《论语》治天下。这不能不令人为之击节赞叹。《宋史·赵普传》记载了宰相赵普晚年手不释卷，不忘时刻充实自己，其治国能力与日俱增。

赵普并非声名显赫的宰相，沉厚寡言，出现在前台少，在幕后出谋划策多。他富于权变，刚毅果断，能断大事，尽忠国家，冰心傲骨，是一位难得的社稷之臣，在政治舞台上活跃了30多年，身居要津，三度入相，参与制定各种方针政策，对于结束长期政治动乱、实现中原统一、巩固中央集权、防止方镇跋扈与地方各自为政，做出独特的贡献，影响着宋朝300年的统治状况。历史上"陈桥兵变"，进而赵匡胤黄袍加身，以及"杯酒释兵权"，加强中央集权，赵普作为赵匡胤的幕僚，起了出谋划策的特殊作用，立下了汗马功劳。

文官的最高追求莫过于当宰相了。赵普曾任太祖、太宗的宰相，心胸坦荡，以天下事为己任，始终把为朝廷荐举人才作为履职尽责的重中之重。赵普对赵匡胤忠心耿耿，敢于在武夫出身的宋太祖面前坚持自己的意见，这是很不容易的。有一天，赵普推荐某人可以提升，宋太祖不同意。赵普第二天又推荐，他还是不肯录用。第三天赵普仍然上奏，将推荐那个人的理由说了一遍，宋太祖大怒，抢过赵普的奏折，撕碎扔到地上。赵普脸不变色，跪下拾了起来。带回家后，把奏折贴起来。

过了数日，赵普继续推荐那个人。宋太祖鉴于他忠耿不辍，终于打消了对那人的成见，采纳了赵普的意见。这个人到任后果然称职。

还有一次，宋太祖听信了谗言，怀疑曹彬图谋不轨。赵普为曹彬分离辩，仗义执言。太祖弄清事实真相后，感叹地说："我误听不明，差点误了大事。"当天就放逐了那个进谗的人，对曹彬信任有加。

第二章
提升用人智慧

做好新时代的答卷人
领导干部克服本领恐慌八项修炼

>> 领航空间 >>

慧眼识人指要

追求卓越的党员领导干部,尤为需要有识人的慧眼。能得人而不能识人,即是身边有"宝"而不识"宝",则所得皆庸才;只能识人而不能得人,亦即有识人之眼,却无用人之举,则人才"流失"而为他人所用。无其才而使当其任,则工作干不上去,且带散队伍;无其德而使居其位,则必衰败矣。

商汤得伊尹而社稷昌盛,成为千古流传的"历史佳话"。伊尹聪慧过人,是商朝的开国元勋、五朝元老。他早年曾作为陪嫁奴隶,来到国君商汤家里厨房干活。为了让商汤知道自己是个有本领的人,伊尹经常找机会接近商汤,有时把菜做得很可口,有时却故意做得咸或淡,招惹商汤注意他。

有一天,商汤找来伊尹问话。伊尹说:"做菜不能太咸,也不能太淡,只有把佐料放得恰到好处,掌握好火候,菜才能好吃又有味道。治理国家也和做菜一个道理,既不能操之过急,也不能拖沓懒散,只有张弛有致,才能把事情办好。"

商汤发现伊尹是个难得的人才,想让他担当重任。于是召集大臣们,让伊尹当着他们的面,谈谈对天下大事的看法,展示一下才华,抒发他的抱负。伊尹畅谈治国之道,不卑不亢,落落大方,分析得透彻又精到,于是大臣们连连点头称是,深为钦佩。商汤更是欣喜万分,相见恨晚,当即任命伊尹为右相。从奴隶到右相,伊尹的才能被商汤赏识和不拘一格使用,这在我国古代是一个非常了不起的经典事例。

伊尹帮助商汤宽以待民,轻刑薄赋,对夏的属国进行征讨兼并,夏民如同"大旱之望云霓"一样盼望商汤的到来。伊尹为相20余年，为商朝600余年的统治打下了稳固的基础，成为中国历史上第一位著名的贤相。

英雄难过美人关，为官难过识人关。天上有真假猴王，地上有真假李逵。假猴王会作乱，假李逵会捣鬼。知人必须辨其意，识人必须察其行。看人不能只靠一时的印象而妄下结论。为政者最大的隐患在于不知人和不识人。若不能识人，势必不能用人，一旦知道和识别到了人才，如果不及时推荐和提拔使用，则为失才的表现。一旦了解和识别的人既缺德又缺才，不及时从其现任的位置上罢免，后患无穷矣。

识别贤佞是恰当用人的前提条件，关系到事业的兴衰、国家的治乱。周幽王、周厉王，为什么灭亡？是因为任用奸佞却以为是贤才。齐桓公、秦二世曾嘲笑周幽王、周厉王，却分别任用竖刁、赵高。伍子胥对伯嚭不是很了解的情况下，向吴王夫差推荐，原来伯嚭是个小人。吴王夫差曾斥伍子胥为奸，喜伯嚭"忠心"可许，后来吴国败亡时，始知识人之误。这是由于事物的现象常常与其本质不同，表面现象容易迷惑人。

公元前225年，秦将王贲率领10万大军攻打魏国。秦军长驱直入，未遭遇有效抵抗，很快兵临魏都大梁（今河南开封）。三个月之后，秦军攻陷梁，魏王假投降，不久被杀，魏国灭亡。一个最重要的原因就是人才流失。

魏国地处中原腹地，第一代国君魏文侯是一个目光远大、才能出众的君主，使魏国成为当时的第一大诸侯国。魏国人才众多，但同时又是一个人才流失大国。魏武侯即位之后，魏国就拉开了人才流失的序幕。

吴起遭到贵族的排挤，于是逃到楚国后又实行了变法，楚国强大起来。商鞅从魏国流失，在秦国推行商鞅变法，使秦国一跃成为战国七雄当中的霸主，对魏国构成了致命的威胁。孙膑在魏国时遭到庞涓的残酷迫害，后来被齐国使臣营救回齐国并拜为军师。孙膑的流失对魏国影响最大。张仪、乐毅、范雎、信陵君、尉缭这一个个闪亮的名字都曾深刻地影响了战国的走势，他们都曾想为魏国效力，可是除了魏文侯之外，一代又一代的魏君都没能真正地礼待和重用这些贤才，致使人才大量流失，魏国终由一个霸主之国走向了灭亡。

领导者在驭人之时，当练就"伯乐识千里马"的本领，善于识良辨莠，注重了解人的内心世界，不能凭一时一事去判断人。如果知人不深、识人不准，往往会出现用人不当、用人失误，导致"赵括丢长平""马谡失街亭"的悲剧重演。有的人目空一切，表面看很聪明，却往往聪明反被聪明误；有的人看起来憨厚可爱，其实不是正人君子；有的人善于吹捧，暗地里却耍手段；有的人爱许诺，却不讲信用；有的人什么事都插手，却并非多才多艺；有的人外貌温驯，而内心骄慢；有的人貌有长者之风，实际却品行不端；有的人貌似坚强果断，实则软弱少断。领导者必须敏于识人之短，识人之长，识人长中之短，识人短中之长，摸准干部最适合干什么、不适合干什么。

刘邦善于从敌人营垒中争夺人才，像谋臣陈平、猛将韩信，对于出身卑微但才能超众的人也破格使用：当过吹鼓手的周勃，做过屠夫的樊哙，布贩出身的灌婴，穷书生郦食其，车老板娄敬，草寇彭越、英布，这些人都立下了赫赫战功。刘邦正是有萧何、韩信、张良、陈平、周勃、郦食其等足智多谋、能征惯战的文臣武将辅佐，各展其长、各尽其能，才夺取了天下，成就了霸业。天下人都说刘邦善于用人，懂得为君之道，善用于自己的长项去对付项羽的短项，用智慧战胜了武力，开创了"布衣将相之局"。

准确地识人（包括思想品质、工作能力、知识、性格等方面，进行全面的历史的考察与评价），把人看准、看透，极不容易。汉武帝说过："何世无材，患人主不能识耳。苟能识之，何患无材？"汉武帝重视用人，政绩卓然，却在晚年上了方士栾大和江充的当。刘秀很善于听取并明辨各种意见，却犯了谬信庞萌的错误。曹操算得上是明察将士的高手，却受张邈蒙蔽。为什么会发生这种情况呢？因为世上的事物纷繁复杂、真假难辨、乱人心目。

历史的教训应当汲取。杨广是一个工于心计、巧于矫饰的大阴谋家，早就觊觎太子之位，采取了不少卑鄙手段。可是，杨坚偏偏看不准自己的儿子。杨广成为太子后，便露出骄奢淫逸的真面目。当杨坚发现杨广是个恶才时，已无能为力了。杨广靠政变上台，踏着父亲的尸体登上皇位后，更加显露出荒淫奢侈、残虐人民的本性。

人世间，总是细行容易做假，大节难以看真。冯梦龙说："不可以一时之誉，断其为君子；不可以一时之谤，断其为小人。"只看一时一事，仅听片言只语，直线式、习惯性思维方式，恐怕要失误。对于正派之人不要计较小节问题，不能因为一个过错而将君子贬为小人；对于拍马者不能因为其表面的毕恭毕敬、甜言蜜语而误当作君子，寄予较高的期望值。

隋文帝杨坚在位 20 多年，明于治国，结束了 300 年的分裂局面，却不谙于知人，错误地选择了接班人，致使锦绣江山传非其人，自己丧于逆子，无辜的百姓也受到屠戮，最终亡国，成为短命王朝。杨坚看人的思想方法不对头：重细行而忽大节。这个致命弱点一旦被奸诈之徒抓住，就会投其所好，蓄意制造假象，引你上钩，将你俘虏，为他实施野心铺路。

唐明皇在前期不失为一代英主，但他后来重用李林甫、杨国忠、安禄山。唐玄宗把大臣奏章中的提示，看作是对安禄山的妒忌，对安禄山毫无设防，予以同情怜惜，不断施以恩宠，竟然把天下一半精兵交给他掌管，造成"安史之乱"，差点儿葬送唐王朝。

识人选人，必须首先考察其德。德具有统帅性和方向性。如果一个人不孝顺父母，你不值得信任他；如果一个人总是虐待配偶，你不值得信任他；如果一个人对别人不忠诚，却对你表示忠诚，不可信任他；如果一个人虚伪、巧诈，爱溜须拍马，你不可任用他；如果一个人忘恩负义，你不可信任他；如果一个人总在你面前流露对别人嫉恨，觉得他人是自己前进中的最大障碍，不可委以重任；如果一个人为你的缘故排挤、陷害别人，不可任用他；如果一个人有点小功劳就沾沾自喜，不时向领导表功，不可重用他；如果一个人说话模棱两可，善于应酬而胸中无策，不可重用他；如果一个人过于偏激，总是使事情走向某一极端，不可重用他。

领导者识人，一个重要环节是先看其长处，后看其短处。柳宗元讲过这样一件事。一个木匠出身的人，自家的床坏了却不能修，可他却自称能造坊。后来，柳宗元在一个造屋工地上，又看到了这位木匠，只见他发号施令，操持若定，众多工匠在他的指挥下各自奋力做事、秩序井然。柳宗元大为惊叹。从这个故事可以悟出一个道理，如果先看此人不是个好工匠，于是弃之不用，那就埋没了一位出色的工程组织者和指挥者。由此观之，识人先看其长、后看其短，取其所长、弃其所短，十分重要。领导者应具有识才慧眼，不能因为下属有缺点、有过错误、反对过自己、得罪过自己，就耿耿于怀，弃之不用，一切当以人才为重，一切当以事业为重。

1952年初，习仲勋任西北局书记和西北军政委员会副主席。一天，薄一波向毛泽东汇报工作，毛泽东正在阅读习仲勋从西安发来的《关于中共中央西北局委员会全体会议情况》的报告。这个报告是关于西北地区的土地改革、统一战线和民族工作等方面的，内容丰富，论述精辟。毛泽东看了十分满意，问薄一波："你讲讲，习仲勋这个同志怎么样？"早在延安时，薄一波就听到毛泽东赞誉过习仲勋"年轻有为"，于是便以此语作了回答。毛泽东说："如今他已经'炉火纯青'。"

准确地识别一个人，需要放长眼光，必须经过较长时间的考察，从发展趋势中去考察。既要看干部的一时一事，也要客观地、全面地、辩证地看他的过去、现在、将来。详看是什么，多问为什么，多想几种可能性，多向思考和辩证分析。看实质，就是看其在德、识、勤、绩、能等各方面的实际表现，而不能光看文凭、资历、投票测评结果。学历、资历不高的人，也不一定就不是人才。不仅看一个人的学历、学位、资历，还要看其潜在的素质，亦即"冰山"以下的部分。要推行干部考察"进家庭、进社区"制度，把干部考察由"工作圈"向"生活圈"延伸，全面了解干部在社会公德、家庭美德、个人品德、遵纪守法等方面的情况。

如何识别人有不少方法可循。战国时李克曾给魏文侯说了五条识人标准，很有见地：想知道一个人的品质能力，要观察他平日亲近些什么人；他富贵之后，又交往些什么人；位居高官，要考察他给国家推荐了什么人；在他处境困难、不得志时，观察他是不是做了不该做的事；家境贫寒时，观察他是否接受了不义之财。

诸葛亮在《将苑》一书中总结出独到的七种识人方式：一是用是非曲直试探他，看他是否有分辨是非曲直的能力和高尚的品质；二是用言辞辩论，看他是否有阐述问题的逻辑性和应变能力；三是向他询问计谋，看他是否有雄才大略和真知灼见（这与庄子的"卒能问焉而观其知"的方法类似）；四是告诉他祸患与灾难，看他是否有胆量，临危不惧；五是让他喝醉酒，以观察他的品性；六是把财利置他眼前，看他是否廉洁；七是约定他如期之事，看他是否守信用。

成功总是跟科学思维包括创新思维、善于应变有机联系在一起。时代在发展，历史在前进，有的老经验、老办法不一定适用，如果时过境迁后还死抱住不放，逐渐形成定势，难免会落后于时代。识人用人，应首先培育和运用辩证思维，避免陷入固有思维模式，从多角度看问题。如，不能把推荐票数多少作为任用干部的唯一标准，不能把得票多就等同于最优秀，简单地以票取人。只有善于识人，采取正确的方法，扩大选人用人的范围，拓宽选人用人的视野，加大选人用人的透明度，才能使从事的事业因拥有一流人才而龙乘彩云、虎生金风、得心应手。

准确地识人，应看他结交什么样的朋友。《史记》说："不知其人，视其友。"《处世智慧》一书说，识人、知人，要看他日常生活中亲近、结交什么人；看他富裕时怎样对待和处理钱财；有了地位和权力后，看他推举任用什么人；看一个人贫贱不得志时的所作所为；要看关键时刻的表现；看长期一贯的表现；还要通过综合观察和比较。识别人才，既要作全面考察，又要靠长期观察。冯梦龙说："不可以一时之誉，断其为君子；不可以一时之谤，断其为小人。"

察言观色，可以略知其人。《孟子·离娄章》说："存乎人者，莫良于眸子。"指观察一个人，再没有比观察他的眼睛更好的了。心灵正直，眼睛明亮；心地丑恶，眼睛昏暗。一个人的神情仪貌、举手投足，反映了他的内心世界。从外表观察人物固然有失偏颇，却是很直观的。

用贤杰者成大事

贤杰者，德才兼备之人也。知人善任，重用贤才，是取得事业成功的第一要务。有了一流人才辅佐，才能开创新局，如愿以偿。对于人才，看重的是他的品德和才干，是金子就该让它发光，是人才就该才尽其用，让能干事者有机会、干成事者有舞台。能用人者，可以无敌于天下。

习近平同志在中央党校2011年秋季学期开学典礼的讲话中指出："中国历史上凡是有作为的政治家都非常重视人才问题。他们深深懂得'为政之道，任人为先'的道理，在选人用人方面留下了很多可取的思想和经验，诸如知人善任、选贤任能，才兼文武、德才兼备，敬贤敬能、礼贤下士，访求俊彦、唯贤是举，人尽其才、才尽其用，避其所短、用其所长，勤于教养、百年树人等等。"

周文王很有眼光，在渭水之畔请来姜子牙，拜为军师，后又擢升为丞相，确实是个帅才，不负众望，厚积薄发。文王在姜子牙辅助下，推行仁政，理顺民心。文王采纳了姜子牙的治国要领："国君以举贤为常，官以任贤为常，士以敬贤为常"，以贤为本，重视发掘、使用人才，以期富国强兵。后来在姜子牙的策划下，周武王、周公率领军队在牧野，打败了强大的商纣王军队，建立了周朝。姜子牙被后人称为"中国谋略家的开山鼻祖"。

刘邦是个"老粗"，看似并无一技之长，遇到棘手之难题，常有一句口头禅："如之奈何"，但他有个可贵的素质：从谏如流，而不是刚愎自用，才得以作出一系列正确的决策。刘邦的势力远不如项羽。楚汉战争打了五年，刘邦遭遇过很多次危机，采纳张良和陈平奇谋不下数十计，化险为夷，转危为安。最后在垓下一战，张良策划在楚军中唱楚歌，使项羽的军队思念家乡，无心打仗，结果刘邦、韩信打败了楚霸王，建立了汉朝。可以说，如果没有张良，刘邦是难以打下天下并且坐稳江山的。

识人是善任的前提和基础,善任是知人的延伸和深化。卓越的领导者的本领、领导工作的重中之重,在于把识别人才、招揽人才、选用人才作为领导谋略的轴心和第一要务。朱元璋曾说:"治国之道,唯在用人"。千金有价不足贵,人才无价实难求。为政之要,人才第一;事业盛衰,人才为大。孔子认为,选用正直的人,把他安置在邪曲的人之上,百姓就会服从;选用邪曲的人安置在正直的人之上,百姓就不服从。《孟子》有"尊贤使能"的主张。孟子说:"不信仁贤,则国空虚。"唐太宗通过总结隋亡的教训和唐初治国经验,提出:"为政之要,惟在得人";"能安天下者,唯在用得贤才"。他们的事业获得成功,同善于求贤用才紧密相连。

自己聪明不算聪明,能辨别人才之高下,并能用一流德才兼备的人才称得上是真聪明,才是一切才能中最大的才能。做到爱贤重才,就要知人善任。范仲淹《选任贤能论》说:"得贤杰而天下治,失贤杰而天下乱。"一个国家没有道德高尚、才智出众的贤臣,却能实现富强,危难之中求得安定,是从来没有的。三军易得,一将难求。不要怠慢、排挤、失去贤才,是何等重要啊!

一部堪称国之瑰宝的《资治通鉴》,很大程度上说是用人之鉴。司马光从德与才两个方面出发,把人分为四种:德才兼备为圣人,德才兼亡为愚人,德胜于才为君子,才胜于德为小人。司马光认为选人标准应以"贤"字为重。他在《资治通鉴》中提出:"才者,德之资也;德者,才之帅也。"由此,他提出:"取士之道,当以德行为先"。司马光有个重要的主张:在选拔官员的时候,如果遇不上德才兼备的圣人、"德胜才"的君子,那就情愿用"才德皆亡"的愚人,也不能用"才胜德"的小人!因为君子持有德,把它用到善事上;而小人持有才干,就会用来做坏事。小人对事业的危害大:"小人智足以遂其奸,勇足以决其暴,是虎而翼则也,其为害岂不多哉!"司马光的经典论述是比较深刻的,是对历史经验教训的概括和提升,对传统政治的影响极其深远。

习近平同志在中组部组织工作会上指出好干部的四条标准准确界定了

领导干部"德"的内涵：政治上靠得住，工作上有本事，作风上过得硬，人民群众信得过。并把标准具体化为20个字——信念坚定、为民服务、勤政务实、敢于担当、清正廉洁。这五个方面是领导干部提升领导力的必备素质。"才"固然重要，可"德"比"才"更重要。"德"强调的是思想、品行；"德"为基础、为先导；"德"靠"才"来彰显，"才"靠"德"来统帅。缺少"德"，容易迷失在摇摆不定、攫取私利、勾心斗角、尔虞我诈之中。

许多单位、团体领导都认定：能力合格的人不一定是上品，而品德不合格的人就是危险品。要坚持正确的选人用人导向，坚持"德才兼备，以德为先"的选人用人原则，切不可重才轻德、以绩掩德、以才蔽德，要人尽其才，尽可能把"能人"放到更适合其自身发展的业务岗位上。失去"德"，就失去了提拔重用的基本资格。要建立科学的干部考核体系。科学、客观、全面评价干部，对能力强的干部，重在约束权力，扎好制度笼子，管好手脚。考核干部，不唯"GDP"、不片面追求"好看"、不单纯看经济指标，不让"才高德低"者握权。

领导者要有爱才之心、容才之量，要坚持"德才兼备、以德为先"的用人标准，让德成为"硬杠杠"，选贤任能，用好人才，淘汰庸才，远离佞才。《关于新形势下党内政治生活的若干准则》指出："选拔任用干部必须坚持党章规定的干部条件，坚持德才兼备、以德为先，坚持五湖四海、任人唯贤，坚持信念坚定、为民服务、勤政务实、敢于担当、清正廉洁的好干部标准。把公道正派作为干部工作核心理念贯穿选人用人全过程，做到公道对待干部、公平评价干部、公正使用干部。"

领导者要有辩证思维的头脑，把德与才看作一个有机的整体，不能重德而轻才，更不能只看才而忽视德。德与才是干部素质不可或缺的两个方面，有德无才，难以担当重任；有才无德，终究要败坏党的事业。看人的德与才，要看全部历史和全部工作，不能只以一时的功过来判断人才的全部历史。

一些干部出问题，主要不是出在才上，而是出在德上。坚持德才兼备、以德为先，抓住了领导班子和干部队伍建设的关键。德和才相比，德是关键，德是先导。关键的一条就是必须坚持德才兼备、以德为先的用人标准，注重实绩，群众公认。什么样的人该用，什么样的人重用，都必须把德放在首位，任人唯贤，进贤退庸。把政治上靠得住、工作上有实绩、作风上过得硬、人民群众信得过的干部选拔上来，敢于为干部主持正义和公道，不让埋头苦干的老实人吃亏，不让敢抓敢管的干部受屈，不让改革创新的干部灰心。着重看干部综合德才素质和一贯工作表现，不简单以票数决定干部任用，防止误用不讲原则、不负责任的"老好人"。

要把德才兼备的好干部选出来、用起来，形成优者上、庸者下、劣者汰的好局面。"才不称不可居其位，职不称不可食其禄。"（清代王豫）习近平同志说："用人得当，就要坚持全面、历史、辩证看干部，注重一贯表现和全部工作。对那些勇担当、有本事、坚持原则、不怕得罪人、个性鲜明的干部，往往会出现认识不尽一致的情况，组织上一定要为他们说公道话。"在干部选任上，决不让品德低劣、业绩平庸、钻营取巧、不干实事、作风漂浮、视个人利益高于一切的人混进干部队伍、选进领导岗位。"宁有瑕玉，不用无瑕石。"对德行好、很敬业，但有明显缺点的人才，应大胆予以使用。列宁说，老本领总是不会忘记的。当一个人的长处得以发挥时，他就会轻车熟路、颇有兴趣，努力使自己大有作为。否则，就可能成为平庸之辈。

当前必须改进干部考核的方式方法，注重对干部道德品质的考察，作为是否任用的重要依据。要切实落实群众对干部选拔任用的知情权、参与权、选择权和监督权，坚持在民主评议、民主测评、民主推荐干部时，广泛听取群众意见，并把民主评议、民主测评、民主推荐、任前公示的情况作为选任干部的重要依据之一。对那些因循守旧、照抄照搬、不思进取的人要函询提醒，对那些脱离群众、脱离实际、搞形式主义和官僚主义的人要批评教育，对那些作风霸道、不顾大局、闹不团结的人要监督整改，对那些作风漂浮、不干实事、弄虚作假的人要谈话诫勉，对那些贪图享乐、铺张浪费、以权谋私的人要组织处理，从而在干部队伍中营造崇尚实干、作风正派、反对空谈的鲜明导向,让政治上靠得住,工作上有本事,作风上过得硬,人民群众信得过的干部受到重用。对于考察失误、将权力错授给素质差的有违纪行为者,应追究责任。

天将大任付斯人

冯梦龙有一首诗揭示了周朝兴亡的教训,对于后世很有借鉴意义:"卜世虽然八百年,半由人事半由天。绵延过历缘忠厚,陵替随波为倒颠。六国媚秦甘北面,二周失祀恨东迁。总观千古兴亡局,尽在朝中用佞贤"。

推荐贤能,乃圣贤的教诲。应有惜才之心,识才之眼,把德放在用人之首位。齐桓公晚年培养自己的掘墓人。袁绍以好恶用人,一败涂地。秦桧提拔唯我是从之人。武则天对狄仁杰信赖有加。林肯任用格兰特,决胜千里。

唐代周昙《周公》诗云:"仍闻吐握延儒素,忧恐民疲未尽知。"《宋书·文帝纪》云:"周宗以宁,实由多士,汉室之隆,亦资得人。"范仲淹认为"国家之患,莫大于乏人","臣之纳忠,无重于举善",把举贤荐能视为人臣效忠朝廷的应尽职责。

毛泽东曾批注:"傅说、吕望何足道哉,马周才德,迥乎远矣。"傅说(音越)为商朝大宰相,有"圣人"之称,吕望即姜太公。由此可见,马周在毛泽东心目中的地位非同一般。

马周(公元601-648年),字宾王,博州茌平(今山东茌平)人。他出身贫寒,自幼父母双亡,孤苦伶仃,但勤奋好学,博古通今。由于天性豪放,不为小节所拘,马周并不为家乡官员所重视。为了更大的发展,他毅然徒步两千多里,来到当时的国都长安。到长安后,马周穷困潦倒,不得不客居在当时的中郎将常何家中。

贞观五年,天下大旱,灾情严重。唐太宗李世民忧心如焚,便下令无论文臣还是武将,都要写一份奏章,提出几条具体的意见或建议。这一下可难坏了常何,他回到府中,愁眉不展。马周得知了这个消息,便替常何写了奏折。

次日早朝,常何怀着忐忑不安的心情将奏疏呈给唐太宗。唐太宗看过大吃一惊。在奏折中,马周提出了十二条建议,句句都说到了唐太宗的心坎上。其中,最重要的内容有三条:其一,力戒奢侈,广布恩德。马周从夏、商、周至魏、晋、隋统治天下的时间长短切入,告诫唐太宗只有坚持不懈地"节俭于身、恩加于人",才能长治久安。毛泽东曾在此句逐字加双圆套圈,以示重视和欣赏。其二,百姓苦乐决定国家兴亡。马周认为"自古以来,国之兴亡,不由积蓄多少,在百姓苦乐也"。他指出,隋朝虽然积蓄了大量的粮食、布帛和金银财宝,但这些东西最终却成为造反者推翻隋朝统治的物质基础。其三,高度重视基层官员的选拔和任用。马周强调重视郡县官吏的选拔任用,提出"天下者,以人为本",要使老百姓安居乐业,就必须安排贤良的官吏赴任,才可真正造福一方。

唐太宗知道常何的斤两,这么见解深刻的奏章绝对不可能出自常何之手,便仔细询问文章的由来。常何只好一五一十地告诉了唐太宗,并详细地介绍了马周的情况。

马周的谏言可谓切中时弊,为"贞观之治"提供了基本的理论依据。唐太宗对马周的才华极为赞赏,不久便拜为监察御史。为了表扬发现马周之功,唐太宗又赐给常何三百匹锦帛。

马周由一个普通的读书人,得到唐太宗的赏识和提拔,从监察御史开始,他先后担任过侍御史、给事中、中书舍人、谏议大夫、中书侍郎等重要官职,官到相当于丞相之职的中书令,前后不过15年,可谓平步青云。马周一生始终得到唐太宗的信任和倚重。在远征高丽时,唐太宗把马周留在朝中辅佐太子处理政务,并赐书于马周:"鸾凤凌云,必资羽翼。股肱之寄,诚在忠良。"能够得到皇帝的亲书和如此之高的评价,这在名臣云集的唐朝实属少见。

唐太宗通过总结隋亡的教训和唐初治国经验,提出:"为政之要,惟在得人"；"能安天下者，唯在用得贤才"。他们的事业获得成功，同善于求贤用才紧密相连。把干部的德放在首要位置，是保持马克思主义执政党先进性和纯洁性的根本要求和重要保证。选人用人要坚持德才兼备、以德为先，德的核心是党性。

知人善任，必须有惜才之心，识才之眼，举才之德，护才之胆，择才之策，不重学历、职称、资历和身份，形成育才、引才、聚才、用才的良好环境，坚定不移走人才强国之路。作为党政领导干部如果不怎么爱人才，不愿意帮人才，不及时果断地用人才，那就是失职，就有愧于党的多年培养和重托。

毛泽东"搭班子"的典范是与周恩来的合作。1949年12月2日，毛泽东给柳亚子的信中曾说，周公确有吐哺之劳。"周公吐哺，天下归心"。毛泽东借此点明周恩来理政之勤、之德、之能。从毛泽东对周恩来的评价可以看出，周恩来在班子中的角色主要是负责执行。与周恩来相比，毛泽东在班子中的角色主要是负责决策。有人曾形象地评价说，毛泽东是舵手，高瞻远瞩，掌握航向；周恩来是划桨人，让船平稳前进。

从总体上看，毛泽东、周恩来都是刚柔相济之人，毛泽东刚中带柔，周恩来柔中带韧，这正是他们能够在互补互济中成就大业的性格基础。在性格特征上二人的差异也是显著的：毛泽东劲直尚气，举重若轻；周恩来精细雅致，举轻若重。

在毛泽东眼中，品德和才干是远远摆在资历和学历之前的。正是因为如此，毛泽东特别喜欢任用有才干的年轻人，经常以历史上的年轻有为的人物为例，如贾谊、王勃、周瑜等，认为他们"英俊天才""少年英发"，以他们的年轻有为引发阐述自己的观点。解放战争时期对粟裕的任用，体现了毛泽东大胆起用年轻优秀人才的用人思想。

粟裕是一个由士兵成长起来的将军。和其他一些将领不同，他没有上过军校，也没有出国留过学。从井冈山时期开始，粟裕学到了许多灵活机动的战略战术。经过多年战争的实践粟裕逐渐成熟起来，不断显现出军事才能。毛泽东对他的了解也逐渐加深，并开始一步步地提拔和任用他。

抗战时期，30多岁的粟裕已显露出卓越的军事指挥才华，他所率领的部队仅在1938年至1943年就歼灭日伪军达10万人，这使毛泽东坚信这位从士兵成长起来的将领有能力指挥更多的军队。抗日战争结束后，中央军委成立华中军区，毛泽东任命粟裕担任华中军区副司令员兼华中野战军司令员。在苏中地区以3万之众迎击国民党12万精锐之师，一个半月下来，七战七捷。

山东、华中野战军会师时，毛泽东电告陈毅：会师后，大政方针共同制定，具体作战由粟裕同志负责。三个月间粟裕协助陈毅，具体指挥了鲁南、莱芜战役，均获大捷。1947年5月，粟裕又以"百万军中取上将首级"的气概，在孟良崮完成了围歼国民党五大主力之一的整编74师的壮举。1948年开始的淮海战役中，共歼敌55.5万人，粟裕直接指挥的华东野战军就歼敌44万人，被军界誉为常胜将军。毛泽东说："淮海战役，粟裕立下第一功。"粟裕的成长是毛泽东不拘一格使用人才的典范。

德才兼备是识别人才的重要标准，体现了对人才的全面性要求。所谓德，主要指政治立场、政治品德、思想作风、事业心、责任心等。所谓才，主要指掌握的基础知识、专业知识和技能、思维能力、创造能力。德是立身做人、成就事业的根本，是衡量评价一个人价值的前提。对党的领导干部来说，是否具有较高的道德，关系到人民的福祉、国家的兴衰。

看人的德与才，要看全部历史和全部工作，不能只以一时的功过来判断人才的全部历史。领导者要有辩证思维的头脑，把德与才看作一个有机的整体，不能重德而轻才，更不能只看才而忽视德。德与才是干部素质不可或缺的两个方面，有德无才，难以担当重任；有才无德，终究要败坏党的事业。

现在一些干部出问题，主要不是出在才上，而是出在德上。身居官职的人，如果无才就是"次品"，无德就是"危险品"，"德不称其位，其祸必酷；能不称其位，其殃必大"。有德无才的干部不能开创局面，会贻误事业；有才无德的干部缺少凝聚力，把一个单位搞得乱糟糟，会毁掉事业；德才兼备的干部才能开创事业。坚持德才兼备、以德为先，才抓住了当前领导班子和干部队伍建设的关键。要把尊重民意和不简单以票取人辩证统一起来,对得票情况作具体分析,要特别注意选拔任用政治清醒、信念坚定、善于学习、坚持原则的人。

有的领导者喜欢听恭维话,把善于逢迎的人当成人才,热衷于搞"小圈子"。"小圈子"一词中的"小"不是指其能量小、人数少,而是针对它只为少数人谋私利,在组织上排斥大部分人,只注重自己群体的利益,不管全局的利益。用人的标准不是凭个人的才干,更不会通过"公平竞争",而是对气味相投、百依百顺的人倍加欣赏,只提拔"靠得住"的人,而排除"外人",不属于自己的人弃之不用,甚至压制。对自己有恩惠的,则想方设法予以重用,或以"听话"为主要标准,拉拢一些人、排挤一些人。有的干部就整天琢磨拉关系、找门路,分析某某是谁的人,某某是谁提拔的,该同谁搞搞关系、套套近乎,看看能抱上谁的大腿。这样一来,使某些德才平庸、善于投机取巧、甚至有严重问题的人得到重用,而那些德才兼备的人才被埋没,甚至遭受打击。

为了成就事业,切莫以对待自己的亲热程度、凭自己的好恶和"私交"如何来识人用人,不要因为"偏爱"或唯命是从、揽权而重用庸人,不可因为"不喜欢"而疏远"耿介之士",不可因为视野不宽而使千里马卧道哀啼。那种开基创业时重用人才,一旦开创局面就喜欢奴才,也是很不好的。

孔子说过:"远佞人。"——要远离献媚讨好的人。越是圆滑处世、巧言令色、讨人喜欢的人,越要慎重考察。千万不可将贤能之人看作奸佞,把奸狡之徒当作贤才!领导者要警惕某些人的离间术。离间术是一种圈套:通过拨弄是非等手段,促使同志之间、上下级之间产生误会,或将误会加以渲染,扩大分歧;或编造谎言,制造矛盾,损人利己,陷人扬己。曾国藩成就了一番大事业,一靠以德服人,二靠知人善任。他喜欢拙诚,不喜巧诈。他选用人才,把戒巧诈作为一条原则。

历史上不少贤才蒙冤,是由于领导者注重追究小过。司马迁为李陵说几句公道话,却被汉武帝处以腐刑,使他遗恨终生。苏轼因对朝政有意见而写几首讽喻诗,却蒙"乌台诗案"之冤,下半生都被贬逐,过着颠沛流离的生活。由于苛求于人,求全责备,追究小过,溜须拍马之徒就会趁机投井下石,使贤才蒙受不白之冤。

西汉文学家东方朔认为,人才"用之则为虎,不用则为鼠"(《后汉书·窦宪传论》),他援引"水至清则无鱼,人至察则无徒",委婉提示主政者对人才不要求全责备。"举大德,赦小过,无求备于一人之义。"领导者应不以己之长来否定人之长,不以己之好恶判定别人长短。人之缺点、弱点只要不碍其用,可以不予考虑。

人生相遇贵相知,若能相知看本质,而不要被表现出来的现象所蒙骗。毛泽东在识人上能超尘脱俗,不同凡响,就在于他重本质,重才干,而不问细枝末节的东西,"唯有真才能血性,须从本色见英雄"。经毛泽东亲自考察、选拔的人才,从士兵到将军,从布衣寒士到无产阶级革命家,成百上千。

知人是善任的前提和基础,不知人就不能很好地任用人,甚至任用了不好的人。用错了人的原因之一是看人有偏见,缺少客观公正,"合口味"的纳入视野,不喜欢的打入另册;缺少辩证思维,对人没有全方位、符合实际的了解;注重观察人的细枝末节而忽略其大的方面。英国元帅蒙哥马利说:"把知人善任作为终生的研究学问。"美国前通用电气公司首席执行官杰克·韦尔奇认为,"挑选最好的人才是领导者最重要的职责;拥有人才是最大的赢家。"选拔人才难点在于,选拔后怎样使用人才,将其特长发挥到极致。

干部德才好不好,实绩怎么样,群众最有发言权。因此,应扩大群众的参与面,跳出"由少数人选人"和"在少数人中选人"的圈子,构建"干部选得准不准、要让群众审一审"的工作机制;不简单以票取人,应作具体分析,既看一时一事,又看平时一贯表现;让"老黄牛"式的干部埋头不再埋没,干事有成就感,做人有幸福感,公平、公正对待他们;精选出官德高尚、政绩斐然、群众认可的干部。

不拘一格选人才

人的长处是潜在的动力"能源"。用人之道在于求其所长,"短中见长",并把他放到适合发挥其长处的合适位置,发挥较大的作用。拿破仑说过,最难的倒不是选拔人才,难点在于选拔后,怎样使用人才,将其特长发挥到极致。富兰克林曾说:"宝贝放错了地方,便是废物。"对于有特长的贤才,就要像萧何月下追韩信那样,不惜气力、不惜牺牲个人尊严去"追求",予之重要的岗位和优厚的待遇。

不拘一格起栋梁,翩至贤才国隆昌。恩推宇内尊儒术,威扫匈奴拓汉疆。汉武帝有胆有识,是中国历史上最具阳刚之气的铁腕帝王,是一位气吞万里的伟丈夫,开创了中国封建社会第一个鼎盛时期、西汉王朝的强盛局面,使汉民族傲然屹立于世界民族之林。汉武帝胸襟开阔,终生喜爱贤才,知人善任,往往轻视俗议,不以小疵而弃大醇,不听信谗言,不以小人之言而误大事。

公元前106年,汉武帝颁发《求贤诏》:"盖有非常之功,必待非常之人",充分表现出他的雍容大度和不拘一格,不计门第、出身、职业,破格提拔,量材使用,大有高祖遗风,给名帅良将、谋臣用臣、谏臣诤臣以立功建业之机。人们常以"秦皇汉武并称","汉唐盛世"联称,就是因为这期间是个人才辈出的时代,在政治、经济、军事、文化等诸多领域创造出了前所未有的繁荣与强盛。

曹操是一位富有政治智慧的领导者。曹操长于选将,求贤若渴,对有治国用兵才能者,均予重用。为了统一天下,在用人上体现出一种"王者风范",打破了依据封建德行和门第高低任用官吏的标准,提出"唯才是举"的用人方针,从公元210年到217年,先后三次下"求贤令"招纳人才,不问远近,不分亲仇,不管贫富,只要有真才实学,都可选用,起用了荀彧(yù)、郭嘉、许褚、孔融等一流人才,在他身边形成一个智囊团,最大限度地用人之所长，给优秀的下属发挥潜力和特长的机会，从而统一北方，三分天下有其一。

荀彧少年时便有奇才，被誉为"王佐之才"。荀彧原在袁绍手下，才能不能发挥出来。曹操一见荀彧投奔过来，高兴地说："荀彧就是我的张良！"随后任命荀彧为司马，参与军机大事，成为曹操的左右手。凡有决难之事，必向他请教。荀彧在颍川知识分子中，是个有影响的人物。经荀彧的推荐，荀攸、郭嘉两个有智谋的年轻人，于公元196年投奔曹操。郭嘉谋略过人，"从征11年，多立奇勋"。

清代龚自珍诗云："九州生气恃风雷，万马齐喑究可哀。我劝天公重抖擞，不拘一格降人才。"龚自珍是清代思想家、文学家及改良主义先驱。他青年时代即名满东南各省，但屡试不第，38岁才中进士，曾任内阁中书、礼部主事等职，年不及五十，挂冠回籍。龚自珍才华横溢，以天下为己任，积思、寡欢、多愤，对社会批判的目光如炬烛照幽微，志在祖效王荆公，大胆革新变法，献上医国之药方。他的诗风格纵放，感情直率，议论深刻，气势恢宏，富有浪漫主义精神。

龚自珍这首诗写得非常好，大意是：只有风雷激荡般的巨大力量，才能使中国大地焕发出勃勃生机；朝野臣民一片沉闷、死寂、令人窒息的状况终究是一种悲哀。我奉劝老天爷重新振作起来，不要拘泥于一定的规格，把人才降临到人间！

龚自珍呐喊波澜壮阔的社会变革尽快到来，使中国变得生机勃勃；朝廷破格荐用人才，国家才有希望。

为政之要，人才第一；事业盛衰，人才为大。千金有价不足贵，而人才最为宝贵。一个国家没有道德高尚、才智出众的贤臣，却能实现富强，危难之中求得安定，是从来没有的！三军易得，一将难求。不要怠慢、排挤、失去贤才，关键是要不拘一格用人才。刘邦重用陈平、李世民重用马周、毛泽东重用粟裕，都是不拘一格用人的典型例证。我们相信，在推进新时代中国特色社会主义伟大事业过程中，必将培养出大批能力素质强的领导干部，以完成好历史赋予的光荣使命，向人民交上一份合格的答卷。

用人所长勿苛求

每个人身上都蕴藏着很多能量（包括潜能），他们是领导者获取成功的源泉。一个单位、一个部门能否健康发展，关键是看领导者的领导智慧，而领导智慧最核心的问题就是知人善用。善用人者能成事，能成事者善用人，应该用人所长。一个有智慧的领导者，知道部下是什么样的宝贝，清楚"宝"在何处，把这些宝贝放在最适合的位置，才能避免个人与环境不和谐的痛苦，才能避免人力资源的闲置和浪费，发挥宝贝的长处，使宝贝放出熠熠光彩。

古代有个寓言故事，说西邻有五个儿子：一个朴实，一个聪明，一个眼瞎，一个跛足，一个驼背。西邻发挥每个人的长处，叫朴实的种田，聪明的经商，盲人算卦，跛足搓麻，驼背纺线，解决了衣食之忧。这则寓言告诉我们，用人长处，获益无穷。

据说，清朝有一个官吏，家里有三个残疾仆人，一个耳朵听不到，一个不能讲话，还有一个腿脚不方便。他挖空心思，最后作出决定：让耳朵听不到的人做他的贴身仆人，主人与他人商量什么说什么，他听不到，可以严守秘密；让不能讲话的人做他的信使，一旦让敌人抓到，不能出卖主人；让腿脚不方便的人看守炮台，跑不掉，可以坚守阵地。

作为领导者，应该如何使用人才呢？首先应该用人所长。每个人，每样东西，都有一个它最适合的位置。在这个位置上，它能发挥最大的功效。伍子胥曾对陈惠公说："用他的长处，避开他的短处，那么，天下的人没有不能用的。"不因人才有短处而失之交臂，不要让人觉得怀才不遇。如果只看人家的短处，把时间用在对付其短处上，则无一人可用；若先看别人的长处，让下属做最擅长的事，化短处为长处，则无不可用之人。领导者用人取长补短是良方。如让成就欲较强的优秀员工单独或牵头完成具有一定风险和难度的工作,并在其完成时给予及时的肯定和赞扬;让依附欲较强的员工更多地参加到某个团体中共同工作;让权力欲较强的员工担任一个与之能力相适应的主管。领导应使部下的长处得到最佳的发挥,从而互相配合、相辅相成,形成多功能的综合施政能力。

管仲相齐和贞观之治有过施政"因职择人"和"任其所优,扬长避短"的政略。春秋战国时代,管仲是个有大智慧的领导者,他最早提出用人要"任其所长"的理论。他在《形势解》中说:"明主之官物也,任其所长,不任其所短,故事无不成,而功无不立。"

管仲向齐桓公推荐人才时说:"对进退有序的朝班礼仪,我不如隰朋熟悉,请让他来做大行吧;开荒种地、聚集粮食,充分利用土地资源,我不如宁戚,请让他来做司田吧;能指挥战车奔突而不乱,使三军将士视死如归,我不如王子城父,请让他来做大司马吧;秉公执法,不滥杀无辜,不冤枉好人,我不如宾胥无,请让他来做大理吧;敢于犯颜直谏,尽职尽忠,以死抗争,我不如东郭牙,请让他来做大谏吧。君王若想富国强兵,就任用这五个人吧。若想成就霸业,则非用我管仲莫属。"管仲能够知人识才,择能而任,辅佐齐桓公称霸天下。

唐太宗坚信"为政之要,唯在得人",从而开创了著名的"贞观之治"。唐太宗对手下大臣的优缺点了如指掌,在贤才的选拔上采用因职择人,把人才用到最合适的位置,令下属们自叹弗如、心服口服。在一次宴会上,唐太宗对王珪说:"你善于鉴别人才,尤其善于评论。你不妨从房玄龄开始,点评一下他们的优缺点,然后看一下你在哪些方面比他们优秀?"王珪回答说:"孜孜不倦地办公,一心为国操劳,我比不上房玄龄。对事业忠诚不二,常常向皇上直谏,我比不上魏徵。既能在外带兵打仗,又能在朝廷管理,我比不上李靖。上传下达,公平公正,我不如温彦博。善于解决难题,办事井井有条,我也比不上戴胄。至于批评贪官,表扬廉署,疾恶如仇,好善喜乐,这方面比起其他几位能人来说,我也有所长。"唐太宗赞同他的话,大臣们都说这些评论正确。

从王珪的评论可以看出,唐太宗能将这些人依其专长用到适当职位,使其能发挥专长，进而使国家强盛。唐太宗说："明君无弃士。不以一恶忘其善，勿以小暇掩其功，割政分机，尽其所有。"他多能根据属僚群臣的不同特点，作出准确的定位，加以合适的任用。高士廉公正无私，不结朋党，唐太宗任其为礼部尚书；岑文本长于文章，供职于中书省；杨师道忠诚平和，被用为侍中，随侍左右；刘洎秉性坚贞，热心公益之事，即授工部尚书；马周治吏颇有心得，才堪大用，于是破格提拔，从一介布衣提升至宰相。

"房谋杜断"是唐太宗搭配用人、发挥所长的典型。房玄龄就政府机构的调整、典章制度的建设等方面能提出许多精辟的见解和具体的办法来，却不善于决断，对自己的许多精辟见解难以取舍。而杜如晦善于对别人提出的意见做周密的分析，精于决断，许多的方案经他审视后，很快就能变成一项决策或律令。房玄龄说："非如晦莫能筹之。"

唐太宗感言："汝二人就好像写文章，一个草拟初稿，另一个加工润色，使朝廷决策终无遗憾之处。"于是就重用了他们，形成了"房谋杜断"。在协助唐太宗建立朝章、选用官吏、确立法制等方面，房玄龄、杜如晦任左右相，珠联璧合，为"贞观之治"立下了汗马功劳。从此"房谋杜断"传为用人佳话。用人如器、舍短取长，不求全责备，充分发挥各人所长，反映了唐太宗的非凡明智。

历史上的雍正，在用人上值得称道：宁用有毛病的、敢于担当的能臣，也不喜欢用没有毛病的、政绩平平的庸臣。他说："用人原只论才技，从不拘限成例。"田文镜是个有名的能臣，做事干练，不讲情面，为朝廷做了大量得罪人的事情：收王宫皇族的欠账、打击绅士解决农民的土地问题、督导黄河修道等。雍正曾在田文镜的密折上批道："凡有才具之人，当惜之、教之。……卿等封疆大臣，只以留神用才为要，庸碌安分、洁己沽名之人，驾驭虽然省力，唯恐误事。"

每个人都有优点，也有缺点。往往是人的能力越强，其缺点也可能就越突出。"木匠眼里无坏木。"在用人问题上，强调用其所长的同时，还有一个容人所短的方面，要采取宽容相待的态度。清朝诗人顾嗣协云："骏马能历险,犁田不如牛。坚车能载重,渡河不如舟。舍长以就短,智者难为谋。生材贵适用,慎勿多苛求。"世间没有完美无缺的人,即使是人才也难免有些毛病,只要无伤大雅,何必苛求完美、过分计较呢?如果只看人家的短处,则无一人可用;若先看别人的长处,让下属做最擅长的事,化短处为长处,则无不可用之人。那些能为社会立功的人,因才气纵逸,难入俗格,有其明显缺点,但不应求全责备,千万不能惧其短,而应扬其长且避其短,并促使其向长转化。

对于不影响长处的短处,可以任其存在,不必苛求。《水浒》中的梁山好汉李逵,在水中无法施展威风,可其担任陆军先锋,却"力如牛猛坚如铁,撼天摇地黑旋风"。"浪里白条"张顺在岸上斗不过李逵,便将李逵引到船上,翻到江中。时迁短处非常突出——偷鸡摸狗成性,但他有非常突出的长处——飞檐走壁的功夫。在一系列重大的军事行动上,军师吴用都对他委以重任。

中国有句古话:"只要功夫深,铁杵磨成针。"这句话对于选人用人却是大谬:铁杵也有自身价值,用那么长的时间磨,要付出巨大的机会成本,不是理智的选择。有的人擅长统揽全局,有的人适合独当一面,有的人是综合工作的内行,有的人是专业技术的里手,"工作有专长,术业有专攻"。既然人的才能有大小,各有偏重,用非其才,就会使贤士无从施展。如果长处与短处相伴而生,且有一定影响,则应大胆发挥其长,同时帮助克服其短,以利于充分发挥其长处的作用。

用人之长,容人之短,这个道理人人都懂,可遇到实际问题,有些领导又常常苛待人才,求全责备,不能宽容其短处;恰当的干部用不上去,用了不恰当的干部又下不来。南宋戴复古写道:"黄金无足赤,白璧有微瑕,求人不求备。"毛泽东在《资治通鉴》里读到此事,批注说:"观人观大节,略小故。"毛泽东1975年有一个著名的批示,道出此中常理:"打破金要足赤、人要完人的形而上学错误思想。"对有明显缺点、工作失误、有些争议的一流人才,不能窥其一点、不及其余,应帮助他们克服缺点、过错,帮助协调处理各种关系,大胆使用。

学历不等于能力，资历不等于经验，论文不等于水平。真正评价一个人的能力和水平，学历、资历、论文等只是参考因素。坚持凭能力、实绩、贡献评价人才，克服唯学历、唯资历、唯论文等倾向，注重考察各类人才的专业性、创新性和履责绩效、创新成果、实际贡献。这样，就能使人才在能够发挥特长的领域得心应手地干工作，形成了千里马尽其奔驰之能的新格局，给事业带来大变化。

领导者必须明白，才干高的人，其缺点往往也越明显。一味盯着下级缺点容易引起下级的反感和对抗。人的某些缺点、弱点只要不碍其用，可以不予考虑。因苛求一个人的缺点而影响了用他的优点，进而影响了事业的发展，那才是最不合算的。据《向毛泽东学习》一书载，毛泽东用干部，不主张求全责备。他说："一个人，才有长有短，性情习惯有恶点亦有善点，不可执一而弃其一。"特别是对那些犯错的人，不能只看到他的错，而要使他知错有为。

1959年4月，政协第三届全国委员会第一次会议以后，周恩来宴请380余名老年委员，济济一堂。著名学者、书法家沈尹默因刚刚受到毛泽东的亲切接见，又逢此盛会，心情格外激动，欣然赋诗抒怀："不知老至共开怀，长短随人各尽才。"

用人还应注意"短中见长之术"，不要被周围平庸的看法左右。如有位厂长让爱钻牛角尖者当质量检查员，让处理问题死板者去考勤，让脾气太犟、争胜好强者去当攻坚的突击队长，让办事婆婆妈妈注意细节者去抓劳保，让能言善辩者去搞公关接待。

领导者应懂得发挥每一位下属、员工的长处，将每一位下属和员工放在最适合他发展的位置上，他们的个人能力和潜能就可以得到充分的发挥，创造性也将会大大提高。著名企业家张瑞敏认为，人人是人才；你可以不知道下属的短处，但不能不知道他肯定有长处；你能翻多大的跟头，我就给你搭多大的舞台。领导者要有宽大的胸怀，要能容忍那些略有瑕疵的优秀人才，要能容忍他们身上的短处，其用意不是纵容，而是另有所图。

要勇于启用比自己强的人。卡耐基之所以成为美国钢铁大王，并非由于本人有什么了不起的能力,而是因为敢用比自己强的人。他说:"把我的厂房、机器、资金全部拿走,只要留下我的人,4年以后又是个钢铁大王。"卡耐基死后,人们在他的墓碑上刻着这样一段话:"这里安葬着一个人,他最擅长的能力是,把那些强过自己的人,组织到为他服务的管理机构之中。"

需要特别指出的是,作为人才本人在怀才不遇、"大材小用"时,需坚信"金子到什么时候都会发光""不信东风唤不回",不要牢骚满腹,恃才傲物,以至于耽误了正事,而应意气深沉,忍辱负重,百折不挠,一步一个脚印干好工作,以自己的才华和业绩等待有识者召唤。

重提"用人不疑"

我们时常听到规劝:"不能轻易相信别人",因为在各种交往中存在一些虚假与欺骗。但是,我们也不能怀疑一切,因为信任是一笔最可贵的财富,花在怀疑和担惊受怕上的成本很高。茫茫人海,能找到一些人值得自己信赖,实在是人生的福分。

同级之间,在没有任何接触之前,应该首先选择去信任对方。即便感到可能被欺骗了,也不要轻易下结论,要先相信这是一个误会,它会慢慢澄清。再退一步,即便事实证明自己真的是被欺骗了,只要性质没那么恶劣,我们还是要给别人改正的机会。

司马迁有句名言:"士为知己者死,女为悦己者容。"能与下级成为知己的领导者,就是了解下级、信任下级,并让下级充分发挥自己才能的人。一句信任的话语,一个鼓励的眼神,都能使下级兴奋,心悦诚服地竭力办好事情。领导者应该尊重下级,充分利用"皮格马利翁效应",对下级进行信任度培养,让下级一心一意地与你站在同一战壕里,让他们按自己的打算放手去干。

战国初期，中山国的国君荒淫无道。魏文侯派乐羊为大将军，带兵讨伐中山国，一连打了几仗，中山兵大败。魏军长驱直入，将城团团围住。为了争取民心，乐羊对中山国采取围而不攻的策略。

中山国君姬窟以为乐羊看在儿子乐舒的面子上，不见得真会攻城。一个月的期限到了，乐舒要求再宽限一个月，乐羊答应了。又过了一个月，乐舒还要求再宽限一个月，乐羊又答应了。这样三次，乐羊也没攻城。原来他是考虑，中山城池坚固，硬攻伤亡太大。

这时，魏国宫廷里议论纷纷：有的说乐舒是中山国的宠臣，乐羊哪里会破国毁子呢？有的甚至说乐羊与中山国暗中有勾结，不然以乐羊的本领哪里会久攻不下呢？若是不把乐羊召回来，恐怕要前功尽弃了。

可魏文侯对乐羊的信任始终不动摇，派人到前线慰问部队，并为乐羊修建新的住宅。又一个月的限期过去了，姬窟仍无献城的表示。于是乐羊下令发动总攻，杀了暴君，安抚了百姓。

乐羊凯旋回国，魏文侯为乐羊庆功，并命人拿来两只箱子。乐羊打开一看，里面都是揭发他围城不攻、要求撤职查办他的奏章。他感慨万千地说："要不是国君用人不疑，哪会有我今天的成功呢！"

刘秀能知人善任，扬长避短，使用得当，做到了"用人不疑，疑人不用"，使将帅能在不违背总的战略企图下见机行事，以最大限度地发挥他们的积极作用。马援称他"恢廓大度""开心见诚，无所隐伏，阔达多大节"。

朱元璋出身草莽，生于乱世，没有门荫可依、背景可靠，空以徒手夺取天下。他执政 31 年中，励精图治，能力出类拔萃，百姓得以粗安，诚属难得。他晚年为了巩固一姓之天下，屠杀功臣，获得的评价不高。朱元璋怕别人谈论他身世低微，怕别人轻视他的执政能力。面对多疑、诡谲善变的上司，作为部下是相当困难的。刘基冷眼观世，深知"伴君如伴虎"，于是在朱元璋身边口不言功，避名让爵，不求显达，韬晦自全。

要取得他人的信任，就必须做出让人信任的事情来，换言之，必须付之于行动才能看见效果。一旦产生了猜疑，应主动与对方谈心、交心，沟通思想，消除误会。对别人的不信任，更多的是对自己的猜疑。首先是自己失去了自信，不信任自己的眼力，自己的判断；其次就是自己私心重，以为全天下人都会负我。

在领导干部用人和处理人与人的关系上，要友善、真诚，切忌多疑和误判。2017年春晚的相声剧《信任》，呼吁人与人之间多点信任，引人深思。各个地区、各个团队、各个单位毕竟好人占绝大多数，我们在自信的同时也要互信。武则天用人不计门第，不欺无名，不避仇怨。有一次，武则天发现上官婉儿写的一首诗里对她有愤恨之情，但并不计较，反而把她召到自己身边，放手使用。

信任别人，在绝大多数情况下是正确的选择。用人不疑，必须以疑人不用为前提。你不能把一项重任交给未通过"信任度"考验的下属。一旦选准了人，就要信而不疑，大胆使用，多从对方角度考虑问题，不要疑神疑鬼。如果产生了猜疑，就应主动与对方谈心、交心，沟通思想，消除误会。要用其所长，坦诚相处，多看别人的长处和好处，多理解别人的难处，尊重他人，善待他人，包容他人，特别是对于敢闯、敢试、敢为天下先而一时不被群众理解的人，敢于力排众议而任用。对于需要进一步考察的人，要边用边看，不能一律"挂起来"。

一代名将许世友战功卓著，但也有明显的缺点，性格刚烈、脾气暴躁。他当年试图带人出逃反被毛泽东重用的故事，被演绎得精彩离奇。据其身边的工作人员求证，实际情况是：作为红四方面军的重要将领，当时他的确想不通为什么下死力气整张国焘，他认为老张就算是没有功劳也有苦劳，要不怎么四方面军还会有8万多人？后来，他在会场上说了自己的这个看法，立刻遭到痛打。林彪、萧华还说要枪毙他，谢富治是老战友了，居然听了林彪的话，把枪拔了出来。

许世友气得大骂："老子不干了，老子去学梁山好汉，落草为寇去！"就是这句话后来被以讹传讹地演绎为许带兵出逃或者本人出逃。毛泽东知道后，亲自去看许世友，和他谈了3个小时。这个过程许世友始终没有正面说过，他就是说："主席真有水平，比老张强，我觉得跟着他干，能行，弯子就转过来了。"毛泽东从许世友那里出来，说："以后，谁也不许再难为世友同志，认识错误都要一个过程。"再以后，许世友被委以重任。

《列子》载，一人丢失了斧子，疑为邻人之子所窃，视其行步、表情、口气都像是偷斧之人。后来到山上挖土，找到了斧子，于是解除了怀疑。又见到邻人之子，则视其动作、态度，处处和往常一样，不像窃斧之人。

魏徵曾论证了君王受蒙蔽的原因。像丢了斧子便疑心邻人的故事那样，单凭主观揣测怀疑臣下，或者像曾母投杼的故事那样，听到谣传便盲目信从。国君受到迷惑，对下面的事听不清也看不明，正气得不到发扬，道德教化受到损害，不正是由于这些缘故吗？（《旧唐书·魏徵传》）

宋朝赵光义素性猜忌多疑。"宋代第一良将"曹彬，只因秉政日久，深得民心，便被罢免了职务。名臣寇准在罢朝归第途中，因为有人迎着马首欢呼"万岁"，也被免除职务。最可笑的是，册立太子之后，京师之人欢喜雀跃，说："真社稷之主也！"太宗听闻，异常恼火，立即找来参与策立太子的寇准问道："五洲四海都归心于太子，那将置朕于何地？"连亲生儿子也要怀疑、忌妒。

用人不疑，必须以疑人不用为前提。你不能把一项重任交给未通过"信任度"考验的下属。用人之大忌，是不信任但还要重用，而且没有制约机制和信任上限，一厢情愿的希望该人能因为重用而主动的增加自己的信任度，这样做的风险很大。

领导者心胸小、容不得人，是很危险的。明朝的崇祯皇帝是一个有抱负的青年，励精图治，革弊立新，一直想挽救大明的社稷，但最终落得个亡国自缢的可悲下场。究其原因，除了"大势已倾，积习难挽"之外，主观原因是抓不着重点，搞不清问题的真正原因，尤其是刚愎自用、猜疑心极重、不善用人。崇祯掌权17年中，朝臣50多人被更换，更换之频，前所未有。其中10人被削职、革职，25人离职回乡，正常致仕或卒于任所的只有6人。崇祯的最大失误，是因猜忌而中了敌人的反间计，错杀了国家的栋梁袁崇焕，结果使自己落得国破家亡的下场。

信任是相信他人在某些方面具有相应的能力、品格或承诺的托付，没有信任，不可共处，更难以做事。领导者只有对下级建立了充分的信任，才会放心地把重要的工作交给下级去做，让他们独当一面。一旦选准了人，就要信而不疑，大胆使用，多从对方角度考虑问题，不要疑神疑鬼。如果对下级不够信任，过多地干涉，下级信任的需要得不到满足，精神上就会受到挫伤，精神动力将会丧失，因而无法完成他应该完成的某种任务，而且上级与下级的友好交往也会受损。

据《向毛泽东学习》一书载，毛泽东"用干部"善于授权，"用则不疑，疑则不用"，即注重发挥下属的主动性和创造性。在战争年代，他给前方将领的电报和指示，很多都写有"请酌办""请将你们意见电告""请按实情决定""望酌情机断行之"等语，甚至专门嘱咐"临机处置，不要请示"。即使对于林彪在辽沈战役中开始不打锦州而打长春的错误主张，毛泽东也一方面进行说服，一方面又令示"如有意见请速电告，否则即照此执行"，甚至说"你们如不同意这些指示，则望你们提出反驳"。淮海战役中，毛泽东也曾电示总前委："情况紧急时机，一切由刘邓临时处治，不要请示。"

这恰恰与蒋介石在战役指挥时的电令形成鲜明的对照，他下达的电文里充满了"务必""限于""特令"等严厉词句，甚至常常强调"倘有延误，决按军律从严惩处，不稍宽待"。蒋介石虽然为军事科班出身，其属下也战将云集，但在具体的战役指挥上，他却总是疑心重重，不善于"授权"，反而横加干预。

蒋介石曾拥有八百万军队和美国飞机、大炮、美元的支持，但最终还是失去了政权。其失败的原因之一，是用人讲求派系，讲血缘和地缘，大搞山头主义，用人又疑人。抗战胜利后，蒋介石先后派熊式辉和陈诚到东北，都被解放军打得溃不成军。无奈之下，蒋介石将他的王牌战将卫立煌任命为东北行辕副主任兼东北"剿总"总司令。然而，蒋介石又对其产生狐疑之心，亲自面见了卫的秘书，审查一番……东北全境解放后，蒋介石将责任全部推给卫立煌，将其撤职查办。如此用人，焉能不败。

信任被认为是一种依赖关系。卢曼给信任定义为："信任是为了简化人与人之间的合作关系。"彼此信任，不仅是最文明、最令人满意、最美好的人际关系，而且也是效率最高的人际关系。有关资料显示，世界500强中有99％的员工都非常重视企业领导对他们的信任。对下属信任是一缕阳光，可以温暖他人的心灵；信任是一条纽带，可以连结领导干部与下级的心灵；信任可以展示领导者广阔的胸襟、忠实的人品和非凡的魅力，换取下属对你的尊敬与信赖。

善用智囊的睿智

领导者即使有爱因斯坦的聪明头脑，也会因为知识储备有限，加之日理万机，难免会有片面性、局限性、狭隘性的时候，难免会有考虑不周的时候。为此，必须重视智囊的智慧，充分利用"外脑"的弥补，进行科学决策。

由于每个人所处的地位不同，认识能力有高低，对同一问题往往有不同的看法和处理办法。恩格斯在《反杜林论》中说：每一个人的思维所达到的认识"需要改善的东西，无例外地总是要比不需要改善的或正确的东西多得多。" 黑格尔指出："人性都有其天生的弱点。"

灿若星河的历史天空，闪耀着灿烂的智慧灵光。古往今来，许多重大的成功决策，往往是在智囊人物的辅助之下完成的。借用别人的智慧，可以弥补自己智慧的不足。历代卓越的为政者，大都注意招纳谋臣、礼贤下士。

滚滚长江东逝水，浪花淘尽英雄，但大浪淘不尽的是金子般的智慧和谋略。那些站在历史巅峰的巨人，那些出类拔萃的为政者，之所以获取成功，如同双腿致残的孙膑可以消灭能征惯战、勇力过人的庞涓，如同当过和尚、实力不强的朱元璋能够战胜陈友谅，除了得益于天时、地利、人和等条件外，主要依赖于个人及其助手的韬略的高明，斗智斗谋，以谋制胜。

"先谋后事者昌，先事后谋者亡"，这是姜太公的一句名言。应变之要，先谋为本。不谋长远者，不足以谋当前；不谋全局者，不足以谋一域。

"临渊羡鱼，不如退而结网。"古往今来，许多重大的成功决策，往往是在智囊人物的辅助之下完成的。智囊的说法，在历史上还称为军师、谋士、幕宾、参谋、拾遗、顾问、门客等。名气很大的智囊人物，有姜子牙、管仲、李斯、张良、陈平、诸葛亮、魏徵、耶律楚材、刘基等，他们为当时的为政者贡献了许多难能可贵的大智慧，为我国智囊史增添了光彩。

殷商统治中原600余年，要推翻商之统治，并非易事。周文王胸怀宏图大志，却偏居西岐，如果没有能够治国安邦的相才，是不可能与纣王抗衡的。"直钩垂钓"姜子牙，古今名气特别大，是一位有高超韬略的大谋略家。《史记·齐世家》记述："天下三分，其二归周，太公之谋居多。"姜子牙文武兼备，长于用兵，工于奇计。因此，后世的兵家和谋略家，皆尊他为祖师。

许多事实雄辩地证明，高城深地不足以为固，坚甲锐兵不足以为强，而奇谋妙计，善于应变，方能"挽狂澜于既倒，救三军于危途"。作为将帅，应兼有勇力和谋略两个方面，勇谋两者相映成辉。但谋的作用大于勇。克劳塞维茨说过："如果你们进一步研究战争对军人的要求，那么就会发现智力是主要的。"

汉朝建立，张良功绩显赫，受封为留侯，与萧何、韩信一起被誉为"汉初三杰"。张良不愧为帝王之师，集谋略家与政治家于一身，为创建汉朝基业立下了卓越功勋。正是：奇袭奇遇奇男子，一生不愧王者师。惟握奇谋胜千里，雄兵百万任驱驰。

试问，张良与诸葛亮相比，谁是更为卓越的谋士？不应光看谁的"粉丝"多，历史的本来事实乃是：张良跟着刘邦的时候，刘邦的力量还不如刘备呢，而且叱咤风云的项羽的势力在当时已远远超过曹操，而张良辅佐刘邦成就了一代王朝，诸葛亮则建立了一个偏安的小王朝。

刘邦先攻占秦都咸阳，项羽决定进击刘邦，可是听了项伯的说情，竟轻易改变原来的计划。鸿门宴上，项羽在非常有利的条件下，沉浸于刘邦的卑微反射的成就感和对樊哙勇气的爱屋及乌，被胜利冲昏头脑，放过刘邦，对他来说酒席上杀人是很丢脸的事情。西楚霸王心目中没有不可战胜的敌手，却做了情感的俘虏。挺进关中、固陵反击等关键战役都没有打好，跟着刘邦的指挥棒转，东奔西突，疲于奔命，待垓下决战时已处于无力回天的地步了。宋代苏洵评论项羽："有取天下之才，而无取天下之虑。"清代王昙批评项羽："天意何曾祖刘季，大王失计恋江东。"

　　临渊羡鱼，不如退而结网。陈云说过："我们队伍中那种戴着瓜皮帽、手摇扇子、迈着方步、哼着小调儿想事的人太少了。"希望干部队伍中多一些善于思考、讲究方略的人。有谋方能有勇，有谋方能出奇。谋是所有成功者的通行证，无谋则是失败者的墓志铭。无法想象一个缺乏智慧的人如何去领导他人，何以引领一个团队或者群体。智慧是一个人思想的结晶，是解决问题的利器。探赜索隐，把握全局，规划前进方向，制定实施方案，运用政策策略，乃至处理具体问题，都需要智慧。

　　智囊人员参与决策，具有领导者不可替代的优势。他们学有专长，富有知识和才干，具有较高的调研能力和政策水平，能够集中时间和精力调查研究，收集充足的信息资料，经过定性、定量分析和可行性论证，为领导者提供优选的方案。尤其对专业性强、科技含量高的重大事项，更要借助"智囊"的优势来科学论证。他们先领导一步思维，并能提出高领导一筹的见解，还能在领导决策的过程中，提出新的有价值的修正意见。

　　当今时代，科学决策的一个重要发展趋势是专家辅助决策。成功学大师斯宾塞·约翰逊认为：人脑好比电池。一组电池比起一个电池来，能提供更多的能量。同理，几个有智慧的头脑，或者说一个头脑加几个"外脑"，要比一个头脑产生的智慧总量多，会产生 1+2>3 的合力。

　　如果不懂得问计于外脑，不会充分吸纳和利用专家智库的智慧，就不可能成为具有现代头脑的卓越领导者和决策者，也不可能作出科学而正确的决策。习近平同志曾经指出："参谋工作水平高，能推进党的方针、政策的顺利实施；水平低，就会影响全局工作，甚至造成严重后果。"（《秘书工作的风范——与地县办公室干部谈心》，《秘书工作》2014年第4期。）

　　应抓住身边智囊人员比较了解全局、不带部门观点、各方面联系较广、具有较高政策水平以及擅长完善思路、设计方案、总结工作的特点和优势，经常向他们讲领导的思想脉络和工作意图，帮助他们确立研究题目。题目出得准，意图讲得明，工作思路研究得对，就能"谋在要害处，'参'在点子上"，收到事半功倍之效。

领导者应主动直接与智囊人员接触，把本地区、本单位长期战略性的考虑和近期工作重点告诉他们，把需要决策或需要了解的问题及时通报给他们，一起筛选论证重要的调研课题，亲自听取他们的汇报，鼓励他们反映真实情况，提倡"众人之诺诺，不如一士之谔谔"，真正做到在真理面前人人平等。如果总是听到身边人员诺诺之声，听不到谔谔之言，肯定是自己有主观武断的毛病，就应当警醒，批评诺诺者，鼓励谔谔者，重用谔谔者。

领导者在日常工作中，须及时过问研究进度，出点子，提要求，不仅引导智囊人员搞具体问题调研，挖掘经验性东西，也要研究政策性问题，为决策提出多种可选性方案。在下基层时，应带着智囊人员一起，以期收到及时掌握领导思路、调研效绩突出之效。召开重要会议时，应让智囊人员参加，一起切磋工作。要经常鼓励他们从实际中发现问题、提出问题，拿出解决问题的思路，像领导那样思考，与领导者保持思维与工作的同步，使他们能够"全局在胸、耳聪目明"，拓宽调研与领导决策相结合的途径，贴近领导工作的重点和难点，不断增强政策研究的应用性和可行性。

在人员使用上应尽量挑选优秀干部，挑选具备领导干部和智囊人员双重素质的人。日常工作中应要求各部门提交调研报告等材料。要提高领导者的调研成果的应用意识，尽量通过批示向报刊推荐。这是对智囊人员的劳动成果的承认，有利于激发他们的工作热情。

智囊人员议大事、无大权，工作辛苦，生活清淡。领导干部的正确决策凝聚着他们智慧之结晶，他们辛勤劳动理应得到肯定和赞誉。领导者对这种默默奉献的贤能之士不能漠不关心，应当有一点古代周公、萧何思贤如渴、礼贤下士的精神。需体贴他们的甘苦，关心他们的工作和生活，达到"知己""知心""知音"；在保留一定数量骨干的同时，应重用和提拔他们，充分发挥他们的优势和潜在能力。这样，他们就会全身心工作，无须扬鞭自奋蹄。

> 经典故事

最难鲍叔能知管

鲍叔牙与管仲的交往，千古传颂。管仲与鲍叔牙的友情建立在互相了解、互相信任的基础之上，穷达不移，感人至深，可谓朋友之交的典范。管仲叹服道："生我者父母，知我者鲍子。"柳亚子诗曰："最难鲍叔能知管，倘用夷吾定霸齐。"

管仲（约公元前730—前645年），又称管子，名夷吾，字仲，春秋时颍上（今属安徽）人，官至齐国丞相，在我国历史上享有盛名，被誉为"中国第一相"，是春秋时期出现最早、功绩最卓著的改革家。

管仲的祖先姓姬，曾跟随周武王打江山。管仲少年时通诗书、懂礼仪、会驾车、善骑射。世间幸运是管仲，多有困厄遇春风。管仲和鲍叔牙从小在一起读书时就是好朋友。长大以后，当管仲穷困潦倒不得志时，鲍叔牙没有离他而去。他们一起到南阳一带贩卖绸缎，管仲在分利时总是多取一倍，少分给鲍叔牙，而鲍叔牙从不和管仲计较。人们都说管仲贪婪，鲍叔牙却说管仲是个孝子，家里贫穷，有个老母亲需要赡养，理应多拿。后来，他们一起去当兵，一遇到危险，鲍叔牙就用自己的身体去掩护他。

有一天，管仲对鲍叔牙说："齐襄公把国家搞得一塌糊涂。依我看，将来继位当国君的，不是公子纠就是公子小白。我和你每人辅佐一个吧。"鲍叔牙表示同意。从此，两人各随其主：管仲辅佐公子纠，鲍叔牙事奉公子小白。

公元前685年，小白夺得王位，是为齐桓公。管仲因在继位的争夺战中，射了小白一箭，尽管小白福大命大，箭头射在衣带钩上，但一箭之仇岂能就此了之。桓公继位后，将管仲提押回齐国，准备开刀问斩。管仲在最困顿落魄的时候，得到了鲍叔牙的推荐。

齐桓公原准备任用鲍叔牙当丞相。鲍叔牙却辞谢了，他不避嫌疑，劝说桓公释放管仲，并推荐管仲任相国，自己情愿当副手。齐桓公还在为管仲放箭之仇耿耿于怀。

鲍叔牙问："您当国王是为了什么？"桓公说："当然是为了富国强兵，称霸诸侯。"鲍叔牙说："那时各为其主嘛！管仲是个栋梁之材，无论是治国安邦，还是排兵布阵，都比我强许多倍。您要干一番大事业，一定要用管仲当国相！"

齐桓公说："还是拜你为国相，管仲当个副手。"鲍叔牙再次推荐管仲："您要是重用管仲，他将为您射得天下，哪里只射得衣钩呢？"齐桓公见鲍叔牙推崇管仲这么执着，终于答应了。

鲍叔牙到牢狱为管仲解下镣铐，齐桓公到宫殿门前亲自迎接他。管仲为他们的真诚所感动，接受了相国这一要职。如果没有以齐国国家利益为重、甘愿自己吃亏的鲍叔牙的无私帮助，管仲早就成为刀下之鬼了。

运转全缘情义重，成功不忘忆友贤。管仲的官职超过了鲍叔牙，一些大臣为鲍叔牙抱不平。鲍叔牙知道自己再继续做官，会对管仲不利，于是毅然向齐桓公辞官还乡。

管仲感慨地说："我曾经3次出仕，3次遭罢免，鲍叔牙并不认为我无才，知道我时运还没到。我曾经3次参加战斗，3次开了小差，鲍叔牙不认为我是胆小鬼，知道我怕老母亲老来无依无靠。公子纠在政治斗争中失败，召忽为此自杀，我被囚禁受辱，鲍叔牙不认为我没有廉耻，知道我不羞小节而以功名未成为大耻。——生我的人是父母，了解我的人是您鲍叔牙啊！"（司马迁《史记·管晏列传》）

今古建功多苦辛，人生难得遇真诚。鲍叔牙宽容管仲的缺点，理解管仲的难处，深信管仲的才能，关键时刻鼎力相助，力荐管仲为宰相，自己甘居其下，体现了无私的友谊和爱才让贤的品德。管仲为相，鲍叔牙反而在下位，这种以国家利益为重的精神，表现了鲍叔牙是一位纯粹的人，没有一点私心，甚至牺牲自己来成全管仲。

第三章
提高执政能力

做好新时代的答卷人
领导干部克服本领恐慌八项修炼

奋斗的人生最幸福

2018年2月14日，习近平同志在春节团拜会上发表了重要讲话。其中关于"奋斗"的论述引起各界点赞："今天，我还要说，奋斗本身就是一种幸福。只有奋斗的人生才称得上幸福的人生。奋斗是艰辛的，艰难困苦、玉汝于成，没有艰辛就不是真正的奋斗，我们要勇于在艰苦奋斗中净化灵魂、磨砺意志、坚定信念。奋斗是长期的，前人栽树、后人乘凉，伟大事业需要几代人、十几代人、几十代人持续奋斗。奋斗是曲折的，'为有牺牲多壮志，敢教日月换新天'，要奋斗就会有牺牲，我们要始终发扬大无畏精神和无私奉献精神。"

奋斗者是精神最为富足的人，也是最懂得幸福、最享受幸福的人。马克思在青年时代就认为，"在选择职业时，我们应该遵循的主要指针是人类的幸福和我们自身的完美"。在马克思看来，那些为大多数人带来幸福的人是最幸福的人。我们党除了人民群众的利益没有自身的特殊利益。这就决定了领导干部必须始终把人民幸福作为终身奋斗目标，树立正确的幸福观，把实现个人价值、追求个人幸福和实现社会价值、追求人民幸福统一起来。

共产党人从来都有坚强的意志品质，从来都以不懈奋斗勾连崇高理想。一代代共产党人与人民一道，凭着艰苦奋斗、真抓实干精神，顽强进取，百折不挠，战胜艰难险阻，从积贫积弱走向伟大复兴。

艰苦奋斗能使人励精图治，造就出事业的强者，表明了从"憧憬世界"到"改变世界"的实践取向和基本路径。"人的杂念和私心能在艰苦奋斗中滤尽，人的痼癖和惰性能在艰苦奋斗中消遁，人的智慧和情感能在艰苦奋斗中萌发，人的理想和追求，能在艰苦奋斗中升腾"。只有经历艰苦奋斗，灵魂才能得到净化，才能做人、做事、做官、成业。让努力和毅力成为习惯，才称得上是努力和毅力。破茧的蛹能成蝴蝶，想要成长必经磨练。生命的常态，远不只是泛着涟漪的池水，更有涌动的暗流、潜在的礁石。正是这些，才构成了完整而丰富的人生，也正是在崎岖道路上的砥砺前行，每个人的精神生命才能不断成长。生活中，一半是回忆，一半是继续。与其在意别人的背弃和不善，不如经营自己的尊严和美好。我们应把努力当成一种习惯，每一个别人羡慕的收获，都是努力用心拼出来的。

艰苦奋斗是我们共度时艰的传家宝，是党的优良作风和政治优势。我们党是靠艰苦奋斗起家的，也是靠艰苦奋斗发展壮大的。它是我们党的政治优势。社会主义的宏伟大厦，是无数劳动者一锹一铲、一砖一瓦垒起来的。从鞍钢的沧桑巨变来看，鞍钢于1948年回到人民怀抱，当时有个日本人曾说，鞍钢已成废墟，只能种高粱，要恢复需要用美国的设备、日本的技术，需要用20年的时间。然而英雄的鞍钢人，在党的领导下，艰苦奋斗，战胜了一个个艰难险阻，只用三年时间，就使平炉流出金色的钢水。"一五"时期，鞍钢钢产量达到了760万吨，占全国钢产量的四分之三。

艰苦奋斗，真抓实干，锲而不舍，驰而不息，是我们党的优良传统和政治本色，是克服困难、战胜风险的精神动力，是保持蓬勃朝气、昂扬锐气和一身正气的法宝，是人的思想道德达到公而忘私、淡泊名利、吃苦在前、享乐在后的境界。

在十八届中央政治局常委同中外记者见面时，习近平同志说，接过历史的接力棒，我们自豪而不自满，决不会躺在过去的功劳簿上。2013年7月11日，总书记来到革命圣地西柏坡，在同县乡村干部和群众座谈时说："当年党中央离开西柏坡时，毛泽东同志说是'进京赶考'。60多年过去了，我们取得了巨大进步，中国人民站起来了，富起来了，但我们面临的挑战和问题依然严峻复杂，应该说，党面临的'赶考'远未结束。"我们党肩负的使命光荣而艰巨，任重而道远。实现中华民族伟大复兴是一项光荣而艰巨的事业，需要一代又一代中国人共同为之努力。

艰苦奋斗，首先就是奋斗，多做事情，多出业绩。其次是不计条件，不怕困难大。不断增强艰苦奋斗精神，提高自身实践能力，是一个长期的过程。应经常自我提醒，不断激励自己，在其位、谋其政、尽其责，决不让思想滑向庸俗低俗，在吃喝、玩乐、贪占钱财美色上随波逐流、盲目攀比；牢固树立艰苦奋斗、勤俭办事业的思想。习近平同志指出："全党要牢记毛泽东同志提出的'我们决不当李自成'的深刻警示，牢记'两个务必'，牢记'生于忧患，死于安乐'的古训，着力解决好'其兴也勃焉，其亡也忽焉'的历史性课题……"（《2013年12月26日在纪念毛泽东同志诞辰120周年座谈会上的讲话》）

在庆祝中国共产党成立95周年大会上的讲话中，习近平同志指出："60多年的实践证明，我们党在这场历史性考试中取得了优异成绩。同时，这场考试还没有结束，还在继续。今天，我们党团结带领人民所做的一切工作，就是这场考试的继续。"总书记的论断的内涵很深刻，彰显出强烈的忧患意识，仍然需要继续学习，不断努力，不断拼搏，一刻也不要松懈，奋力实现"两个一百年"奋斗目标，一起走向中华民族的伟大复兴。

2018年2月14日，习近平同志在春节团拜会上说："新时代是奋斗者的时代。我们要坚持把人民对美好生活的向往作为我们的奋斗目标，始终为人民不懈奋斗、同人民一起奋斗，切实把奋斗精神贯彻到进行伟大斗争、建设伟大工程、推进伟大事业、实现伟大梦想全过程，形成竞相奋斗、团结奋斗的生动局面。"在新时代，艰苦奋斗更多的含义是一种精神上的追求。艰苦奋斗的精神也更多地涵盖了顽强拼搏、百折不挠、自强不息、埋头苦干、勤勤恳恳、常怀忧患、居安思危的情操。我们不能因为历史条件变了，物质条件好了，生活水平提高了，就把艰苦奋斗的精神当作过时的东西加以抛弃。

艰苦奋斗可以磨炼意志、陶冶情操，增强人的责任感、进取心。艰苦是一种困难的条件、恶劣的环境和无情的挑战，奋斗则是一种不惜憔悴自身的拼搏和敢为人先的超越。永葆艰苦奋斗的精神，是我们取得辉煌胜利的重要原因，也是我们加强党性修养、弘扬良好作风的应有之义。

有奋斗才有幸福，有奋斗人生才有不同寻常的意义。网上流传的一段任正非的视频也告诉我们，华为的成功，是华为人奋斗出来的。任正非在视频中说："这个国家不能像互联网一样，一天牢骚怪话，然后也不干活，然后就动不动搞个小目标就挣很多钱，这是毒害青少年，青少年还得奋斗！"永葆艰苦奋斗、真抓实干的优良作风，是我们取得辉煌胜利的重要原因，也是我们加强党性修养、弘扬良好作风的应有之义。我们已经取得辉煌成就，正在向着梦想一步步靠近。距离目标越近，越不能懈怠，越要加倍努力。

"时代是出卷人，我们是答卷人，人民是阅卷人。"从党的十九大到二十大，是"两个一百年"奋斗目标的历史交汇期，中国特色社会主义要从第一个百年迈向第二个百年。全体党员干部必须保持饱满的政治热情，弘扬艰苦奋斗精神，决不能因为取得胜利而骄傲，决不能因为成就而懈怠，决不能因为困难而退缩。改革攻坚，社会转型，新问题、新矛盾凸显，困难还很多。中华民族伟大复兴的"中国梦"如何实现，迫切需要我们每一个人在新的历史起点上，弘扬艰苦奋斗、实干苦干的好传统、好作风。实现中国梦任重而道远，需要锲而不舍、驰而不息的艰苦努力。只有每个人都为美好梦想而奋斗，才能汇聚起实现中华民族伟大复兴的磅礴力量。

开创中国特色社会主义事业，是一项充满艰辛、充满创造的伟大事业。经过长期努力，中国特色社会主义进入了新时代。新时代要有新气象，更要有新作为。中共十九大到二十大的5年，正处在实现"两个一百年"奋斗目标的历史交汇期。中国以艰苦奋斗而强，民族以勤勉创业而兴。曾经遥不可及的梦想，正在我们的团结奋斗中不断靠近。"两个一百年"目标，已是望得见桅杆尖头的航船，是已见光芒四射喷薄而出的红日。我们比历史上任何时期都更接近中华民族伟大复兴的目标。我们正恰逢着大发展大繁荣的机遇。有志向、有抱负的共产党人，一定能够不辱使命，承载着全体中华儿女的共同向往，勤奋进取，苦干实干，求真务实，"只顾攀登莫问高"，把自身价值和人生光彩展现在中华民族的伟大复兴之中。

担当：时代的要求

时代成就伟业，使命呼唤担当。大凡做大事、创大业者，都是忧患意识、使命意识和责任意识强烈的人，敢为天下先、勇于担当的人，敢于坚持真理、敢担风险、敢作敢为的人。

东汉的钟离意因为很有才能，被提升为尚书仆射。有一年，一伙匈奴人来投降汉朝，明帝命令钟离意负责赏给他们绢绸。手下的郎官不细心，多给了匈奴人一些绢绸。得知此事，明帝下令要对郎官用酷刑。钟离意便觐见皇上，叩头请罪道："这件事由我负责，所以论罪也应当从我开始，从重处理；郎官是我的下属，就应当从轻处理。请皇上明断！"说着就要脱去衣服接受惩罚。明帝见钟离意敢于承担责任，情愿接受惩罚，即令他穿上衣服，免去惩罚，也宽恕了郎官。如果你敢于为下属撑腰，敢于承担责任，就会使自己赢得了解决问题和培养解决问题能力的机会，他人就会认为你敢做敢当，进而信任你。

汉末三分之际，年轻的诸葛亮聪颖过人，博览群书，期望自己成为辅佐明君、一统天下的贤臣良将。经过躬耕夜读10年之后，诸葛亮出山，辅佐刘备，日理万机，六出祁山，七擒孟获，草船借箭，火烧曹营……真是勇于担当的楷模，鞠躬尽瘁，死而后已。

林则徐从政40年，历官13省。他"置祸福荣辱于度外"，挺身而出，坚决禁烟，抵抗外国武装侵略，捍卫了国家主权和领土，"苟利国家生死以，岂因祸福避趋之"。

开国总理周恩来一生勇担重任，呕心沥血，数十年如一日。他说："为着我们子子孙孙的幸福，我们不能不暂时把许多困难担当起来，""畏难苟安，不是共产党人的品质。"新中国成立后，他平时每天工作都在12个小时以上，有时在16个小时以上。他在生命最后时期，仍然抱病操劳国事，心忧百姓，天地为之动容。

开创新时代需要的新气象，要求全党必须时刻牢记使命，把责任扛在肩上，以奋发有为、顽强拼搏的精神状态，逢山开路、遇水搭桥，争做新时代中国特色社会主义伟大时代的建设者和实干家。

习近平同志高度重视、大力倡导敢于担当的精神，对提高领导干部的担当精神作出一系列重要论述，反映了他的做事原则和执政风格，体现了共产党人的强烈而厚重的历史责任感，彰显了当代卓越领导者超强的领导力，对于新形势下领导干部担当起历史赋予我们的神圣使命，具有非同寻常的意义。

他多次强调：担当就是责任，好干部必须有责任重于泰山的意识，坚持党的原则第一、党的事业第一、人民利益第一，敢于旗帜鲜明，敢于较真碰硬，对工作任劳任怨、尽心竭力、善始善终、善作善成。"疾风识劲草，烈火见真金。"为了党和人民事业，我们的干部要敢想、敢做、敢当，做我们时代的劲草、真金。

十九大报告指出："中华民族伟大复兴，绝不是轻轻松松、敲锣打鼓就能实现的。"面对新时代的难题和挑战，每一个党员、干部有多大担当才能干多大事业，尽多大责任才会有多大成就。领导干部是党的事业的骨干，是否有担当精神就显得特别重要。"泥菩萨"不干事，却"爱惜自己的羽毛"。有的领导干部信奉"宁愿不干事也不要出事"的哲学，怀揣"你好我好大家好"的人生信条，从不担当，从不为原则得罪人。那种对工作不负责、不建言、不得罪人，对一些棘手问题能推则推、能躲就躲，即使分内之责也推诿、扯皮，是很要不得的。有了过错和失误，有的领导干部或敷衍搪塞，或矢口否认，或避而不谈。其实这反而显出其拙劣和愚蠢。把过错归于下属，或怀疑下属没有按决策办事，或指责下属的能力，极易失掉威信。不思进取，不担当、不作为、慢作为，与开创新时代需要的新气象完全背道而驰。敢于承担责任，让人们看到你能引咎自责，坦陈自己的过失，却能提高威信。

敢于负责、勇于担当是好干部必须具备的基本素质。各级领导干部在党内和社会上处于重要位置，是社会正常运行的中坚力量，是"关键的少数"，在其位就要谋其政，勇于担当，奋勇向前，履职尽责。能够担当责任的人，才能被担当更多的使命，承接更多的事业。"担当大小，体现着干部的胸怀、勇气、格调，有多大担当才能干多大事业"。作为领导干部，既然国家和人民选择了我们，就要增强一心为民的公仆情怀，保持昂扬向上的进取心和干事创业的精气神。

为国家、为人民的利益而敢于担当、善于担当，平常时候看得出来，关键时刻站得出来，危急关头豁得出来，始终是中国共产党人的鲜明品格。在索契接受俄罗斯电视台专访时，习近平同志鲜明地阐述："我的执政理念，概括起来说就是：为人民服务，担当起应该担当的责任。"这深刻诠释和回答了为谁担当的问题。每个党员领导干部都必须牢记自己的神圣职责，以可贵的担当精神和非凡的领导能力走在时代前列。

深化改革、促进发展，尤为需要敢于担当的领导干部，承担有风险的事、棘手的事、得罪人的事，在矛盾面前敢抓敢管、不怕碰硬，临危不惧，处变不惊，敢于决策，大胆指导，攻坚克难，突破主要矛盾和关键环节，开创新局，不因"畏繁重而不举"，不因考虑个人得失而追求四平八稳，把自己的才能用到极致。是否具有担当精神，忠诚履责、尽心尽责、勇于担责，是检验共产党人先进性和纯洁性的重要方面。

在习近平同志的系列讲话中，"担当"这个词语经常可见，成了总书记反复推崇并身体力行的一种领导行为。习近平同志指出："作为领导干部，党和人民把我们放在领导岗位上，责任重大，使命光荣，务必要在其位、谋其政、尽其责，真正做到为官一任，造福一方。"2004年5月，习近平在浙江省一次党内重要会议上从海宁"215"特大事故的教训引申开去，语重心长地与参加会议的浙江省党员领导干部共勉：要拎着乌纱帽干事，不要捂着乌纱帽做官。

美国第16任总统林肯说过："每一个人都应该有这样的信心：人所能负的责任，我必能负；人所不能负的责任，我亦能负。如此，才能磨炼自己，求得更高的知识而进入更高的境界。"权力的行使与责任的担当紧密相连，没有无责任的权力，也没有无权力的责任。担当是领导干部职责所系，使命所然，魄力所在，而不是做事优柔寡断。

舵手引航定向，何惧征途艰险。担当体现着勇气，体现着情怀，体现着责任，体现着境界，担当是勇敢品质和责任意识的统一。担当是检验领导干部思想成熟、工作一流、作风过硬的试金石。勇于担当，就是要弘扬以天下为己任的精神，勇挑重担、事不避难、敢于负责，做好自己的工作；打破陈规、敢于拍板、忠诚履责、尽心尽责、勇于担责、一抓到底。

忠诚依旧铁石坚

竭忠尽瘁，是中华传统文化推崇的一个极其重要的道德要求和价值取向。天底下最高尚的道德，是忠诚。"忠"，崇敬、恪守。忠诚，即尽心尽力、没有二心。忠诚是中华民族永不褪色的传统美德。忠诚是一种职业道德，更是一种高尚品格。忠诚是一种品质更是一种能力的表现。忠诚不是愚忠。忠诚，是要用业绩来证明的，而不是口头上的效忠，而业绩又是要靠能力去创造的。

《论语》提到"忠"这一道德规范共有15次。孔子的学生子路向老师请教如何为政？回答是："居之无倦，行之以忠。"在位时不要疲倦懈怠，执行政令要忠心耿耿、尽心竭力。"忠诚所感金石开，勉建功名垂竹帛。"（陆游）——真诚能够感动金石那样坚硬的东西，能勉励自己建功立业，名垂青史。马融认为，忠诚是人性中最光辉的一面，"天下至德，莫大乎忠"。古往今来，无论做官，还是为人，忠诚都是一种值得敬佩的品质。令人难忘的忠义之士，被一个个历史故事竞相传颂，被一代又一代人奉为楷模。

当年楚国的卞和，拾玉璞于楚山之中，奉献给厉王。厉王不识货，以卞和为之诳，而刖其左足。卞和又奉其玉璞而献武王，武王也以为卞和为趾，而刖其右足。这位忠贞之士抱其玉璞，在楚山下哭了三天三夜！凡是心智不盲、想干一番事业的人，都应重视忠诚、培养忠诚，切不可亏待了忠诚的人！

冯异是刘秀手下的战将，英勇善战，忠心耿耿，全力辅佐刘秀打天下。一次，刘秀被河北王郎围困时，弹尽粮绝，饥寒交迫，不少人背离他而去。而冯异找来豆粥、麦饭，进献给刘秀，使刘秀摆脱困境。河北之乱平定后，刘秀对部下论功行赏，众将纷纷邀功请赏，冯异却独自坐在大树底下，只字不提饥中进贡食物之事，也不报请杀敌军功，不让刘秀为难。

公元26年，冯异大败赤眉军，歼敌8万，使对方主力丧失殆尽，刘秀驰传玺书，要论功行赏，"以答大勋"，冯异没有因此居功自傲，反而马不停蹄地进军关中，讨平陈仓、箕谷等地乱事。

一个名叫宋嵩的使臣出于嫉妒，先后4次上书，诋毁冯异，说他控制关中，威权至重，擅杀官吏，百姓归心，都称他为"咸阳王"。刘秀不为所惑，把宋嵩告发的密信送给冯异，将他提职，并在冯异班师回朝时，当着公卿大臣的面赐他以珠宝钱财，又讲述当年豆粥、麦饭之恩，令那些为与冯异争功而进谗言者羞愧得无地自容。

有人用形象的语言说，魏徵是唐太宗的一面镜子，房玄龄则是唐太宗的一条臂膀。贞观时代，朝廷的官员少而精，只有643人，每个人都各有所长，独当一面，忘我工作。所有人都知道，没有一个人比房玄龄更累。在22年的宰相生涯中，房玄龄以赤诚之心忘我工作，连一个小妾都不敢纳，以看不见的手在帮李世民料理着朝政，治理国家，他将贞观精英巧妙地纳入贞观的轨道上来，让他们各尽其才，各得其所。

提起热血男儿忠诚不二，不能不说民族英雄岳飞。当敌军入侵后，岳飞看到国土沦陷，不禁怒发冲冠。他立志收复中原故土，雪洗靖康亡国之耻。宋徽宗宣和四年（1122年），岳飞应募从军，抗击金国侵略者。临行前，其母姚氏在岳飞背上刺下"精忠报国"四个字。岳母深情地说："你一生的志向就在这四个字里面了！"

这"精忠报国"四个大字，成为岳飞终生遵奉的信条。岳飞的抗金斗争，是一场反对外族入侵的正义战争。岳飞的脑子里装满了国家、民族、百姓，没给自己留下一点点位置。"文臣不爱钱，武臣不惜死"。岳飞善于谋略，治军严明，在其戎马生涯中，亲自参与指挥了126仗，未尝一败，是名副其实的常胜将军。只可惜宋高宗苟安江南，朝廷又为奸当道，遂致战略失误而使"十年之力，废于一旦"。岳飞的名言"还我河山！"震撼人心，在历史的回音壁久久回荡。

忠诚是尽己之谓，是极度的真心与无上的诚意融合而产生的德行，是构成完美人格与成功人生所不可或缺的要素。《诸葛亮集·后出师表》有言："鞠躬尽瘁，死而后已。"——恭敬、谨慎，竭尽全力，至死不停。忠诚是做人做事的基本立场，是一个人至高至上的品质，不二其志，不讲条件，不求回报，尽职尽责，坦率诚信，忠贞不渝，光明磊落。

忠诚是一种发自内心的情感，服从内心的信仰与信念，总是尽心竭力为国家、为集体、为群众多做好事。"人无忠信，不可立于世"（北宋理学家程颐）。岳飞的"精忠报国"，文天祥的"人生自古谁无死，留取丹心照汗青"，都是忠诚的最好诠释。

信仰的力量在于，它在人们心底唤起真正的忠诚感，始终保持一颗对党忠诚的赤子之心，坚守共产党人的精神追求，筑牢对党忠诚的思想根基。想想自己当初郑重向党组织呈交入党志愿书的坚定，面对鲜红党旗宣誓的激情，不忘初心再出发，不辱使命，砥砺前行。习近平同志向全党发出谆谆告诫："功成名就时做到居安思危、保持创业初期那种励精图治的精神状态不容易，执掌政权后做到节俭内敛、敬终如始不容易，承平时期严以治吏、防腐戒奢不容易，重大变革关头顺乎潮流、顺应民心不容易。"总书记语重心长地讲了四个"不容易"，深度提醒我们在新时代长征路上必须始终坚定信仰、牢记使命，忠诚于人民，忠诚于事业，增加敬业精神，创造一流业绩，向人民交上满意的答卷，这样的成功才是真正的成功。

人生不能缺少忠诚。做好新时代的答卷人必须讲忠诚。忠诚是为人立世之本，是成长的力量源泉。忠诚是共产党人必须具备的优秀品格。对党忠诚必须是纯粹的、无条件的，只有绝对，没有相对；只有100%，没有

99%。一个人只有才华，没有忠诚不二的精神，很难在从事的事业中获得长足发展。忠诚表现为强烈的发自内心的归属感，有心灵的寄托，对归属对象产生忠诚的情感，表现对事业的执著追求。责任源于忠诚，忠诚激发责任，体现敬业精神。忠诚作为一种尽责意识，它受理性力量的驱使，是履行责任的态度和行为的督促。

1935年，张国焘对抗中央北上的决定，企图分裂党、分裂红军，遭到朱德、刘伯承等人的坚决反对。张国焘围攻朱德，威逼他发表反对毛泽东和北上抗日的宣言，要朱德断绝和毛泽东的一切关系。朱德说："你可以把我劈成两半，但是你绝对割不断我和毛泽东的关系。"朱德还反对张国焘挑拨红一、红四方面军关系的做法，深入到部队中做细致的思想政治工作，反复宣传党中央北上抗日方针的正确性和加强党的团结的重要性，在极端困难的环境里维护党中央和毛泽东的统一领导。后来，张国焘公开表示怀疑共产党，对革命前途绝望，公然投到国民党特务集团，1938年4月18日，党中央决定将张国焘开除出党，获得了全党的拥护。

"人无忠信，不可立于世"，把忠诚作为做人的底线。忠诚不同于阿谀奉承，它从不寻求丰厚的回报，更没有其他的企图。

罗荣桓在秋收起义以后，就随同部队到达井冈山，历任连、营、纵队党代表，在著名的古田会议上，经毛泽东提名，罗荣桓当选红四军前委委员。林彪善于指挥作战，但个性太强，刚愎自用，担任红四军军长后，又不易与人合作。毛泽东向前委建议，由罗荣桓出任红四军军委书记兼政委。

在反对"左"倾冒险主义和苏区反"围剿"的斗争中，罗荣桓坚决拥护毛泽东的正确主张，始终和毛泽东站在一起，曾因此受到"左"倾领导者的排挤，甚至撤职，但他仍不改变自己的看法。虽蒙受冤屈，但他坚持共产主义信念，仍旧老老实实地为党工作。对此，1936年毛泽东曾对美国记者斯诺说："在这个最早的部队中，有许多人始终忠心耿耿，直到今天还在红军中，例如现任一军团政委的罗荣桓……"（《毛泽东生平实录》，吉林人民出版社1992年5月版，第391页。）罗荣桓于1963年12月病逝。毛泽东作诗《吊罗荣桓》，最后一句"国有疑难可问谁"，表达了对罗荣桓的非凡器重。

忠诚胜于能力，忠诚可以受益终生。凡是心智不盲、想做出一番事业的人，都应重视忠诚、培养忠诚，忠诚于党、忠诚于国家、忠诚于人民。忠诚之人的名字更具含金量，更会受到周围的人信任和容纳。秉持什么样的政绩观，是衡量领导干部是否忠诚履职、正确对待群众、正确对待组织的试金石。树政绩，是为老百姓谋利益，是群众身受其惠的实事和好事，而不是热衷于上大项目，劳民伤财。

当今社会，竞争日益激烈，所从事的事业不可能永远一帆风顺，总有陷入困境的时候。而困境最能考验人的忠诚度。尤其在这种境况下，许多领导在用人时，不仅看重其能力，更看重的是他的品质。而个人品质最关键的就是忠诚度。对那些能够勇敢地为集体、团队承担困难的，经得住考验的人，是令人敬佩的。这个时候，忠诚所带来的力量是无法估量的。

忠诚可以受益终生。对现代人来说，从忠诚于团队与集体，到忠诚于祖国和人民，既是实现人生价值的可贵实践，也是提高自我能力的必要手段。忠诚会有忠诚的回报。忠诚赢得了信任，为你自己创造了好形象、好名声，使你拥有"无形资产"，让你的才华有一个施展的天地，有了可持续发展的前途。

缺乏忠诚，就缺少了激情，缺少了责任，缺少了动力，随之能力也失去了。领导干部为官做事决不能把升迁作为目的。忠诚履职，为群众办实事，是人生的追求和价值的体现。如果干工作、做事情的出发点就是为了升迁，是干不好工作的，也当不好官，必然贻误事业。总是想着提拔，内心就容易浮躁不安。期望值过高，愿望不能达成，就容易心生牢骚怨言，不想做事，不想负责任，在其位不谋其政，碰到问题不解决，遇到矛盾绕着走，对职责范围内的事情该抓的不抓、该管的不管。过高地估计自己，看不到自己的不足，看不到别人的长处，心里就容易委屈。摒弃忠诚、搬弄小智者，有时会得到暂时的利益，但是，从长远观点看，就会得不偿失。那些顶风作案、不收敛不收手的人，说到底是不忠诚、不老实，也算不上是合格党员，发展到最后可能就成了"两面人""伪忠诚"。

"可有尘瑕须拂拭,敞开心肺给人看。"忠诚是党性纯洁的重要标志,是权力运作过程中所展现出的一种德行素质。毛泽东在《反对自由主义》一文中强调:"一个共产党员,应该是襟怀坦白,忠实、积极,以革命利益为第一生命,以个人利益服从革命利益。"十九大党章入党誓词中有四个字可谓掷地有声:永不叛党。忠诚彰显党政干部的官德、政德、美德。党员干部要在千帆竞发的新时代洪流中,筑牢忠魂、勇于担当,时刻牢记第一身份是共产党员,第一职责是竭尽全力为党工作。让我们用忠诚书写成长的历史,用忠诚书写时代的答卷,谱写人生瑰丽的篇章。

事业进步在于勤奋

打铁必须自身硬。领导干部能力强是"自身硬"的先决条件。提高本领是党员义务,也是党的一贯要求。十九大党章明确规定,党员要努力提高为人民服务的本领。习近平同志在庆祝中国共产党成立95周年大会上指出:"各级领导干部要加快知识更新、加强实践锻炼,使专业素养和工作能力跟上时代节拍,避免少知而迷、无知而乱,努力成为做好工作的行家里手。"

勤奋对能力发展起着重要作用,勤奋影响能力的形成和发展。这是因为勤奋使人活动加强,各方面素质能够经常地处于积极动员的状态。唐代韩愈有言:"业精于勤荒于嬉,行成于思毁于随。"一个人的学业由于勤奋而精进,因为嬉玩而荒废;做人行事因为考虑周详而取得成功,由于随意任性而导致毁败。

马克思的伟大贡献与他的超人的勤奋也是分不开的。李卜克内西在《回忆马克思》一书里写道:"曾经有人说,'天才就是勤奋'。如果这句话不完全正确,那至少在很大程度上是正确的。没有非常的精力和非常的工作能力,便不能有天才……我们所知道的真正的伟大都是极其勤勉和尽心竭力地工作。这种说法完全适用于马克思。"

勤勉苦干是我们立身之本、创业之魂、成事之基。勤勉苦干可以磨炼意志、增强本领。《尚书·周书》中有一句教人勤勉的至理名言:"功崇惟志,业广惟勤。"其大意是,取得伟大的功业,是由于有崇高的志向;完成宏伟的事业,在于勤奋的工作。《易经》中有"天行健,君子以自强不息"之语。人们创建的非凡成就、创造发明的辉煌成果,全由勤奋苦干而来。

惟有咬定目标不放松,勤勉做事不松懈,才能缔造宏伟事业。周公为国事日夜操劳7年,替国家打定基础之后,把政权交还给成王,勤勉辅佐他。周成王踵武前贤,励精图治,把国家治理得国泰民安,在位37年,筑就了成、康盛世的前一阶段。

光武帝刘秀,东汉开国皇帝,于王莽新朝末年乱象中挽狂澜于既倒,建再造汉室之奇功。在位后勤勉政事,手不释卷,知人善任,成东汉中兴著名的勤政之明君。史载他每旦视朝,日昃乃罢;尤召公卿郎将,讲论经理,夜分始寐。皇太子见帝勤劳不怠,承间谏曰:"陛下有汤禹之明,失黄老养性之福,愿颐爱精神,优遊自宁。"帝答:"我自乐此,不为疲也。"故勤慎之风,行于上下;大小官吏,咸能兢业其职。

天才出自勤奋。没有勤奋,哪有天才?一切有真才实学的人,盖出于勤奋。司马光编撰《资治通鉴》,不辞劳苦,阅读、考证了前人几百种"杂史",翻阅、编写经常到深夜,有时通宵达旦。他用圆木为自己做了一个"警枕",睡在上面稍微动一下,圆木枕头就会滚动,便被惊醒,醒来继续工作,绝不会因睡得太久而耽误了时间。寒来暑往,历时19年,终于完成了《资治通鉴》这部巨著。

天下无难事,只怕勤奋人。勤就是要劳心劳力、锲而不舍,奋就是要有所作为、奋进不止。欧阳修(1007—1072年),北宋文学家、政治家、史学家,唐宋八大家之一。欧阳修是靠勤奋成才的。他的老家在今江西吉安县,幼年时,家境贫困,连学习的必需品笔、墨、纸、砚都买不起。他家住在江滨,从小就用江滨沙滩上的芦苇做笔,以沙滩为纸,刻苦练字。23岁进士及第,登上仕途。欧阳修著作很多,至今我们还能看到的著作有《欧阳文忠公文集》约一百万字，此外还有一些专著。他的散文《醉翁亭记》，已成千古之名篇。

惟勤可以生明，惟俭可以养廉，此二语是做成事的秘笈，亦是做好人的命脉。本领出自勤奋，一分耕耘，才有一分收获。齐白石（1864—1957年）小的时候，家里很贫穷。他八岁的时候就给别人家放牛、砍柴。牛在吃草，他就用柴火棍在地上画画。后来，他当了木匠，晚上在昏暗的油灯下学画。夏天蚊虫叮咬，冬天他冻得哆嗦，他都不在乎，一直画到灯油烧完为止。这使他的画有了进步。到了晚年，齐白石坚持画画，不敢懈怠，而有的时候，画一幅画，他甚至要花好几个月的时间。勤于观察和刻苦练习，使齐白石获得很大成功，他的画深受各国人民的喜爱。

勤奋二字看起来似乎很平淡、浅显，却能让领导看中、朋友信任、百姓信服。勤勉实干，履职尽责，是领导者必备的从政道德，是检验领导者让群众满意、快乐、幸福的重要标准，是实现人生价值的可贵实践，体现着一种报效国家的品质，一种爱岗敬业的精神，一种不辱使命的境界。2013年3月17日，习近平在全国人大闭幕会议上发表了重要讲话，强调"功崇惟志，业广惟勤"，我国仍处于并将长期处于社会主义初级阶段，实现中国梦，创造全体人民更加美好的生活，任重而道远，道路不可能一帆风顺，蓝图不可能一蹴而就，梦想不可能一夜成真，需要我们每一个人继续付出辛勤劳动和艰苦努力，需要始终谦虚谨慎、艰苦奋斗，始终埋头苦干、锐意进取。领导者与众不同，就要走在前头，走在前列，干在实处，要比群众吃的苦、付出的辛苦多，接受的约束比一般人多。

勤奋出才能，勤奋出成果。《领导人的2014年：累并快乐着》记载，习近平同志从陕西梁家河的知青到正定县的县委书记，从宁德地委书记到福建、浙江、上海的省级领导干部，再到国家领导人，40年的时间里，他的每一步都走得"扎扎实实"。在闽东工作时，面对全地区上下摆脱贫困、发展致富的渴盼，习近平同志推崇并倡导"滴水穿石"精神："胸有宏图、扎扎实实、持之以恒、至死不渝的精神"。他在《滴水穿石的启示》一文中写道："我们需要的是立足于实际又胸怀长远目标的实干，而不需要不甘寂寞、好高骛远的空想；我们需要的是一步一个脚印的实干精神，而不需要新官上任只烧三把火希图侥幸成功的投机心理；我们需要的是锲而不舍的韧劲，而不需要'三天打鱼，两天晒网'的散漫。"

从时代的坐标看，我们正处于重要的历史关头，面临着"中流击水、浪遏飞舟"的挑战：改革攻坚，社会转型，新问题、新矛盾凸显，既有木秀于林的自豪，也有风必摧之的烦恼，既有"登高望远"的情怀，也有"为山九仞"的压力。中华民族伟大复兴的"中国梦"如何实现，迫切需要我们在新的历史起点上，以"抓铁有痕、踏石留印"的韧劲，以迎难而上、逢难必克的勇气，发扬钉钉子精神，艰苦奋斗、勤勉创业、开拓创新。

"为政以德，譬如北辰，居其所而众星拱之。"优秀县委书记廖俊波一心琢磨事、一心干成事、实干为民的一生打动了很多领导干部，让干部"学"有了方向，"做"有了目标——学习他心系群众、为民造福的公仆情怀，把群众安危冷暖时刻放在心上，真心实意为百姓谋福祉。

2013年5月，铁山镇东涧村的几个村民在村口聊天，廖俊波来了，和他们拉起了家常："最近有什么困难需要我解决吗？"村民何天章直言，村里人平时喝山泉水，但一下雨，泉水就变浑，大家很苦恼。廖俊波当场就给县住建局负责同志打电话，要求他们帮助解决。两个月后，一个崭新的过滤池在山泉边建成，这下好了，村民们不管什么天气都能喝上清澈的水。

说起廖俊波的敬业、"工作狂"，几乎是所有认识他的人的共识。邵武市人大常委会主任熊贻荣从廖俊波1990年刚一毕业在大埠岗中学任教时，就认定"这年轻人将来必定有大出息"。在他印象里，廖俊波对工作充满了激情，在任何一个岗位上都非常认真、敬业。"他还是个普通教师的时候就是个工作狂，经常利用晚上时间不断充实自己、琢磨如何把工作做得更好，他把工作标准定得很高，他的勤奋是几十年如一日的。"熊贻荣说。

和廖俊波在荣华山产业组团同吃同住四年多的南平工业园区管委会副主任刘晖明，对廖俊波的印象就是：他每天除了几个小时睡觉，其他时间都在工作。"在办公室也是工作,在工地也是工作,在车上也是工作,吃饭的时候只要一接到工作电话,经常一讲就是半个多小时。我有时候半夜醒来,经常被他吓一跳,他一个人坐在床头,拿着笔记本不知道在写些什么。"说到这儿,刘晖明的眼眶倏地红了,"这些日子我还经常梦到他半夜爬起来弓着身子抄抄写写的样子,那场景真的是刻骨铭心。"

给廖俊波开了13年车的司机林军清楚地记得,光是荣华山产业组团那四年,他的车一共跑了36万公里;十几年下来一共跑了80多万公里。林军跟随廖俊波多年,他在车上长期备着"四件套"——衣服、雨鞋、雨伞和被子。那床被子,开车时廖俊波用,停车时林军用。"廖市长太忙了,所以总觉得时间过得太快,一天24小时不够用,最好是有48小时。""他在每一个地方都很忙,忙着开疆拓土、闯出一片新天地。"

面对一片待开发的山包,没有规划,他找规划单位来做规划设计;没有土地,他与浦城县委县政府沟通协调征地拆迁;没有基础设施,他带领大家建路、挖沟、排水;为了招商引资,他四年间驱车36万公里,常年奔波在浙江、广东等地。四年间,完成征地7000多亩,招商引资签约项目51个,开工项目23个,总投资28.03亿元。浦城人惊呆了,直呼廖俊波创造了奇迹!

第一条高速公路、第一个广场、第一座双向四车道的桥、第一个红绿灯、第一条斑马线……"过去县城的河上,几年建不起一座桥,俊波来了后,当年就干了5座,县里一年大变样。"4年后,政和从"省末位"跨入增长速度"省十佳",城市建成区扩容近一倍,3万多贫困人口摘掉帽子。"家乡变样了!"那时候,从政和出去打工回家的人一下高速便要下车仔细观望,感叹家乡的模样焕然一新。2015年6月,廖俊波光荣当选"全国优秀县委书记",在北京人民大会堂,受到习近平总书记的亲切会见。

廖俊波出殡那天,送别的人群,将前后数十里的街道,挤得水泄不通。告别仪式上,吊唁的人从四面八方赶来,络绎不绝,许多人情难自抑,泪如雨下。"花圈就摆了1500多个。这些花圈,大多是人们自发送的啊。"林小华说。老百姓的泪水和怀念,是对一位好干部的最好祭奠。

为官不易，不能为官不为。勤奋工作，埋头苦干，历来是我党的优良传统，这是一代又一代共产党人榜样的力量铸就的伟大精神，又激励着一代又一代的共产党人去弘扬升华。"历览前贤国与家，成由勤俭破由奢""艰难困苦，玉汝于成""喊破嗓子不如甩开膀子""撸起袖子加油干"，这些至理名言闪耀着真理的光芒，给我们以无穷的力量，激励我们在新时代勤奋进取，坚韧不拔，战胜艰难险阻。

"牡丹花好空人目，枣花虽小结实成。"一代人有一代人的使命，一个时代有一个时代的印记。面向未来，全面建成小康社会要靠实干，基本实现现代化要靠实干，实现中华民族伟大复兴要靠实干。党员干部要在工作实践中提高能力，挖掘自己的潜在能力，向超过自己能力的目标挑战，不断给自己提出新的目标，扩大能力范围。要有一股韧劲，持之以恒抓落实，一件事情接着一件事情办，一项一项地督促，一年接着一年干，一年一年地见效。真正干出有益于党和人民事业发展的实事，真正建立起经得起历史检验的实绩。机会从来都是眷顾坚定者、奋进者、搏击者，而不会等待犹豫者、懈怠者、畏难者，让我们勤勉履职，不辱使命，只顾攀登莫问高！

盘马弯弓惜不发

本领高强的领导者，往往能以较小的代价，去获得较大的社会效益和经济效益，才能开创美好未来；而缺少本领的领导者，经常一次又一次地付"学费"，工作面貌依旧，难于获得明显的社会效益和经济效益，群众不满意，下属不服气。从现实看，能力不足危险，是党目前面临的四大危险之一。领导干部只有提高本领、当实干家，才能把握新时代，胜任新使命，才有新作为。

习近平同志在党的十九大报告中强调，领导十三亿多人的社会主义大国，我们党既要政治过硬，也要本领高强，并对"全面增强执政本领"提出了明确要求。习近平同志在十九届中共中央政治局第一次集体学习时的讲话中指出："领导干部不仅要有担当的宽肩膀，还得有成事的真本领。"本领从实干中来，要在实践中摸爬滚打、汲取营养、积累经验、增长才干。

学历高当以自豪，但不能自满，不能躺在高学历上吃老本，因为事实证明，学历并不等同于真才实学，学历高不意味着水平高。增长学识、才干的根本途径，在于勤奋学习、广集博收、学以致用。若想既敬业又专业，就要有思想、有观点、有方法，就须勤学习、多实践、善观察。

有些领导同志善于高屋建瓴地观察分析问题，善于自如地驾驭全局、高人一筹，一个重要因素是得益于较高的理论素养。理论功底浅的人，往往对一些重大现实问题吃不准，对一些似是而非的观点说不清，对一些新事物的实质和发展趋向看不透，因而思想政策水平不可能高。

干出突出业绩，首先得益于学习。不刻苦读书学习的人，知识就一定会老化、思想就一定会僵化、能力就一定会退化、作风就一定会腐化，不可能健康成长。只有学习掌握科学理论，掌握经济规律，学会用马克思主义世界观和方法论观察分析问题，才能在主次杂糅、互为因果、纷繁复杂的情况面前，头脑清醒，是非分明，抓住关键，做出正确决策。因此，领导干部最笨的办法、也是最聪明的办法，就是有计划地、见缝插针地多学点理论和现行政策。否则，浅尝辄止，似懂非懂，日常工作就可能停留在甲乙丙丁现象之罗列上，缺乏理论高度和政策水平。

韩愈诗云："将军欲以巧伏人，盘马弯弓惜不发。"骑马盘旋不进，拉弓满弦不发，描绘了将军射技之精巧和运筹之巧妙。若成为行家里手，也应有"神功技巧"，需要具备多方面的业务能力。

观察能力。这项基本功硬，就能在复杂而困难的情况下，排除干扰，透过现象，洞悉深层规律。否则，面对纷繁现象和错综复杂矛盾，就会如堕五里雾中，身在庐山不识庐山真面目，往往主次不分，费力不少，收效甚微。

思维能力。李瑞环说："付出辛苦，不仅仅是胳膊腿勤，很重要一条是思想必须艰苦。事实上，思想的艰苦作为一个领导干部来讲，才是最重要、最困难的。"

鉴别能力。对客观情况的粗与精、伪与真、主与次、简与繁、典型与一般都要掰搓明白，确定哪些必须掌握，哪些应当剔除。有人说"鉴别"最能反映领导干部才学、胆识。如果说，品行是纯精髓，毅力是铁保证，那么能力就是真功夫。知道事物应该是什么，说明你是聪明人；知道事物实际上是什么，说明你是有经验的人；知道怎么使事物变得更好，说明你是有能力的人。

掌握调研技术的能力。包括设计调查问卷、制定调查方案、拟定调查提纲的技术，整理、计算统计数据的技术，绘制有关图表等技术，要力求掌握，掌握得越多、越熟练越好。专业知识掌握好，本职工作才能做得好。如果你是负责人事管理，招聘、培训、考评方面的知识便必不可少。假如你主管研发管理，研发方面的知识要牢靠。假如你负责销售管理，要掌握市场营销方略。

古人云："学者非必为仕，仕者必如学。"比尔·盖茨曾经说过："在知识经济时代，知识是你成功发展的基本条件。"微软之所以能在电脑业界一马当先，是因为微软董事长比尔·盖茨卓越的软件开发能力，在这方面，他不愧是业界的天才。

当你的特长和你的管理能力相结合的时候，你就不是一位外行中的内行，你会成为一个出色的领导者。业务特长是领导者吸引员工自动追随你的重要力量，也是你之所以常胜不败的杀手锏。假若你想成为管理方面的专家，只要你通过自己的学习，具备了某一方面的专业知识，你是完全可以做得到的。

通过自己的业务特长能力迅速升到顶峰位置的领导者不在少数，包括创立苹果电脑的史蒂芬·乔布斯，克莱斯勒汽车的总裁李·艾科卡，联邦快递公司的创办人兼董事长佛瑞德瑞克·史密斯等很多人，他们都有一个共同的特点，就是具有某种重要的特长。作为领导干部，拥有敬业精神是难得的，同时一定要学习专业知识。"一事不知，儒者之耻。""博观而约取，厚积而薄发。"不断提高自己的专业知识和技能水平，才能使团队兴旺发达，可持续发展。

《三国演义》里的军师诸葛亮，并不会"呼风唤雨"的法术，而是由于他经历10年寒窗苦读，才达到知识渊博，熟知天文气象，预见到何日何时下雾，何日何时必有东风再起。结合人的心理因素，借机取得了"草船借箭"和"火烧战船"的预想结果。

"胸藏万汇凭吞吐，笔有千钧任翕张。"毛泽东的知识渊博，是全党、全国人民所普遍公认和由衷敬佩的。毛泽东著作中，引用过的成语典故共有500多个，马列的名言警句更是不计其数。他所达到的境界，大可以说"秦皇汉武，略输文采，唐宗宋祖，稍逊风骚"。所用之典恰到好处，而且往往点石成金、化腐朽为神奇。

第二次世界大战以前，巴顿之所以能成为将军，有一个主要原因是他熟悉坦克。在第一次世界大战中，巴顿29岁就已升到上校，他领导的是第一支在战场上作战的坦克部队。由于预算裁减，陆军必须裁掉若干坦克，巴顿又回到了骑兵部队，军衔一下子降到中尉。到了1940年，他又一路奋斗升回上校。当时陆军急需坦克人才，巴顿是少数具有这项特长的高级军官，因此陆军很快又将他升为将军。

现代的领导者所需具备的知识，除了广博的文化基础知识，还应具有精深的专业学科知识。若想成为本领高强的领导干部，一定要有强烈的读书学习意念和持久的毅力，努力成为专家。应像海绵吸水一样涉猎经济知识、企业管理和专业知识，熟悉有关部门业务，涉猎边缘科学、前沿知识，成为这方面的"行家里手"。领导者要像教练员那样，不仅能说，更重要的是自己能做。当员工们一筹莫展的时候，领导者要能披挂上阵，来引导员工发现问题、解决困难，从而取得较好的业绩，同时也能赢得员工的敬佩。

1984年，一个名叫海尔的小工厂在青岛创立。它的前身是青岛电冰箱总厂，寂寂无名，亏空147万元。张瑞敏在接任海尔之前，研读了许多管理图书和国外企业家传记，对企业各方面（财务、销售、人员管理、组织结构）的知识进行了系统的学习。也是在那一年，张瑞敏去了德国，与利勃海尔签约引进技术。一天晚上，恰好是当地的一个节日，天空中燃放着绚丽的焰火。陪同的德国人指着焰火说:"这是从中国进口的烟花。中国的工业落后,但你们祖先的四大发明非常棒!"尽管说者无意,但当时张瑞敏的心被深深刺痛:"难道我们只能躺在祖先的四大发明上吗?中国一定要有属于自己的世界名牌。"

张瑞敏上任后,从国外引进先进的生产线、技术,狠抓产品质量,将海尔产品的质量大幅提升。他的多元化、进军国外市场、创世界名牌等策略,均获得了极大的成功。从此,海尔一跃成为国际知名品牌,张瑞敏也成为家喻户晓的企业家。

起草会议报告、领导讲话、调查报告、意见、通报、总结、汇报材料等多种文体的公文,要求写得观点鲜明、材料丰富、表达生动、文有意蕴,且能透过现象深入本质。想写好多种文字材料,要对客观情况作深入调查研究,取得独到认识,要在表达中符合逻辑、讲究文法、行文迅速,通常要闭门谢客,夜里还得来个"萧何月下追韩信"。往往心中有所意会,可提起笔却表达不清。经常疲于奔命、焦头烂额,鏖战在灯火与方格之间,材料搞出之后,不能自鸣得意,还得修改几遍,炼字炼句炼意,达到恰当深刻动人,才能出手。

这样对常用的文稿不间断地多写、多练、多改、善积、善思、善析、谋划,才能在反复磨砺中锻炼成才,掌握过硬的文字表达本领,化难为易。正如唐彪在《读书作文谱》中所说:"盖常作则机关熟,题虽甚难,为之亦易;不常做,则理路生,题虽甚易,为之则难。"

"谦恭和之,客必争趋。"应多向领导请教,多向经验丰富的同志学习,多让同事批评指正,应拜群众为师,谦虚谨慎,宽宏大度,才能不断提高业务本领。高尔基说得好:"智慧是宝石,如果用谦虚镶边,就会更加灿烂夺目。"在领导、群众和下属面前,要做到谦恭而不失原则,委婉协商而不以势压人,态度坚定而不颐指气使。在上一级领导面前,既要敢于陈述己见,又要善于全面领会上级意图,学会适应不同领导的思维方式、领导方法和写作风格,"心有灵犀一点通";切忌自作主张,不左右逢迎,不搬弄是非。无论在什么时候,都不要以为自己知道了许多,更不要巧伪、骄狂、刚愎，应当虚心向群众、下属求教，同大家保持融洽的关系。

督促检查重实效

各项工作都离不开督促检查。如果以为开会部署了工作，发文提出了要求，就不再问津，那只是个"半截子工程"。领导者之责任更多的是对下属和基层工作进行督促检查和具体指导，帮助解决新问题。这是领导工作实质性和决定性的步骤，是决定落实之第一推动力，是彻底改变"搞事务性人员多、机关干部机关化"的需要。

督查工作的主要内容是，党和国家现行方针政策、有关法规、决议执行情况，进展到何种程度，取得哪些成效，出现哪些问题；对违反上级方针政策、决策的问题进行调查和综合，提出查办建议。

督查工作要从总体上把握决策任务落实的进程，在实施决策的每个阶段、每个环节上做到"高效率、快节奏、抓落实、有反馈"。每次督查前，应组织有关人员对检查范围、内容、重点、步骤及方式方法予以研究和布置。可将上级工作部署和政策规定抽出若干项具体工作任务，分解立项，定位督查。这样化整为零，以小见大，便于操作。对前段工作进行到什么程度，有什么问题，是什么原因，要有个估量。下去检查前一般不宜事先通知，不宜组织检查团，要轻车简从，沉到基层，认真检查工作进展情况，敦促顶的，推动停的，促进慢的，纠正偏的。提出建议和要求，要与有关方面沟通，求得帮助解决。督查中发现严重问题，必须追根穷源，查明原委，提出督查意见，报经领导同志审批，送请有关部门按有关政策进行检查，并要报告检查结果。

为适应督查内容拓宽的需要，应注意发挥办公室整体功能和总体效率。督查要与信息、调研等工作结合起来，穿插进行，相得益彰，形成信息—调研—督查—反馈的督查格局。可通过信息渠道及时了解和反映领导决策在基层的落实情况；对某些突出问题和重要线索，在调研基础上提出查办建议；注意从督查汇报材料中选择编发内部参考价值大的信息，提高信息的广度、深度和效应。督查同信息、调研乃至信访等工作有机结合，互相间具有很大的交叉性和互补性，能有效解决一些单位督查力量单薄与督查任务繁重之间的矛盾，解决各个岗位"你打你的，我打我的"，彼此脱节的问题。实践证明这样做的效果甚好。

督查工作容量大，牵涉面广，解决问题难。领导者不能满足于批办，忽略直接参与督查，督查人员也不能满足于领导批一件就查一件。只有领导者带队督查，把督查人员作为自己的"耳目"和左右手，才能提高督查的权威性，有效运用督查手段推动和指导工作。

督查工作岗位特殊，对人员素质要求高。因此，应把政策水平高、综合能力强的同志选调到督查岗位上来。要建立一种"讲政绩、靠本事、重实干"的机制。"以言取人，人饰其言；以行取人，人竭其行。"切实把督查干部的成长进步与工作政绩挂起钩来，引导他们在本职岗位建功立业。要建立督查工作责任制，对办公室系统实行督查工作目标管理，做到一级抓一级，一级督一级；建立"督查事项登记簿""催办通知单""督查结果报告单""督查件呈阅单"，真正用制度、程序来确保督查工作进入良性循环的正常运转。要与组织、人事部门联系，力求把工作落实情况与干部职务升降、奖惩等切身利益挂钩，对决策的执行者以约束和激励。

督查不仅要搞好"奉命查办"，还应当围绕中心工作主动立项督查。可以采取蹲"联系点"的办法主动抓一些小型的专题的督查调研，向领导报送一些有新意、有深度、有价值的调查报告。主动督查其重点是上级或同级重要决策和工作部署的落实情况，领导同志最关注和最担心的问题，解决有令不行、有禁不止的问题；抓倾向性问题，采取措施解决在萌芽状态。实践证明，只有突出重点，主动立项督查，才能做到有作为、有成效，才能举一反三、扩大效果。

督查工作连续性强，旧的问题解决了，又会冒出新问题，这方面问题解决了，那方面问题又出来了。因此，我们要有锲而不舍和"咬定青山不放松"的精神，突出抓关键点、疑难点、薄弱点，探索督查工作规律，不断提高督查工作水平。

协调能力使合作顺畅

领导干部提升协调能力，首先抓住影响全局的关键性因素，要有主有次，抓住重点，又要照顾到各个方面，发挥各个方面的应有作用，凝聚各方面的力量，使之协调一致，打造一支有品德、有才干、推得动、打得响的骨干队伍，把各项决策落实到位。领导干部要做好沟通、协调工作，善于调解、化解和妥善处理各种矛盾，使各成员之间能分工合作、相互配合，避免顾此失彼和互相扯皮的问题出现。

领导干部协调人际关系、发挥协调作用，必须遵守几个基本原则：一是择善原则。有益于党和人民的利益、有益于他人，就要采取积极的态度。如果是有害的，就要坚决放弃。此外，处理与上级的关系，应尊重而不失主见；与平级相处时，要真诚守信、主动助人；与下属相处时，要公道、正派。二是调衡原则。协调平衡人们的需要与时间、精力的关系。对自身的多种人际关系进行协调和平衡，即处理好不同人际角色之间的协调与冲突。三是积极原则。以主动行为寻求对方反应，以鲜明及时的反应回答对方的行为。在人际交往中，态度要热情，语气要诚恳。

提高协调能力，就要善于理解他人，站在对方的立场处理问题。只有互相理解、互相体谅，不去指责别人，经常换位思考，才能达到心理认同、心理交融。在人际关系行为中，互相设身处地、互相同情和谅解。只有互相理解，才能心心相通，才能关注、关心和关爱。交往过程中，理解人的难处，不忘人的好处，宽容人的短处。

长征途中召开的遵义会议，作出了取消博古、李德的最高军事指挥权的决定，毛泽东获得了红军的军事指挥权，在事实上确定了毛泽东的领导地位。遵义会议之后，顺利地把中国革命领导权交给最懂中国国情的毛泽东成为当务之急。

面对这种情况，在遵义会议约20天后，红军长征走到云南、贵州和四川交界的地方，周恩来通过与博古的彻夜长谈，帮助博古解开了心结。那天晚上，周恩来没有一句批评博古的话："你我都是吃过洋面包的，你是留俄的，我是留日留法的，我们这些吃过洋面包的人都有一个大缺点就是对中国的国情不是那么了解。自从我领导了南昌起义失败以后，我就知道中国革命靠我们这些人来领导不行。我们要找一个真正懂中国的人，这个人才有资格领导中国革命。"周恩来告诉博古："老毛是这样的人，他懂中国，你我当不上领袖，老毛行，我们共同辅佐他，大家齐心协力把这件事情搞成。"对于周恩来的谈话，博古心悦诚服。第二天一早，博古就把中央的印章和中央的文件全部交给了组织。博古在牺牲前曾多次回忆周恩来与他的谈话，这是周恩来在完成中国共产党非常复杂的组织协调工作中作出的独特贡献。

提高协调能力，就要尊重他人。一个人不管权力有多大、地位有多高，都是平等的，在党内尤其是如此，对每个人都要尊重。尊重他人，才能受人尊重。要维护人的人格和权利，尊重别人，爱护别人。说话要算数，讲求信用，一诺为重百金轻。

提高协调能力，就要学会欣赏别人。打动人最好的方式就是真诚的欣赏和赞许。你对人表示欣赏，真诚地赞美，就是对其价值的最好的认可，会让人感到温馨，并激发他们潜在的才能和对事业的忠诚。

提高协调能力，很重要的一条，就是能带头搞好团结。把班子"捏在一起"，这是品德的表现，又是才干的展示。这里讲的"才干"，是指善于协调一班人的领导艺术，善于发挥集体智慧，搞好班子团结、和谐，调动一班人和全体党员的积极性，齐心协力干事业。要顾大局、讲团结，用权不争权、交心不憋气、思过不争功、律己不攀比，一事当前以工作为重，一利当前以他人为重。对有意见和不同看法的同志，应主动谈心、交换看法、消除隔阂和误解，增进团结。班子成员发生的一些问题，要摆到桌面上来，当面锣、对面鼓，开展批评交心，消除误解，分清是非，搞好团结；有的问题需要个别交谈去解决；有的问题属于非原则性的，能个别解决的就不要拿到会上来，能在小范围内解决的就不要扩大范围，化解思想情绪，调动工作潜能。

领导干部在工作分配、利益分配和福利待遇等问题上，必须对下级做到公平、公正、公开，一视同仁。同时，要建立健全规章制度和奖惩制度，切实做到"有功必赏、有过必罚、奖罚分明"。这样才能使下级心服口服，激发他们的工作积极性，增进同志之间的团结和本单位的凝聚力。

领导干部在工作过程中如果不善于沟通，往往就会与下属产生不必要的矛盾，还有可能因沟通不畅升级到冲突，造成严重的内耗。有效的沟通要求有多种信息渠道、多种沟通方式来加以保证。闲谈是一种无拘无束的非正式沟通方式，这有利于下属、员工说真话、讲实情，有利于领导者探测事情的真相，有利于解决实际问题。

在党委、党支部工作中，班子内部难免会经常出现这样或那样的矛盾和问题。书记处于维护班子协调团结中的关键地位，其作用是委员不能替代的。书记和委员之间都是分工负责的平等关系，不是上下级的关系，在党内享有同样的权利，履行同样的义务，因而都必须把自己置于集体领导监督之下，书记通过自己的协调作用，凝聚支部班子的整体力量。

党委书记要善于协调好委员之间的关系。要做好思想上的沟通、工作上的协调，使班子增强团结、密切配合，形成坚强的领导核心。要对委员会的工作进行科学合理的安排，定出工作程序。分清轻重缓急，立足全局抓大事。凡是提交党委委员会讨论的重大问题，要按问题轻重缓急进行有序排列，分期分批进行讨论，有步骤地开展工作。要经常与党委委员保持沟通和联系，放手让党委委员大胆地开展工作。对党委委员工作中遇到的困难，要热情关心、具体帮助；遇到的重大问题，不要越俎代庖、大包大揽，要与委员商量，听取意见和建议，集思广益，提高党委工作水平。

做讲政治的表率

古希腊的亚里士多德说："政治是追求至善。"孔子说："政者正也"，政治就是为政者要以身作则，带领百姓过安宁幸福的生活。孟子说过：诸侯有三样宝，就是土地、人民和政治。如果某个诸侯把珍珠美玉当成宝贝，那么祸患必定会降临在他的头上。孙中山对政治的诠释是：管理众人的事。

古人说："先义而后利者荣，先利而后义者辱；荣者常通，辱者常穷。"大意是，明白大是大非、先公后私，才能做事通达，遇事不糊涂；相反，把一己之私凌驾于公义之上的人会蒙受耻辱，往往利令智昏，头脑不清醒。

当年，李隆基聪睿英武，29岁主政，励精图治，政治清明，创建了开元盛世。可惜的是，他晚年迷恋美色，不讲政治、走了下坡路。南唐后主李煜，对政治不感兴趣，更谈不上是政治家了。他的江山是不可能不丢的。毛泽东评点李煜："南唐后主虽多才多艺，但不抓政治，终于亡国。"

讲政治是中国共产党发展壮大的内生动力，是中国共产党突出的特点和优势，是我们党一以贯之的要求。毛泽东曾说，不讲政治，就等于没有灵魂。习近平同志在党的十九大报告中指出："旗帜鲜明讲政治是我们党作为马克思主义政党的根本要求。"全面从严治党大背景下重申并强调讲政治，不是讲"空头政治"，不能空喊口号，正确的政治方向和政治观点、坚定的政治立场、严格的政治纪律、敏锐的政治鉴别力，内化为一个人的政治素养，也就是我们通常所说的"讲政治"。正确理解讲政治，首先要准确把握政治的概念和内涵。"讲"，除了"说"的意思，还有"讲求""讲究"等意，是从思想到行动的具体实践；不是空洞说教，而是具有现实针对性的问题导向；不是老调重弹，而是党的建设的长期任务；不是应景之举，而是全面从严治党的内在要求。

光荣的历史使命、宏伟的奋斗目标、复杂的执政环境，需要我们旗帜鲜明地讲政治。在新的历史起点上，讲政治是推进伟大斗争、伟大事业、伟大工程、伟大梦想的力量源泉和根本保证。列宁指出："一个阶级如果不从政治上正确地看问题，就不能维持它的统治，因而也就不能完成它的生产任务问题。"习近平同志指出，讲政治，是我们党补钙壮骨、强身健体的根本保证，是我们党培养自我革命勇气、增强自我净化能力、提高排毒杀菌政治免疫力的根本途径。

讲政治是党员、干部尤其是领导干部的首要素质和立身之本。一些领导干部腐败堕落的深层次原因，其中最主要的是不讲政治。一段时间内，在有的地方和单位，讲政治、讲原则、讲立场，被说成是"不合时宜"，政治生态恶化了。有的干部不讲政治、规矩，只讲"哥们""兄弟"，"圈子文化"盛行，把"江湖"那一套搬到党内生活中来。有些地方选任干部，对干部政治立场考察极不严肃极不认真，导致有些政治立场与党格格不入的人混进领导岗位。有的地方跑官要官、权钱交易，不把党纪条规当回事。有的地方不讲政治意识，老实人吃亏，正派人得不到尊重，主持正义得不到撑腰。领导干部必须以高度的思想自觉、严格的政治要求、执着的表率行动讲政治，把讲政治常态化具体化，不为歪风所惑、不为暗流所动，"乱云飞渡仍从容"，始终坚守对马克思主义的信仰、对中国特色社会主义和共产主义的信念，筑牢拒腐防变的思想政治防线。必须把讲政治作为第一位的要求，这既是党员干部的一项硬功夫真本事，更是一种政治上的忠诚和坚定。

党员干部讲政治，就是要高度重视政治、讲求政治，"做政治的明白人"（习近平语）。必须牢固树立政治理想，把握政治方向，增强政治意识、大局意识、核心意识、看齐意识，在提高政治站位上作表率。就是对党绝对忠诚，"心中有党、心中有民、心中有责、心中有戒"，坚决同以习近平同志为核心的党中央保持高度一致而不另搞一套，坚决贯彻落实党中央各项决策部署，做到党中央提倡的坚决响应、党中央决定的坚决执行、党中央禁止的坚决不做。如实向党反映和报告情况，反对搞"两面派"，反对弄虚作假、虚报浮夸，反对隐瞒实情、报喜不报忧。服从组织而不讨价还价。

中央国家机关纪工委副书记刘利华认为，"明白人"至少要有三个条件或标准：一要有"一枚指南针"，就是牢固树立科学的世界观和人生观；二要有"一个驾驶执照"，就是学会并掌握辩证唯物主义和历史唯物主义的观点方法；三要时刻怀揣"一本交通规则"，就是严格遵守党纪国法。"指南针"明方向，"驾驶执照"管技术，"交通规则"保安全，可谓"人生三宝"，相辅相成，缺一不可。

刘利华认为，做到明白，要从8个方面下功夫：读书使人明白，阅人使人明白，历事使人明白，胸阔使人明白，眼高使人明白，少私使人明白，益友使人明白，苦难使人明白。

守纪律、讲规矩，既是讲政治的重要表现，又是讲政治的重要保证。党员干部旗帜鲜明讲政治，绝不是一阵子的事，而是一辈子的事，要靠思想自觉、也要靠纪律规范，自觉地以党章党规党纪来规范言行，一以贯之地把党的纪律和规矩挺在前面。要始终把政治纪律摆在首位，提高政治站位和政治觉悟，熟知各项纪律和规矩，时刻用党的纪律和规矩衡量自己的言行，在大是大非面前旗帜鲜明，在风浪面前无所畏惧，在诱惑面前不为所动，带动党员和群众遵守纪律，严格执行中央八项规定，不越雷池一步，保持清正廉洁的政治本色。

党员干部必须坚持真理，做讲政治的知行合一者，走在前、作表率。要以普通党员的身份参加党的组织生活，强化问题导向，把解决问题作为突破口和主抓手，着力解决党内政治生活原则性不强、战斗性不足、拉不下脸来、抹不开情面、羞羞答答等问题，自觉接受党组织和党员的监督。加强政治历练，自觉把讲政治贯穿于日常工作生活全过程、贯穿于党性锻炼全过程，在政治引领上作表率，把对党忠诚、为党分忧、为党尽职、为民造福作为根本政治担当，永葆共产党人的政治本色，不断增强基层党组织的凝聚力战斗力。

运用授权的智慧

为官者各司其职，主政一方，责任重大。当一个好的领导者，不是事无巨细，亲力亲为，把自己变成劳模，而是善于授权，把大家都变成劳模。事必躬亲不是科学领导，日理万机应当改变。

老子很有学问，讲过不少睿智之语，句句胜于珠玑。老子讲"无为"，但目的是"无不为"。其"无为"的含义具体为"君上无为，臣下有为"，把君王从烦琐、费神的政务中解脱出来，只是督责大臣，务司其职，各尽其能，力争有为。老子认为，最好的统治者能达到非常高明玄妙的境界，"悠兮其贵言，功成事遂，百姓皆谓'我自然'"。统治者不被俗务缠身，惜言如金，很少发号施令。

有一次，汉文帝上朝，问右丞相周勃：国家一年判决多少案件，一年支出和收入是多少？周勃答不上来，感到惭愧。文帝便转过脸去问左丞相陈平。陈平不慌不忙地回答说："各有主事的官员。陛下要知道判刑之事，我可以去找廷尉；要知钱粮的出入，我可以找治粟内史，他们会告诉您详细的情况。"

文帝听后略带愠怒地说："既然各有主管的官员，还要你丞相何用？"陈平不卑不亢地回答："丞相的职责是帮助皇上管理大臣，使他们各得其位、各司其职、各尽其能。"汉文帝听后赞赏说："爱卿高见，孤家茅塞顿开！"周勃十分佩服陈平能言善辩、辅政有方，深感自己的才能远不如陈平，主动辞去右丞相之职，左右丞相由陈平一人担任。陈平是一位才华横溢的开国功臣，辅佐高祖、惠帝、文帝三朝。

领导者善于授权，是开展好领导工作的必需，也是领导艺术中的一项重要内容。古人云："君闲臣忙国必治，君忙臣闲国必乱。"正确授权可以减少领导者的工作负担，使领导不被细琐事务缠绕导致身心疲劳，可以集中精力处理更重要的问题，正确授权是对下属的一种信任，有利于培养人才、锻炼人才，有利于管理者与下属之间沟通协调，团结共事，有利于发挥专长。如果你想要你的授权"高效多产"，其成员必须要经过精挑细选，被选中的人应具备以下素质：有职业道德，善于灵活机智地完成任务，要懂专业、有自我开创能力、集体合作精神。

汉高祖刘邦敢于授权，善于授权，充分发挥了授权的作用，达到了很高的水平。刘邦授权最漂亮之举，是在萧何再三推荐下，起用韩信为大将（三军统帅），"择良日，斋戒，设坛场，具礼"，以示郑重。刘邦拜韩信为大将，说明他对萧何等人充分信任，也说明他在授权上的果敢与决断。韩信用"明修栈道、暗度陈仓"的计谋，轻取关中；后来指挥许多大战，都取得了胜利。刘邦战胜强大的项羽，最重要的一个因素，就是他大胆起用韩信，授权韩信。

刘邦授权萧何在关内以丞相身份管理国政，安抚百姓，重耕兴农，筹集粮饷，征发兵丁；授权韩信率领曹参、灌婴、张耳等将领领兵攻略魏、赵、燕、齐等地，争夺项羽的侧后；把张良和陈平等人留在身边，出谋划策，赞襄军机；授权郦食其、陆贾等人出使各国，行离间连横合纵之术……刘邦称得上是古代授权大师。跃马明眸识俊冠，挥旌定鼎鉴古今。

在现代社会，有许多新事物、新情况、新问题，领导干部如果事无巨细、忙碌于具体事务，就很难忙到点子上。实际上，有些事务并不需要你的参与，下属有能力找出有效的办法来完成任务，用不着领导来具体指导、指手画脚。也许你确实是出于好意，但是下属觉得你对他们不信任，可能不会领情，甚至会认为你是在挡他们的路。列宁也曾尖锐地指出，我们的共产党员直到现在还不很善于领会自己在管理方面的真正任务：不是要"亲手"包办"一切"，这样就会疲于奔命，顾此失彼，一事无成。

领导干部一定要懂得授权、适当放权，授予那些想干事的干部一定权能，支持那些敢于创新、勇于改革的人。早在2001年任福建省省长时，习近平就强调政府应该成为"有限政府，政府在工作中既不能缺位，也不能越位"。2013年5月13日，在国务院机构职能转变动员电视电话会议上，李克强也指出政府部门要"简政放权"。政府的行政职能是有限的，必须发挥更多人的力量。政府职权尚且是有限的，领导干部更要明白自身的有限性，不能独揽一切。要明确放权的尺度，违背道德和纪律法律的事情，不能授权让下属去做。

领导干部通过授权，把一些事情交给下属去做，就是使用了"分身术"，有利于他们更好地发挥作用、多出成绩，就可以腾出手来抓大事、谋全局、定方向。要多考虑关系全局、承上启下的大事，考虑落实上面的部署和意图。集中精力在全局性、战略性的大事上"有所为"。涉及有关全局问题的，如决定组织的目标、方向和重大政策等，大权独揽，绝不可轻易授权。一般应由有关部门提出方案，最后由高层领导直接决策。对符合群众根本利益的事，要力排众议、敢于拍板；对专业性强、事关长远发展的事，应虚心求教、民主论证、科学拍板。

管理的实质就是通过其他人去完成任务，因此，授权是管理中的核心问题。授权的工作，应当力求是被授权者感兴趣或是乐于完成的工作。所授的工作量应适当，以不超过被授权者的能力和体力所能承受的负荷为限度，留有余地。正职要用好副职，关键是要明确职权，合理分工。应从全局角度出发，注意哪些权力应由自己行使，哪些权力应由集体行使，哪些应归副职行使，使副职有职、有权、有责、有威。

要明确授权对象，安排适当的人去做适当的事，力求将权力和责任授给最合适的人，不能将"给机会"变成"乱授权"。授权一定要与其能力相适应，不可机械地硬性授权。应当因事择人，视能授权。授权以被授权者才能的大小和水平的高低为依据。要选择有知识、有才能、守纪律的人授予权力。对于能力相对较强的人，可以多授一些权力，这样既可将事办好，又能培养、锻炼人；对于能力相对较弱的人，不要一下子授予重权，以免出现大的失误。无根据的偏重授权，以个人感情搞亲疏性授权，是万万不可取的。

在选择授权对象时，一定要坚持德才兼备的原则：有德无才难担重任，有才无德贻误事业，两者不可偏废。如果一把手认为某个下级绝对可靠，一切都听他的，把所有权力都赋予他，时间长了，必然生乱。如同古人所言："专听生奸，独任生乱。"老子所说的"国之利器不可以示人"也是这个道理。领导者授权要选择合适的对象——视德能授权。从有利于权力控制来说，对副职或下级的权力分配要大致均衡，不宜将所有权力或重要权力集中于某一个下级手中。同时要适当对副职的分工进行岗位轮换，防止一些心怀不轨的下级利用长期分工的岗位权力形成小圈子。

明责授权、逐级授权之后，要从总体上把握，在具体工作上充分放权，不要拖泥带水——下属本身应有的权力，应全部授之于下属，不要不分轻重地干涉下属的工作，要让其有自主性。除了必须解决的问题，大多数问题可放手，不必事事操心、件件督办，才能统筹诸多有才能的人。美国葛瑞德·杜雷尔说："明确地告诉人们自己所希望的事项，然后放手让其完全自由发挥。"美国罗斯福有语："一位最佳领导者，是一位知人善任者，而在下属甘心从事其职守时，领导要有自我约束力量，而不插手干涉他们。"美国军事家巴顿有言："挑选管理者，要挑选那些能够把事情管好而不是做好的人。"

越过顶头上司，向高一层的上级报告工作、说明看法，这是越位。一天，某单位的上级布置了翻译外文资料以供科研人员使用的任务，所里的领导一时难以下决心，拿不出可行性方案。这时外文资料主负责人王涛越过所里的领导，直接向上级自告奋勇，说承担这种任务没有问题。这种做法无疑伤害了所领导的感情，上级领导对你也不会赏识和满意的。

授权要体现单一隶属关系的原则。如果有两个上级对下属发出指示，下属常常难以适从。一个下属只能接受一个上级的指示和授权。每一个下级只对一个上级报告。

领导者要统一协调和指挥，纵观全局，掌握大方向，尽量支持被授权者的工作。上级要尽力支持和帮助被授权者，并经常给予善意的点拨。要为副手和下属撑腰，对副职决定的问题、处理的事情，只要不违反原则，不要轻易否定；需要修改的也要引导其作出修改决定。被授权者能够解决的问题，授权者不要再作决定或指令。

领导者要坚持适当控制的原则。授权以后不知道监管的领导是愚蠢的领导。要制定可行的工作标准、适当的报告制度，以及适合不同情况能及时采取补救行动的评价方法。对被授权人进行有效的监督和适当的指导，对整个组织系统实行统一的协调和控制，及时纠正局部存在的问题，确保整体目标的实现。

责任和权力是一对不可分离的孪生兄弟。正职要使副职和下属开展工作，就得信任，给他权力，不能有职无权。领导者授权，要解决好"责权不对称"、有权无责的问题。责任是能力的最大激发者。没有责任心的人，永远不会焕发真正的力量。因此，授权一定要讲"为治有体，职责分明"。给副职和下属放出一些权力，会增强副职和下属的责任心，激发其工作热情，使其才智和能力得到充分发挥。

察纳雅言致胜局

采集众人智慧，察纳雅言，从善如流，是卓越的领导者提升思维能力的应有之义，是领导者获得和珍惜众多人追随、服从和支持的重要标志。广开言路，多听别人意见，有利于集思广益，而且对协调上下级关系也具有重要意义。

作为领导干部，千万不要冷漠和排斥经常诚恳地指出你的缺点与错误的人，而应视这样的同志为对自己最有帮助、最可爱的人，不断培养自己从谏如流的美德。《处世经典》中说："耳中常闻逆耳之言，心中常有拂心之事，才是进德修行的砥石。"——耳中常听到那些不中听的话，心中常存些不如意的事，对于提高修养、陶冶情操来说，是有益的磨炼。

汉代荀悦在《申鉴》中说：君子用三面"镜子"来审视自己，世人只用一面镜子审视自己。君子以史为镜，求得训诫；以人为镜，求得贤德；以铜为镜，求得明晰。夏朝、商朝衰亡，是因为没有记取大禹商汤的儆诫。

"汤武以谔谔而昌，桀纣以唯唯而亡。"（《孔子家语·六本》）——商汤王和周武王允许别人提不同意见，所以能昌盛；夏桀和商纣王总是让人唯命是从，所以灭亡了。歪帽脏脸，是因为没有去照镜子。因此，君子经常做的事就是审视自己。昔秦皇汉武，唐宗宋祖，均有容人纳言的雅量，尤其是唐太宗李世民虚怀纳谏，把诤言当作镜子，把听取谏言制度化，开创了"贞观之治"的盛世，值得后人作为从政之宝鉴。

听不得不同意见，听到下属不同看法和建议，轻则产生反感，重则批驳训斥，甚至予以压制。其主要病根，在于自以为高高在上，比别人有智慧，不敢承认自己的错误和不足。应当客观地看待自己，决不可自以为高明、总是正确。

纵观历史上偏听偏信者，结局往往都不好：有的因一事偏听偏信，在关键问题的判别上出了差错，甚而造成决策错误，遭到惨败；有的因刚愎自用，自以为是，不愿听取不同的意见，排斥不同的观点，排挤耿直的下属，偏听偏信成了痼疾，被小人利用。

项羽有高人不能用，有奇计不能听。与项羽相比，刘邦有三个突出的长处：一是善结人心；二是举贤任能；三是虚心纳谏。在楚汉相争中，刘邦在声望、实力、勇猛等方面明显不如项羽，屡败屡战，最后却打败了项羽。项羽失败的主要原因，从很大程度上说，并非刘邦打败了项羽，而是项羽打败了自己——刚愎自用，极度自负，拒绝谏言，不善用人，丧失民心，最重要的谋臣范增也因得不到信任而离他而去，安能不败？！

由于一些领导者聪明能干，知道的东西比别人多，就容易觉得自己比别人强，往往听不进谏言，或者只把纳谏挂在嘴上。对于善意的唱反调，首先要做的就是反省自己，看看自己的意见是否正确。在一定程度上，能力强有利于你迅速果断地决定问题，然而有的时候过于自信，就不易倾听别人的意见，久而久之就没人愿提、无人敢提意见，结果会变成孤家寡人。雍正皇帝正是看到了这一点，才重用了孙嘉淦，为自己保留下了一个人才。

中国雅虎前任总裁曾鸣曾说："一个臭的决策往往是很容易就决定了，而一个好的决策往往在一时之间难以取舍，这是因为你不知道它到底是对的还是错的。"兼听大家的意见，保持心明眼亮，耳聪目明，少一点自以为是，多一点自以为非，可以防止偏听偏信，利莫大焉。如同习近平同志所言："对批评意见，要本着有则改之、无则加勉的态度，决不能用'批评'抵制批评，搞无原则的纷争。"切莫面对别人的批评看不惯、有抵触情绪，一定要有肚量，尊重人家，虚心地察纳雅言，容得下人家的尖锐批评，诚心诚意从人家的批评中汲取"营养"，从批评中找出你进步的空间，虚心诚恳地接受批评，把人家的善意批评当作纠正过错、改进工作的"催化剂"。倾听是沟通的最基本的层面，倾听是得到准确信息的手段，倾听是拉近与对方情感距离的法宝，倾听是成功沟通的一半。

要用欣赏的眼光和宽广的胸襟对待各类意见，"高价征收"不同意见。有差异的思想碰撞，才能产生真理的火花。只有在"不同"基础上形成的"和"，才能使言路畅通，才会产生 1+1>2 的合力，进而使事业兴旺。既然如此，为政者应民主开明，表现为一种豁达和开放，一种胸襟和包容，虚怀若谷，从善如流，广纳民意，千万不要认为自己"一贯正确"，切莫陶醉于"上一呼而下百诺"。鼓励人们讲真话、实话、心里话，虚心听群众的"牢骚话"，从别人的角度看问题，透过别人的眼睛看世界，把这些宝贵的意见研究清楚，从赞扬之声中增添动力，从谔谔之言中理清思路，从建议之语中举一反三，才能不出或少出纰漏。

如果领导者足够明智，他们一定会认真考虑下级的意见，吸收其合理成分。在这方面，解放战争时期的毛泽东给领导者树立了光辉典范。当时毛泽东已经设想了一个打破中原僵局的方案：中原三军继续分兵，抽出部分主力渡过长江向南开进，迫使国民党军队在中原的部分主力回援。毛泽东的意图是，既然蒋介石把主力放在中原，那我们就搞个大动作，派兵过江直捣他的浙江老巢，让他因后院起火而回防自保。中央军委支持了毛泽东的构想，于 1948 年 1 月电示粟裕准备渡江南下。

有"战神"之称的粟裕将军，已有 20 多年的作战经历，积累的作战经验十分丰富。粟裕经过深思熟虑，认为在无后方、无根据地支持的情况下，我军渡江作战无法获得预期成果，更适宜的做法不是分兵克敌，而是集中兵力杀敌。遂于1948年1月22日给中央军委发电，表示希望不渡江，集中军力在中原作战，完全可能消灭对方好几个整编师，减轻老解放区负担。5天后，他再发电陈述自己的主张。4月18日，粟裕第三次电陈第一兵团暂时不过江，力争在中原黄淮一带打大规模歼灭战的主张。

在4月底的中央书记处扩大会议上，粟裕详细汇报了自己的军事方案，认为如果从中原抽调10万主力部队南下会削弱突出力量，甚至可能导致夺取全国胜利的时间推迟。经会议讨论，中央采纳了粟裕的建议，改变了军事部署，这才有了后来的淮海大决战，中国革命的胜利因此而提前了大约3年。毛泽东说，粟裕在淮海战役中立第一功。

古今中外任何一项好的决策，都不是在没有争论、鸦雀无声、"众口一词"中产生的。好多尖锐的批评，难听、刺耳、过分，却是真诚的、善意的，是一种真正的爱护，是一味难得的"良药"。有时候，你出现偏差、错误，往往自己觉察不到，别人及时提个醒，提出尖锐批评，有利于及时纠正错误，防止问题扩大，避免多走弯路。

富兰克林，以非总统的身份出现在100美元上，想必他的精神为美国人所尊崇。他以博学著称：会印刷，会发明，会写文章，会多国语言，会组织，会募捐，甚至会指挥军队。富兰克林年轻时代，曾很毛躁，意见尖刻，后来接受了教训，改掉了傲慢、粗野的习性。富兰克林说："当别人陈述一件我不以为然的事时，我决不立刻驳斥他或立即指正他的错误。我会在回答的时候，表示在某些条件和情况下，他的意见没有错，但在目前这件事上，看来好像稍有两样等。我很快就领会到改变态度的收获，凡是我参与的谈话，气氛都融洽多了。我以谦虚的态度来表达自己的意见，不但容易被人接受，更有助于减少一些冲突。我发现自己有错时，也没有什么难堪的场面，而我碰巧是对的时候，更能使对方不固执己见，转而赞同我。"

真正的高明和正确，在于放下身段，博采众议。听取谏言和高见，不会有损于能力和尊严，有助于思考问题、正确决策。如果认为下级或群众提意见直来直去、声调高些就是不尊重，认为是与自己离心离德，这是很要不得的。如果以对自己的好恶来分优劣，只爱听奉承话，偏执地相信自己的判断，一意孤行，就会使一些人变得圆滑世故起来，热衷于按领导的眼色行事，就会出现工作失误，甚至会使自己成为孤家寡人。

觉得自己在很多地方不如人，是进步的开始，也是睿智的象征，不仅不会丢面子，还能得到对方积极的回应和帮助。制定方案或实施决策出了偏差或失误，说一声"这是我的错"，主动承担责任，表示歉意，也是一种"示弱"。这样做是为了弥补和改正错误，不断改进工作，人们会对你更为尊重。

婉谏忠言的技巧

领导方式的中心问题，是正确处理上下级关系。陈云同志曾经指出："领导方式的中心问题，是正确处理上下级关系。"（《陈云文选》，人民出版社，第154页。）作为上级的领导干部，理应从大局出发，顾全集体的整体和长远利益。作为下属，应当尊敬上级。如果他的做法有不妥之处，下级应该以一种巧妙的方式来提醒他，使他能够接受，不应该是顺从。下级作为被领导者，要维护领导的威信，遵守组织原则。在工作中，要设身处地为领导分忧，做到补台而不拆台。领导工作出现差错时，要提出善意的批评和建议；领导和同事有矛盾时，应从中做些协调解释工作；与领导发生矛盾分歧时，要坦率地向领导讲明自己的观点和态度。

晏婴生活在春秋后期，对齐景公的劝谏可以说是无时不有，无处不有，无奇不有，不仅没有被杀头，还能得以善终。晏婴认为，君臣关系应该是"和而不同"。"和"不是盲从附和，不是不分是非，不是无原则的苟同，"和"的要义是"异中之同"，亦即对立和差异的两个事物之间的统一，就是臣与君在观点、才性、爱好方面有所不一样。朝廷的重大决策，必须充分讨论，在对立意见的辩论中加以完善。要做到这一点，国君周围必须有不同见解的人，以各自的头脑做多角度、多层次的思考。

晏子认为，人君应该广开言路，虚心纳谏。臣子属下的话，虽不能每句都听，但绝不能拒之不理。治理天下当然不能靠一个人。对正确意见拒而不受，就会亡国。

当你的领导固执己见时，劝说要有分寸、适可而止，尽量避免与其辩论，不要逼迫让领导当场表态或认错，领导理亏时给他台阶下。作为领导，也会有情绪化和心血来潮的时候，生出脱离实际的离谱想法，事后多半会清醒，因此，你应以巧谏提醒他，迂回说服。

劝谏之前，必须梳理自己的意见，掌握要点、抓住难点、突出重点。在提建议的过程中，以请教的方式向领导提出建议，会使领导感到被人尊重，增加对你的信任，有利于消除逆反心理，以获得对方的心理认同。请教是一种低姿态。它的潜在含意是，尊重领导、肯定上司，因此容易接受。

由于领导者的阅历、资历、经验、智能、志向、思维方式、工作习惯和自身修养不尽相同，也由于各自所处位置不同、看问题角度不同，因而下属必须采取适当的方式方法，因人而异地谏言，才能在工作中给领导拾遗补缺，有助于领导扬长避短、纠正失误。否则，进谏者难以成功。比如说，用高深宏大的道理去"理论"一番，有的领导者会认为是有意"亮水平"、有点"傲"；你的言词如果华美润泽，有的领导者会认为是华而不实；你诚恳庄重、耿直强硬，有的领导者会认为你憨直、笨拙而不知适可而止；举例广博、多用类比，听的人会认为是夸夸其谈而缺少实质内容。所以，劝说者一定要注意适应进谏对象的不同特点、不同素质而采取不同方法，这样对方才能接受。

在领导活动中，随时会遇到需要说服上司、说服下属的情况。无论是领导，还是下属，其内心都不喜欢过于直白的建议和直言相劝。过于直接的批评方式，当众纠正领导的错误，最容易形成心理上的不安全感和对立情绪。有些直率的人，遇到上级讲话或处理事情欠周道公允时，不分场合直来直去地提意见，使领导下不了台，面子难堪。

遇到素质不高的领导，有时，尽管你一片诚心，向领导劝告，没想到却吃了"闭门羹""碰一鼻子灰"。他会认为你心存不满，有意伤害他的尊严。究其原因，可能未顾及领导的面子。

有时遇到心胸狭小的领导，不能直言不讳指出某一个错误，否则，不仅不会接受，最先的反应是对你发火、生厌，而不是理智地对意见内容进行合理性的分析。即使他很有面子、很得体地将这件事掩饰过去，还会在一段时间里对你"不高兴"，好事不想着你，甚至给你"穿个小鞋"，使你暗暗叫苦，后悔不该那样鲁莽。

有的领导能力不强，最怕下属看不起自己。领导理亏时，受到义正辞严的批评，会感到自尊心受损，大跌脸面。这时不如给他个台阶下，巧妙地说话，保持70%的融洽氛围，留下30%的真言相告。指出其错误时，须懂得不要冲撞领导的喜好和忌讳，避重就轻，点到为止，不让领导感到不如你。

事实上，通过迂回的途径表达自己的意见，很容易使你摆脱其中的各种利害关系、淡化矛盾、转移焦点，减少领导对你的敌意，容易被领导欣然接受。发现领导出错时，掌握谏言的艺术是劝谏成功的关键。采取适当方式，以底蕴深厚的浩然之气，因人因时异地谏言，刚与柔融合，方与圆统一；提出改进的意见，既要实事求是，又要注意方式方法，使上级既能发现自己的缺点和过错，又觉得面子上过得去，切莫把话说绝，避免把关系搞僵。在向领导请示工作时，事前要对所请示的工作拿出自己的主张，并预测请示过程，仔细推敲每一个环节，设想领导可能会提出哪些问题，自己该如何应答，这样就能让领导在考虑问题、作出决定之时，充分考虑你的建议，最终作出符合实际的决定。

劝谏要讲究曲线美，让人能接受。《呻吟语》中说："责人要含蓄。"幽默式批评，亦即在批评中引入幽默，在于启发、调动被批评对象的积极思考，含而不露，既提出了忠言，又顺耳，能收到意想不到的效果。发现领导的失误、漏洞之处提谏言、建议，应讲究技巧，做到"直而不肆"，掌握分寸，措辞委婉，巧妙进言，在友好气氛中进行。

对于原则性的错误，应含蓄示意，表现出善意和真诚，应间接委婉地指出他人的错失，不宜把对方的缺点、错误看得太重，进行不讲方法的过火批评。批评是忠告，但对方不一定这么认识，因而批评要两点论。应当是扬弃——批评错误之处，肯定正确的东西，寓批评劝说于适度褒扬之中，直接称赞和暗示称赞可交替使用。也可采用两头赞扬、中间批评的方式：赞扬—批评—赞扬。

以隐喻迂回的方式来劝谏人，给领导拾遗补缺，有助于领导扬长避短，纠正失误。否则，进谏者难以成功，还可能给自己惹来麻烦。古往今来，敢于冒着生命的危险犯颜劝谏而不退让的朝臣，绝不是寥若晨星。

寇准是一位治国的能臣，但为人轻狂，不注意礼节，得罪了不少人，被贬到陕州。临行时，张咏设宴送他。寇准握着张咏的手说："我今日被贬，张公可有什么话对我说吗？"张咏委婉地说："寇公以后如果有时间的话，《霍光传》不可不读啊！"后来寇准取来《霍光传》读之，当读到"不学无术"这句话时，忍不住笑了起来："这是张公在劝我啊！"

劝谏时首先强调自己的优点，让自己占上风，对方会加以防范。应先点明自己的缺点和不足，然后提出相应的劝说，对方易于采纳。要将劝说的话表达明确，注意说话的口气和敬语的运用，以便恰到好处地表达出意见。即使上司不赞同你的观点，也会因为下属的坦率和诚意，不至于产生反感，不会影响上司对你个人的看法。

下属进言要因领导而异。对思维缜密的领导进言，要多用委婉语，直来直去效果不好；对关系一般的领导进言应含蓄；对心胸狭窄的领导进言，则要深思熟虑，三思而后行。用委婉的方法，用幽默的方式，引导上司自己修正错误的意见，都是管用的，应当经常运用。对上司的主张、决策中合理的部分或良好的动机赞美一番，这样先"戴高帽"，有点恭维和鼓励的作用，然后提出批评、建议，易于对方接受。正如莎士比亚所言："希望别人有某种优点，你就赞美那人拥有你希望于他的优点。"

当领导者暂时处在我行我素、刚愎自用之际，下属谏言不宜直抒胸臆、慷慨陈情、不顾其他，而须忖度领导的心理，采用温和而曲折、柔顺而含蓄的话语规劝，惜言如金，点到为止。可以把对方话题先承接下来，表示一定程度的赞同和理解，使他愿意听取你的见解，然后再陈述你的不同看法，说服对方。可以"说出者少，不说出者多"，话中有话，话外有话，即有言外之意，让领导自己去感受去体味。如果遇到上司不接受你的迂回挺进、侧面切入，要做到不固执己见，不反复陈述，不强求表态，不要有不高兴、不服从的表示。越是语言简短，越是语意含蓄，就越能引起领导深思，又不至于引起领导猜忌。

有的时候，上一级领导没有考虑周全，或只看到事情的表象，作出不恰当的指令、不符合实际的决策，此时你感觉以自己的能力做不到或无法执行，可以先给领导以某种暗示，让对方悟到自己的指令、决策不对头或不妥之处。暗示的方法是用含蓄、巧妙、间接的方式提出批评，"只点到，不说破"，有利于维护领导权威，保全领导者面子，比起简单的批评却引出复杂的结果好得多。如果暗示达不到预期目的，你应提醒领导，尽可能用委婉语，注意自己的口气，不要表现出埋怨或是批评的语调。如果你的暗示或提醒都无效，那么，最好的应对方法就是拖延一段时间，或许领导会修正或收回原来的意见或指令。

1958年，一位省委负责同志写了一篇文章，题目是"学习马克思，超过马克思"。文章送给毛泽东审阅。毛泽东阅后，认为文章写得很好，有不少新的见解，他要来的同志将这篇文章送给李达看看，请他谈谈看法。李达谈了自己的不同意见：马克思死了怎么超？恩格斯也没有超嘛！比如屈原的《离骚》，你怎么超？应当是学习马克思主义，发展马克思主义。最初是学习（包括读书和使用），发展是学习的必然结果。

毛泽东听了李达的意见后，觉得很有道理，由衷地佩服李达看问题的深刻和捍卫真理的勇气。此后再没有人说"超马克思"，而是提出"学习和发展马克思主义"。

进谏过程中，千万不可当众人之面顶撞上司，不妨屈己求全，等众人散去时，以试探的语气提建议，好言相劝，明辨是非。也可以反问，巧于反问往往比正面回答更有力，反问句式作用大。"你这样做是不对的！"这是我们批评人常用的口吻。"你这样做对吗？"这种疑问句容易促使对方自我反省。

对领导的工作提建议时，须仔细研究上司的特点，研究他喜欢用什么方式接受下属的意见。提建议时，多注意从正面有理有据地阐述你的见解。对自尊心强的领导，可用个别建议法；对严肃的领导，可用书面建议法；对喜欢赞扬的领导，可用寓建议于褒奖之中法。

向上级提出的建议是否被接受，不仅取决于建议内容本身的合理性，而且取决于提建议的方式。戴尔·卡耐基说过："如果你仅仅提出建议，而让别人自己去得到结论，让他觉得想法是他自己的，这样不更聪明吗？"可见，给上级提建议不是随随便便的事，必须注意对方的心理感受和变化轨迹，注意提建议的方式方法，使建议获得对方的心理认同。

以请教的口吻提出建议："不知道这个想法是否……您不觉得这样做还有什么不妥吗……我们不是这样……"使他从自己的角度考虑这些计划，加以完善并付诸实施。

一个人在情绪不佳时要比平常更容易悲观失望、产生偏激行为。所以，在人与人之间的交流中，一定要注意对方的情感变化和心理感受，趋利避害。在找领导阐明自己不同见解时，先了解一下领导的心情如何。当他工作特忙时，别去打扰他；当他正心烦意乱时，或中午吃饭之前，都不是找他的合适时间。应该在领导心情愉快时提建议，容易被领导接受。要想与领导相处得好，重要的是你必须考虑到他的目标和压力，把自己摆在上一级的地位看问题、想问题。

在公开场合直接表达不同意见，容易挫伤上司的自尊和脸面，会使人下不了台。用迂回的进言方法，委婉地表达不同的意见，可使上级愿意考虑你的意见正确与否，而不为情绪所左右。

用制度制约权力

邓小平曾深刻指出："我们过去发生的各种错误，固然与某些领导人的思想、作风有关，但是组织制度、工作制度方面的问题更重要。这些方面的制度好可以使坏人无法任意横行，制度不好可以使好人无法充分做好事，甚至会走向反面。"好的制度约束有扬善抑恶的作用，在干部队伍官德建设中带有根本性、全局性、稳定性和长期性。

"制度"一词，古已有之。《商君书》有言："凡将立国，制度必察。"制度是节制人们行为的尺度。制度从大的方面说，包括体制和机制；小的方面，是指规章制度。

人们常说权力是一把双刃剑，具有两重性：善加利用，能使人成功，使人神圣；稍有不慎，可能为权力所累，导致失败，使人腐朽。权力具有扩张性、垄断性、腐蚀性，既可以为人民谋利益，也可能被权力所腐蚀，使手中的权力异化变质，成为独享的资源、谋私的工具。

由于体制、机制不够完善，在市场利益驱动下，一些人为了达到规避公平竞争以获取非法利益的目的结交权贵，而一些心理失衡和私欲膨胀的领导干部，则趁机"权力寻租"、权钱交易、权色交易，把人民赋予的权力变成报恩、巴结、利益交换的利器，或是攫取不正当利益的工具。

合理有效的制度约束，是抑制权力副作用的根本之策。如果将权力比作老虎，将完善的体制比作笼，那么只有笼才能制约住老虎，而老虎一旦出了笼，或者放虎归山，权力便不受控制。我们现在的问题主要出在"笼"，而不在"虎"。

制度互相衔接不够，致使制度漏洞较多，导致制度形同虚设。有的制度大道理多，可操作具体措施少，或是有要求无措施，或是虽有措施，但与实际情况相去甚远，不能用以指导实践，在制度落实过程中缺乏严密的监督措施。要摒弃模糊语言，如"酌情处理""有关部门"等，最大限度压缩自由裁量、"合理"解释的空间，明确规定应该怎么办、不能怎么办、违者如何处理，使滥用权力者"不能为"，无空可钻；建立事前监督与事后惩罚机制，使滥用权力者"不敢为"。

必须打造"关"得住权力的"制度铁笼"。习近平同志在十八届中央纪委二次全会上发表重要讲话强调："要加强对权力运行的制约和监督，把权力关进制度的笼子里，形成不敢腐的惩戒机制、不能腐的防范机制、不易腐的保障机制。"

要按照中央纪委的要求，对违反规定收送现金、有价证券和支付凭证的，按照组织程序一律先免职，再依据规定处理。"跑官要官"的，要批评教育，不能提拔重用，在重要岗位上的要予以调整，已得到提拔的要坚决撤下来。对"跑官要官"制止不力造成用人严重失察失误的，要严肃追究责任。放任、纵容配偶、子女及其配偶和身边工作人员利用领导干部职权和职务影响经商办企业或从事中介活动谋取非法利益的，要辞去现任职务或者由组织责令辞职，并按照规定给予纪律处分。利用婚丧嫁娶等事宜收钱敛财的，要严肃查处。参加赌博的应予以免职，再依据规定处理；到国（境）外赌博的，要从严惩处。

制定领导人员、管理人员的职业道德规范。逐级签订廉洁从业承诺责任书；建立业绩、诚信和廉洁情况的廉政档案。实行工程建设、物资采购招投标廉政双合同制度，并对廉政合同履行情况进行检查考核，定期予以通报。

实施责任追究应根据不同情况，给予纪律处分或批评教育、责令检查、通报批评等处理方式。责任追究更多地涉及领导和管理责任，免职、解聘等职务变动，可更直接有效地解决领导和管理问题。党风廉政建设责任制和"问责制"要有机结合，既要区别处理腐败、违纪、失职和管理等问题，又要营造廉洁自律、遵章守纪、强化管理、责任重于泰山的氛围。对领导人员违纪违规行为，要实施组织处理、经济处罚、职位禁入及重大决策、用人失误追溯等制度。

要建立主体清晰、责任明确、权力配置科学的制度执行工作责任制，把制度执行的任务逐项落实到每个部门、每个单位、每个岗位，明确执行时限、要求和责任，并加强制度执行情况的监督检查。对制度执行不力造成后果的追究有关责任，严肃查处违反制度的行为，以维护制度的权威性和严肃性。

坚持科学赏罚观

赏罚分明、恩威并施，历来是领导者统御的有效手法，能够使人们的积极性和创造性得到充分发挥，运用成功的概率极高。晏子认为，阐明教令的要求，而自身率先执行；对人民有什么要求，自己必先做到；对人民有什么禁令，自己不去违反。当年齐灵公曾屡禁女扮男装，却效果甚微。询问对策，晏子认为，你景公允许宫内的妇女穿男装，却又在国都内禁止，这就好像悬牛头买马肉一样。只要不让宫内的妇女穿，那么外边就谁也不敢穿了。

评价一个人时不可看一时一事，要看全部历史和全部工作，但在管理工作中的赏罚，必须只看一时一事，论功行赏，论过行罚，此功不可顶彼过，彼过不可掩此功，这样才能使赏罚成为永不枯竭的动力。奖励不在于丰，所虑在于是否公正；惩罚不在于重，所虑在于是否恰当。"赏贵当功而不必重，罚贵得罪而不必酷"。（《抱朴子·用刑》）——行赏贵在和功劳相当而不必赏得很多；处罚贵在和罪过相当而不必罚得很重。赏罚不依个人好恶为标准，不依他人私意为尺度，不以"怒而滥刑"，不因"喜而谬赏"。

任何社会要谋生存、求发展，都必须对一切积极因素进行激励，而对一切消极因素进行制裁。《论语》主张赦免小的过失，《春秋》斥责放纵有罪的人，将二者结合起来，就得到政治的和谐了。恩德、赏罚作为客观的作用机制随时随地都在起作用，贯穿于整个社会生活。这无形中在每个人面前，悬起一面旗帜——赏，同时又高悬一柄利剑——罚。西汉隽不疑说："为官者太刚易受挫折，太柔则事不成。罚不失爱，严中有情，刚柔相济，无往而不胜。"该硬的时候必须硬，不然就不会有能够压倒对方的气概；该软的时候也应该软，要让人有下台的台阶。《南齐书·崔祖思传》说："天下治者，赏罚而已。"赏者，政之大德也；罚者，政之大威也。"赏不事丰，所病在不均；罚不在重，所困在不当。"（南朝萧子显）——奖赏不能只依靠丰厚，真正的弊病在于不论功行赏；惩罚也不在乎严酷，它之所以没有效果，在于不恰当。

赏罚分明、赏罚公正、赏罚及时、赏罚有度，此乃政之大纲，是为政者的方略之一。曹操主张严明法纪，执法如山。曹操担任的第一个官职是洛阳北部尉。灵帝宠信的小宦官蹇硕的叔叔，不把曹操的禁令放在眼里，公然违禁夜行。曹操马上下令，把这家伙抓来严惩，表现了铁腕性格和霹雳手段。

公元207年，在曹操消灭了北方最大的割据势力袁绍集团以后，为了激励将士继续为统一战争贡献力量，下令封赏功臣们。另外，曹操为了贯彻执行他制定的"赏罚分明"的管理原则，加强部队的组织性和纪律性，颁布了《败军抵罪令》。在该令中规定"打了败仗要按法律治罪，造成损失的要免去官职和封爵"。这样，使将士们存在着一定的心理紧张，强化了将士们的责任感。激励策略的实施，使他走向了成功。

有功必赏、有罪必罚，是领导工作的重中之重。惩罚的目的是为了教育人、帮助人。因此，一定要从关心爱护的愿望出发，开诚心，布公道，坚持与人为善，力戒盛气凌人。齐景公问晏子，贤君是怎样治国的？晏子说了两句话："不因喜以加赏，不因怒以加罚。"（《晏子春秋·问上》）——不要自己高兴时就乱加赏赐，也不要自己生气时就随便处罚人。赏功罚过、赏罚分明，才不失为有胆量、有智谋的领导者。深刻认识奖惩的作用，正确运用奖惩的方法，如同老子所言："赏一人而天下趋之，罚一人而天下畏之。"赏可以劝善，罚用来惩恶。韩非子说："诚有功则虽疏贱必赏，诚有过则虽近爱必诛。"韩非子将君主控制臣下的手段化简为"二柄"，即赏和罚。他的这个观点被后世所有的掌权者所接受和使用。

领导者统御下属，不能无恩于人。不体恤下属的艰辛，不关心其难处，即是不恩也。也不宜无威于人。一味迁就纵容下属，对其错误的言行不予指正，致使其不听指挥、不受约束，此乃不威也。

赏与罚应相济，恩与威要并施。"恩威并重"这一成语出自《三国志·吴书·周鲂传》，意为安抚与强制一起施行。只有将二者结合起来，恩威并用，才能使下属、民众心悦诚服，使领导统御拥有权威。只奖不罚或只罚不奖，都失之偏颇，两者万万不能片面运用。北齐杜弼给世宗条陈政务之要时说："天下大务，莫过于赏罚二论……但能二事得中，自然尽美。"刚中带柔，以恩济威，严中有宽，如此反复交替使用，历来是上级对下级加以控制并弄于股掌之上的有效手法，成功的概率高。如果赏罚失去了公平性，会影响领导者的威信和团队的凝聚力。

"萝卜"加"大棒"的管理方法，是有效的管理手段。只有"萝卜"而缺少"大棒"，是一种"软弱式"的管理。只有"大棒"而缺少"萝卜"，是一种"暴君式"的管理。威过于恩，或恩过于威，都无法达到恩威并施的效果。只是煦煦为仁，对人太宽厚，只有柔和恩，对待违章违纪的人"心太软"，没有刚和威，失之软弱，失掉自己的权威，那么部属就会散漫、拖延，产生骄躁之气，恣意妄为，便约束不住，有令难行，足以堕纪而误政事，甚至有的人会欺负你，你控制不了局面。

威严感会形成一种威慑力，使下属感到"服从也许是最好的选择"，"不服从则会给自己带来不利"。该硬的时候必须硬，体现一种统御的魄力和气势，会使领导产生威严感。该软的时候应当软，让人有下台的台阶。"最好是一上台便来一个下马威，而不要一点一点地去做。""打一巴掌揉三揉"，"打一巴掌，给颗甜枣"，这是一种不可多得的管理智慧。

中国近代史上第一位反对外国侵略的民族英雄林则徐，严禁鸦片，武装抗击侵略者，却被道光皇帝削职流放新疆。屈膝投降的穆彰阿、奕山等人，却稳居高位，享受厚禄。清王朝罚功赏过，是对国家尊严的亵渎，是卖国主义的行径。

赏罚要适度，该宽则宽，该严则严。奖赏不足以鼓励好人，就等于压制善事；责罚不足以惩戒坏人，就等于放纵恶行。威严，并不是以冷酷无情的面孔，使部属提心吊胆，而是以平易近人、柔中有刚的态度，恰到好处地行使职权。商鞅实施处罚过于残酷，没有起到惩罚的作用。梁武帝看见有人被处以死刑，就泪流满面，并将他放了，这又太宽大无边了。

如何运用赏与罚是对领导者政治智慧的检验。惩罚的作用在于使人从惩罚中吸取教训，消除某种消极行为。惩罚的方法也是多种多样的，如检讨、处分、经济制裁、法律惩办等。惩罚对任何人都要一视同仁，以事实为依据，以法律为准绳，不能感情用事。对同样的过错，不能因出身、职位、声誉和亲疏缘故而处理不一。

人们向上和积极的因素总是居于主导方面，消极因素总是居于次要方面。在奖惩的实施中，要有主有辅，有重有轻：把奖励作为管理的重要手段，奖励的次数宜多、气氛宜浓、场合宜大；惩罚的次数宜少、气氛宜淡、场合宜小。

赏罚分明，要坚持以各种激励手段为主、惩罚为辅的原则，把赏与罚有机结合起来。心理学认为：要促人进步，表扬比批评的效果见佳。如果一个团队缺乏表扬、赞赏、奖励，将会降低工作质量，引起内部冲突，上下级关系不协调。金世宗体验到"专任责罚不如用赏之有激劝也"。

鼓励、鼓舞下属继续前进，是卓越领导所不可或缺的。下属做出成绩，要予以信任、尊重和表扬，同时也应奖励。在竞争激烈、压力很大的当今社会，人们需要大量的赞赏来维持安全感。"领导者说在嘴上，让下属甜在心里。"根据下属的业绩及时给予恰到好处的表扬和奖励，是对他的贡献的肯定，可以激发人们的荣誉感，培养人们的上进心，强化人们的献身精神。前纽约市长鲁迪·朱利安尼在"9·11"世贸中心被毁之后，就在世贸底层，佩戴不同帽子接见不同的救援队伍，以表示对他们工作的认可和感谢。

一定要从关心爱护的愿望出发，开诚心，布公道，坚持与人为善，力戒盛气凌人。无情未必真豪杰。领导者对有过失的部下，要关心他们的实际生活，为其排忧解难。要做到柔中有刚，刚中有柔，既维持原则，又不失灵活。一件工作、一项任务完成以后，要及时肯定和赞扬下属为此付出的努力，把成绩讲足，把问题讲透，客观分析他们的失误。下属、员工的工作得到承认，不足之处也得到指点，有益于以后工作扬长避短，提高自己。下属认错较好，群众又能谅解，就应从宽处置。

对那些勤恳工作、超负荷运转和善于创新的下属，失误可能多些，更需要关心、支持和理解。在日常工作中，不妨将下属的缺点毛病评估得低些，将下属的过失性质评估得轻些。在下属偶犯过失，懊悔莫及，已经悄悄采取了补救措施时，若未造成重大后果，性质也不甚严重，领导者就应该不予过问，以避免损伤下属的自尊心。

领导者要为下属撑腰，敢于承担责任，适度地为下属"护短"。下属有了轻微的过失，大家又能谅解，不妨将下属的过失性质评估得轻些，惩罚从宽些。对于下属的过失，不妨搁一搁，作"冷处理"，或给下属将功补过的机会，视其表现如何，再作处理。护短之前，不必大肆声张，护短之后，也无须用语言来点破，更不需要主动找下属谈话，让下属感谢自己，唯有一切照旧，若无其事方能收到最佳效果。

对违纪者要具体分析其错误的性质和情节，区别是偶然还是一贯，考察其一贯表现及认错态度，全面地、历史地、具体地分析有关问题。根据错误的大小、性质及危害程度，区别对待，宽严适度，需经济惩罚的则经济惩罚，该纪律处分的要纪律处分。

善于发现别人身上积极的闪光的亮点，并适时表达出来，予以称赞，不吝惜赞美，以此可开发人才，和谐人际关系。有位成功的领导说："现在许多人习惯于骂人和警告人，如果能反过来称赞他，反而能使对方有信心，发挥潜能。"美国作家马克·吐温曾幽默地说："靠一句美好的赞扬我足能活上两个月。"

赏功罚过、赏罚分明，才不失为有胆量、有智谋的领导者。当下属圆满完成了一项任务的时候，心里期待着领导的赞美。因此，领导者不可忽略这一点，应及时予以赞扬。赞美或肯定对方时，要看着对方的眼睛以表达你的真诚。不要东张西望，给人以言不由衷、虚情假意的感觉。要养成在第一时间给人以肯定的习惯。

位高常怀敬畏心

有人用"天高任鸟飞，海阔凭鱼跃"来抒发情怀，这无可非议，然而现实生活和当今官场对人有所制约。古希腊哲学家苏格拉底曾回答一个天有多高的问题：只有三尺高！只要超过三尺的人，就要把头低下来。一个人，无论身价多高，本事多大，都要敬天畏地，认识到民心民意不可违背，客观规律不能违抗，党纪国法不容践踏。领导干部如果没有敬畏之心，官德水准就会滑坡，就容易恣意妄为和胡作非为。

获得他人的荣宠用不着洋洋得意。他人能给你荣宠，也能让你遭受耻辱。汉文帝宠信宦官赵同，赵同因此恃宠而骄，常常轻视大臣。他与袁盎有过节，便经常在文帝面前说袁盎的坏话。一日文帝出行，赵同在车上服侍，面对跪在旁边的大臣洋洋得意。袁盎扑倒在皇帝车辆前，进言说："天子是万乘之尊，自古能和天子一起乘车的，只有功臣名将。陛下怎么能和一个太监坐在一起呢？"文帝闻言，立即让赵同下车。赵同羞愧地下车，从此再也不敢恃宠自大了。

有一首诗感叹唐太宗李世民驯服悍臣尉迟敬德之事：居功悍将气凌人，明主恩威驯莽臣。巧借韩彰喻今古，尉迟醒梦汗淋淋。唐朝开国将领武将尉迟敬德一生戎马倥偬，屡立战功，因此依仗自己有功，不把大臣放在眼里，骄横放纵，盛气凌人，颐指气使，招致同僚们不满。一次太宗大宴群臣，尉迟敬德和在座的人较短长，争论谁是长者，一时性起，竟然殴打了白城王李道宗，拳击双目。皇上见敬德如此放肆，十分不悦而罢宴。唐太宗对敬德说："我要和你们同享富贵，你却居功自傲，多次犯法。你可知古时韩信、彭越如何被杀？那可不是汉高祖的罪过。"尉迟敬德这才有些惧怕，从此以后，行为才有所收敛。

平生不做愧心事，夜半风清心坦然。"你当官了，要干干净净、清清白白，挣多少就吃多少，只吃槽子里的，不吃槽子外的。"这是福建省原省委副书记、省长苏树林的母亲对他反复告诫过的话。但是，苏树林没有听进去，而是费尽心思一边腐败一边掩盖，终落得身败名裂、身陷囹圄。

无论是为官，还是为人，都应常怀敬畏。敬畏即敬重加畏惧。人生不可无敬畏。古人云："凡善怕者，必身有所正，言有所规，行有所止"。常怀敬畏，内化于心，外化于行，体现一种良好的德性。

2018年2月22日中国共产党新闻网有一篇刘利华的文章，记叙了山西省运城市闻喜县裴柏村的例子：裴柏村有个裴氏家族，自秦汉以来至明初，裴家先后出过59个宰相，特别是在唐代，每17年裴家就出1个宰相。裴家还出过59个大将军；出过117个进士，其中，有11个是头名状元。而在历朝历代裴氏3000多个有名有姓的大小官吏中，却没有出过一个腐败分子。因为裴家有"两条家规"：一是考不中秀才者，不准进入宗祠；二是当官有劣迹的，死后不准埋进祖坟。这"两条家规"很厉害，一是鼓励勤学上进，讲求的是"才"；二是坚守清正廉洁，讲求的是"德"，对今天的我们仍有现实意义。

清代同治元年，曾国藩升任两江总督，位高权重。曾国藩在给两个弟弟的信中，对官运却透着一股深深的畏惧之情：日过正午要偏斜，月到圆满则亏缺，曾家眼下正处在日正月圆时刻，时时有走下坡路的可能。应当勤政、廉洁、谨慎从事，推迟这一时刻的到来。

敬畏是一种动力源，敬畏可以励志，敬畏方能敬业，敬畏催生作为。它寓示着不负重托，不辱使命。西汉名将卫青，前后七击匈奴，功高盖世，然而他对人仍然恭恭敬敬，规规矩矩，很有分寸。大臣汲黯对卫青出言不逊，可是卫青反而更加敬重汲黯。

"这个世界上唯有两种东西使我们感到感动和敬畏，这就是我们头顶的星空和心中的道德法则"，德国哲学家康德如是说。美国开国总统华盛顿曾经说过："当我走向总统宝座的时候，我的心情和罪犯押赴刑场的心情一样。"敬畏，不是怕这怕那，怕树叶掉下来砸破脑袋，做个平庸官，而是你的一言一行必须尊重人心民意，为群众办事常有抱歉负疚之情。"当官不为民做主，不如回家卖红薯"；秉政不爱人才，不如早下台。必须遵守党纪国法，不能凌驾于党纪国法之上，把纪律当成吓唬鸟的"稻草人"；必须遵循客观规律……

当心怀敬畏时，才会把别人当回事，不至于旁若无人，才会小心谨慎，从内心规范、克制自己的行为举止。小心谨慎，才能远离祸患；远离祸患，就可以安居乐业；安居乐业，才会珍惜自己拥有的东西，做事就容易成功。有所敬，才知道自己的人格还有缺欠；有所畏，才懂得秩序是不可或缺的法则。敬畏之心让我们变得高尚。那些忘乎所以、胡作非为的官员，大多不懂得敬畏为何物。

唐太宗从小就喜爱弓马，能左右开弓。唐贞观二年10月，唐太宗想去南山打猎，车马都准备好了。由于大臣魏徵不在宫中，唐太宗迟迟没有下达出发的号令。后来，奉命外出扫墓的魏徵回朝后，问及此事，没想到唐太宗毫不掩饰地说："害怕你生气、责备，就中途放弃了"。（"畏卿嗔，故中辍尔"。）

唐太宗曾对身边的大臣说："臣下回答帝王的时候，大都顺从旨意而不违背，甜言蜜语以求得帝王欢心。我想知道自己的过失，你们必须指出我的过错。"刘洎回答说："近来有人上书发表意见而不合旨意，有时您当面反复责问，上书人无不惭愧地退下，这恐怕不是鼓励提意见的做法。"太宗道："您说得对，我应改正。"

对此我们说，领导干部要"有所为"，须经常检查自己的一言一行是否对得起党和人民，在追求真理中感受乐趣，在执政为民中寻找快乐，在做出实绩中得到欣慰。与此同时，又要"有所不为"，越是仕途顺利、踌躇满志，越要管好自己，注重名节，懂得珍惜，不能胡来。还要"有所畏"，经常用"怕"字来约束自己，怕违纪违法，怕有愧于党和人民。

有所不为才能保证有所为。有所不为，须确立一种敬畏心理。没有敬畏之心，就会导致做事没有底线。公与私之间有一条红线，那就是法律、道德、规矩、政策、制度、良心的底线。越此红线，"公"就变为了"私"，就可能触电、坠崖、搁浅。有了敬畏之心，不会触犯法律，不会蒙人生污迹之羞，不会受身败名裂之辱，从而远离穷奢极欲、中饱私囊的贪婪，自然不会担心东窗事发的忧怨，从而活得洒脱、快活。

"敬畏"在违法违纪之前好。"敬畏"是悬崖勒马的"惊回首"，能受益一生，可一生无悔，一世无忧。"敬畏"在心中，就会想到自重、自省、自警、自励。领导干部经常用"敬畏"两字来约束自己，有一种如临深渊、如履薄冰的心态，不存任何侥幸之心，不逾越规矩纪律半步，掌实权而不揽势，居官位而不骄狂，严防一念之差、一时糊涂、一步踏空，做到身有所正、行有所循、言行有度。

由此可见，一定要用"敬畏"来约束自己：有愧于党和人民，以人民的呼声为第一信号，以人民的需要为第一选择，以人民的满意为第一标准；怕人民不满意、不答应、不高兴、不拥护，不做出格事，不做违心事，不敢越"雷池"半步，主动接受党政组织和群众的监督，带头遵章守纪，不为贪欲所俘，莫将金枷套颈，休让玉锁缠身。让我们从谦卑做起，从感恩出发，在敬畏中行进，仰无愧于前辈，俯不负于后人。

做官必自清廉始

做官清廉问题是一个老大难问题。古往今来，历朝历代对它的提倡、强调、思考、探讨，一直无休止。它涉及面大，关系重大。这个问题解决起来并不容易，有相当的难度，需要久久为功，多方努力。习近平同志在2014年五四青年节与北大学子座谈时指出："当官就不要想发财，想发财就不要去做官。"这既是对青年学子的期望，更是对所有党员领导干部的提醒。

北魏有个河间王元琛，家里用玉做井栏、用金子做吊水的罐子、用金子做井绳。他家里金银、水晶、玛瑙制成的奇妙东西太多了，堆满了珠宝、丝绸，还有很多歌女、舞女、名马。他骄横地对别人说："不恨我不见石崇，恨石崇不见我！"后来有河阴之役，元氏贵族被歼灭，原先的住宅变为佛寺。

隋炀帝造龙舟，贪图酒色，挥霍着隋文帝创造的大隋基业，最终江山易主。晚唐诗人罗隐曾作《炀帝陵》嘲讽说："入郭登桥出郭船，红楼日日柳年年。君王忍把平陈业，只博雷塘数亩田。"

唐代画家唐伯虎诗云："一失脚成千古恨，再回头是百年身。"指在政治上、生活上陡然丧失理智、犯了重大错误，就像走路失足陷入了泥淖，再没有办法自拔一般，往往追悔莫及，酿成终身恨事。匆匆岁月，百年易过，要想恢复犯错误前的清白无瑕，往往一生中剩下的时间已经不多了。

波斯著名诗人萨迪说："世人往往如此，当他们不懂得生活价值的时候，就会羡慕虚荣的显赫、浮世的荣华和纵情的逸乐，最终便是跌在蜜里的苍蝇，永难自拔。"应该珍惜拥有，享受属于自己的那份幸福。元代学者揭傒斯说："廉非为政之极，而为政必自廉始。"他告诉我们，廉洁，不是从政的终极目标、最高追求，但是，从政必须从廉洁开始做起，因为它是基础。要达到终极目标，不能缺少这个基础，领导干部的许多追求都是建立在廉洁奉公这一基础之上的。

习近平同志在2018年3月1日"纪念周恩来同志诞辰120周年座谈会"上的讲话中，讲述了开国总理周恩来简朴清廉的风范。1958年1月，周恩来同志到杭州视察，随身带着自己的枕巾、棉褥子、床单、被子。被子是解放战争时期在梅园新村用的那一床，洗得已经泛白。枕巾用了又用，中间已经破损，周恩来同志就把破了的地方剪掉、两端重新缝上继续用。浙江省警卫处的同志实在看不下去，就趁他去开会的机会从后勤部门领了一条新枕巾给换上了。周恩来开会回来后发现换了新枕巾，就对浙江省警卫处的同志语重心长地说，"我们的国家还不富裕，要保持艰苦奋斗的传统，即使以后富裕了，也不能丢了这个光荣传统。"周恩来坦率地说，"六七亿人口的中国就一个总理，再穷也不缺那几身新衣服，但问题不是缺不缺衣服，我这样做不光是一个人的事，而且是提倡节俭、不要追求享受，提倡大家保持艰苦奋斗的共产党人本色。"

领导干部的行为往往是社会的风向标，领导干部奢侈消费对社会风尚起着导向作用，会诱使一些人为了奢侈消费而不择手段，进而危及社会文明进步。有的官员走上领导岗位之前，处事谨慎，然而随着职位的升迁和权力的扩大，逐渐放松了对自己的要求，最后精神颓废，沉溺于歌舞升平之中，甚至以挥金如土、骄奢淫逸为荣，奢侈享乐，导致腐化堕落、贪污受贿，受到党纪政纪的追究。

20世纪80年代末，沿海地区兴起了下海经商热潮，宁德官员也有不少人意欲为之。习近平同志当时在柘荣县考察时，谆谆告诫官员当官要以崇高的理想为基础，不要以钱为念，"不要看到经商发财而感到怅然若失……如果觉得当干部不合算，可以辞职去经商搞实业，但千万不要既想当官又想发财，还要利用手中权力谋取私利，官商结合必然导致官僚主义"。

优秀县委书记廖俊波多次和林莉说，咱清清白白做人，就可以安安稳稳睡觉。荣华山产业组团，一开始就有4000亩土地"三通一平"，工程很多，建设方负责人郑建华说，廖俊波没有介绍过一个熟人或亲戚来承包。"谁要打着我的旗号拉关系、搞工程，你们马上拒绝，我没有这样的亲戚朋友。"廖俊波走到哪里，都这样强调。

他和客商之间"清廉"，到什么程度呢？南平市政府办工作人员吴慧强说，曾有一位很熟的外地客商，拎了一盒海产品来看他，廖俊波一直追到电梯口，坚决退回，并说"你来找我，咱是朋友；你提着东西来，咱俩就不是朋友关系了，而是利益关系，这就把朋友看轻了"。

一些贪腐的领导干部开始时，对别人送来的钱财，做到了断然拒绝，但一旦换一种方式，投其所好，就缺少警惕，渐渐被俘虏了，被某种东西一瞬间左右，使你花了眼，昏了头。商人一开始和官员交往时，不会提要求，但慢慢地，慢慢地，就会腐蚀你……在纷繁的物质利益面前，一些领导干部的腐败之路，从官商勾肩搭背开始。有些领导干部对不法商人一时一事的拉拢、腐蚀还能拒之门外，但天长日久，耐不住寂寞，面对不法商人不怀好意的拉拢、腐蚀，逐渐麻木不仁，听之任之，披上了一层"友情"的外衣，拿着权力做交易，为其谋取特殊利益。

党员干部尤其是领导干部要把人民的利益看得重一些，把党性、人品、修养看得重一些，把功名利禄看得轻一些，不要有个人发财捞好处的贪婪，不能追随拜金的尘嚣，不可为了物质利益而牺牲人格和尊严。习近平同志《之江新语》有言："领导干部手中握着权力，权力用得好可以用来干大事，为人民谋利；用得不好就会被污水沾染，有时不知不觉之中就会陷入了'温水效应'之中。这样的教训是十分深刻的。领导干部一定要时刻保持清醒的头脑，时刻注意自重、自省、自警、自励，时刻注意自身的形象，干干净净地做人、踏踏实实地做事，真正做到为民、务实、清廉。"

"官"与"商"交往必须恪守原则，心中时时有条不可触碰的"高压线"，不把个人交往与行使公权混在一起，不该办的事情绝对不办，不该拿的东西坚决不拿，不该去的地方一定不去，做到见钱想党性，不让党性在头脑中淡化，不让权力在手中异化，变为个人捞取钱财的筹码。

习总书记强调：公务人员和领导干部，要守住底线。要像出家人天天念阿弥陀佛一样，天天念我们是人民的勤务员，你手中的权力来自人民，伸手必被捉。心中要有敬畏，知道什么是高压线，想都不要想，一触即跳，才能守得住底线。总书记这番话语重心长，振聋发聩，点中了某些领导干部交友的"软肋"，给出了防病的良方。

在中央对腐败保持高压态势下，不断有贪官被查处。其中一些人贪腐数额巨大。本该是人民公仆的官员，却成了吸取人民血汗的寄生虫，原因何在？从主观上说，一个重要原因是他们把当官看成了发财的途径。贪得好处的地方，也是遭受损失的地方。有的贪官不择手段攫取权力，用钱买官，再用得到的权力获得更多的金钱，成了权力金钱的奴隶，在权力与金钱的驱使下一步一步走向审判台，终于成了人为财死、轻于鸿毛的败类。

"官"只是一个服务性职位，是借由公众赋予的权力为公众服务，必须摒弃私利。这是为官之德的一个基本原则。在当代社会，官员是人民群众选定的为公共事务服务的人员，其职责就是当好人民的"勤务员"。当贪念产生的时候，在向不义之财伸手的时候，千万不要让贪欲之心熏心、侥幸之心遮眼、从众之心壮胆，要算好经济账、政治账和组织账，千万不要一失足酿成千古恨，清廉一生、平安一生才是幸福的一生。

实现中华民族伟大复兴的中国梦，需要一大批有志向、有抱负的共产党人，把"当官"作为干事业的平台，而不是当作发财的途径。共产党人是人民的公仆，不是老板，必须恪守党的宗旨，要把"官位"当作为民谋福的岗位，有义务、有责任把为人民谋利益当作自己的使命和追求，绝对不能以发财为目的。共产党的干部是人民的公仆，其权力是党和人民给的，只能用于全心全意为人民服务，是由我们党的性质和历史使命决定的，是共产党人价值观的永恒核心，是毕生奋斗的永恒主题。正如习近平同志所言："做共产党的'官'，就是要全心全意为人民服务，注定是不能发财的。因此，领导干部用权讲官德，就必须争当廉洁奉公的表率。"（《求是》杂志2004年第19期）

近年来发生的大量案件说明，一些别有用心的人千方百计拉拢腐蚀干部，手段越来越多，越来越隐蔽，稍不注意，就可能被拉下水。领导干部廉洁从政面临许多新考验。声色之娱，重私嬖之欲，乃是外罩糖衣的毒素，小则晨昏颠倒，志衰气堕，大则沉湎乖节，功溃业废，毁其前程，其害甚于吗啡。习近平同志指出："有的领导干部跌入腐败犯罪的泥坑，原因就是交友不慎。孙悟空把唐僧放在那，用金箍棒划一个圈，妖魔鬼怪就进不来了，自己要给自己划一个圈。"（《秘书工作》杂志2014年第6期）

领导干部赢得威信，有所作为，立于不败之地，第一位的是保持清廉，不做群众痛恨的贪官；不做贪官，就要经得起权力、金钱、美色的严峻考验，这不仅关系到领导干部的政治生命、人身自由和家庭幸福，而且关系到党和政府的形象和声誉。习近平同志说："要耐得住寂寞、守得住清贫。我刚当干部时就想明白了一个道理，鱼和熊掌不可兼得，当干部就不要想发财，想发财就不要当干部。"（《秘书工作》杂志2014年第6期）

共产党人拒腐防变，确保干部清正、政府清廉、政治清明，应当始终坚持党的宗旨，坚守和光大中华民族清正廉洁、艰苦奋斗的光荣传统，克服崇尚奢华、追求安逸的不良风气。不要以为自己有权，身价就要高，待遇就要好，更不要追求生活方式的贵族化、庸俗化，保持思想道德上的纯洁性，不断增强自身免疫力；在种种诱惑面前经受住考验，让廉洁铭刻人生，把清白留给历史，留取美名在人间。

塑造良好形象的提示

2018年春节期间，鞍山市文联原主席尹伟达在微信上发表《初五话财神》的杂文，叙述了商财神范蠡。范蠡，字少伯，春秋末著名的政治家、军事家、经济学家和道家学者。扶助越王勾践复国，功成名就之后急流勇退，在陶地做起了生意，改名陶朱公，开辟另一片新天地：因为经商有道，善于理财，将战场上的谋略用于商场，一样大获成功——三次经商成巨富，三散家财给贫穷的远亲。

范蠡的家人都不解，问他："经商就是为了赚钱，既然赚到了钱，不改善自己的生活，不收起来以备急用，为何要分散给这些交往不深的人呢？"范蠡笑着说："厚重的恩泽才是立世的根本，一个人所施与的恩德越多，他的品德便越高尚，也就越安稳。周围的人都贫穷，而你却独独富贵，羡慕、嫉妒、怨恨都将聚集在你的身上，若是这样我们恐怕连住下去都不可能，又怎么能继续求财呢？"世人誉之："忠以为国，智以保身，商以致富，成名天下。"后代许多生意人皆供奉他的塑像，称之财神。民间流传有《陶朱公经商格言》。

福从德中来，有德才有福。廉洁也是一种幸福，不贪不占，心地坦然，说话硬气。老子教人控制自己的贪欲，不要被贪欲迷惑了自己的思维，做出蠢事来。我们应只取自己应该得到的利益和享受，不向社会提出额外的、非分的要求。通过诚实劳动取得利益和享受，不以非法手段谋取利益和享受。不单纯以物欲作为人生的思想投向和价值取向，注意追求人的精神境界。只有满足于已拥有的，懂得知足常乐，才能脱离不良欲望，求得幸福人生。

波斯萨迪有句警言："国王如果在一个百姓的果园里摘下一个苹果，那么，他的臣属就会砍走一棵苹果树。"一个领导干部如果欲望太多，就会为焦躁、烦恼所困扰，就会蒙受损失、痛苦无边，就会带坏队伍，把本单位搞得乱糟糟的。

古今中外，那些贪官，有几个有好下场？放纵贪欲这匹野兽，比冲出笼的老虎还可怕；贪欲不遏制，犹如脱缰野马狂奔乱闯，洪水决口祸患无穷。贪欲是邪恶的魔咒，是心灵的枷锁。放任贪的欲望，大贪特贪，就极有可能玩火自焚，就会把自己送上法庭、监狱、刑场，自掘一条不归之路。由此可见，关键是对欲望"度"的把握，将贪欲遏制起来，就不会引发"自焚"和"滔天"；倘若遏制失当，任凭贪欲泛滥、膨胀，就必然会因贪火而自焚，被欲水所淹没。"贪欲者，众恶之本；寡欲者，众善之基。"

一位贪官在狱中总结惨痛教训时说，"一念可以去天堂，一念可以去地狱。我们生活在这个社会中，怎么能够稳住自己这颗不安的心，使它永远不失掉它的'规仪'，这是非常重要的。手中握有一定权力的领导干部一定要吸取我的教训，别再出事了！"

得到东西时往往伴随另一样东西失去。贪婪常常写就长恨歌。贪赃枉法必然落得身败名裂，导致家庭幸福的破灭，带给家人巨大的痛苦。到身陷牢笼时，才大彻大悟，可惜晚矣，那时失去的是金钱、地位，失去了一生的清白与自由……

在市场经济环境中，领导干部面临的诱惑和考验越来越多。国有企业项目多、金额大，是不法分子紧盯的目标。行贿人为了达到拉拢领导的目的，费尽心机，送钱送物，陪吃陪喝，呼来喝去，有求必应。在金钱诱惑面前，对与错只在一瞬间，一定要把好自己的关，以清廉自勉，循法守度。"金钱面前莫伸手，有了一回难回首，世上没有后悔药，后悔之时太痛苦，人生什么都可少，唯有不能少自由"，这是一位落马贪官的一段话。

贪婪乃人生的魔障，毁灭之根源。贪婪心理是一种拜金主义、享乐主义和极端个人主义不断滋生的心理，是一切腐败分子犯罪的共有心态，是走向犯罪道路的主要思想根源。明朝清官郑暄把"钱"解释为：金旁着戈，真杀人之物，而人不自悟也。取之有道时，落入你口袋里的金钱是天使；取之无道时，落入你口袋里的金钱是魔鬼。满足你正常需要的金钱是天使；满足你贪欲膨胀的金钱是魔鬼。

权力本身就具有腐蚀性。由于权力构成的要素是财富、暴力、观念等，具有鲜明的利益色彩，因此，犹如营养丰富的食品最易腐烂一样，权力隐含着腐败。由于多次贪污受贿，强化了其贪婪的心理定式。贪欲不遏制，能使人平静的理性状态变得疯狂，好比顺着山坡滚石头一样，不可收拾。正如挪威弗罗希所言："贪婪的人，必定会葬身在用自己毕生索取的金钱而垒起的坟墓中。"一个人虽然没有必要活得像乌龟那么长，也没必要活得像上了钩的鱼一样短。《小窗幽记》云："明犯国法，罪累岂能幸逃；白得人财，赔偿还要加倍。"

发财与做官是人们所希望得到的，但是，做官与发财必须是两条道上跑的车，各跑各的道，绝对不能混淆在一起，决不能不择手段地去追求金钱和地位而心安理得。无数事实表明，不是自己的东西不能拿，不是自己挣的钱不能收，不是自己的果实不能摘。如果把当官作为发财的途径，当上了官就利用党和人民给的权力贪污受贿，大发不义之财，那就是对人民的背叛，成为可耻的寄生虫，理所当然地会受到党纪国法的追究和审判，被人民所唾弃。

金钱、功名对每个人都是身外之物，生不带来，死不带去。邹韬奋有句名言："一个人光溜溜地到这个世界来，最后光溜溜地离开这个世界而去，彻底想起来，名利都是身外物，只有尽一个人的心力，使社会上的人多得他工作的裨益，是人生最愉快的事情。"一位省级领导在推进"两学一做"学习教育常态化制度化座谈会上，提出"做一名合格党员至少要从六个方面下功夫"。一是坚持原则，不做"老好人"；二是严守底线，不做"糊涂人"；三是乐观向上，不做"抱怨者"；四是坚定信仰，不做"墙头草"；五是敢于创新，不做"守旧派"；六是真抓实干，不做"摆拍者"。

领导干部拒腐防变，不辱使命，应不忘"做官先做人"，做到无欲则刚，拒绝诱惑。良田万顷，日食不过一斗；广厦万千，夜卧仅有八尺。高飞之鸟，亡于贪食；深潭之鱼，死于香饵。钱财是身外的，美色是有害的，权位是暂时的。"热闹繁华之境一过辄生凄凉；清真冷淡之为历久愈有真味"。想清楚了这些根本问题，就能够在生活圈、工作圈、交际圈中，提高自控能力，不为物所诱，不为利所惑，不为权所动，不为情所扰，过好名利关、金钱关、美色关，在自我约束中"收住不轨的心"，在建章立制中"锁住滋生腐败的门"，在严格管理中"盯住花钱的手"，在强化监督中"封住违法违纪的路"。

共产党人应当把戒贪守廉作为从政第一要则，做到利益面前不贪心、诱惑面前不动心。共产党人从来没有自己的特殊利益和要求，本意就不图索取任何东西。人不能没有钱，但"君子爱财，取之有道"，决不能收不义之财。陈毅说："手莫伸，伸手必被捉。"领导干部对非分欲望要有淡泊之怀，珍惜名声，珍惜职位，保持廉洁的心态，坚守廉洁的底线，珍视廉洁的操守，永葆共产党人的纯洁性，走在时代的前列。

怀德自律乃强者

清代河南巡抚叶存仁从政 30 余年，甘于淡泊，从不苟取。一次离任时，僚属们趁夜色用小舟送来临别馈赠礼品。叶存仁原封退回，并赋诗相赠："月白风清夜半时，扁舟相送故迟迟。感君情重还君赠，不畏人知畏己知。"

怀德自律，管好自己，是人类高尚品格之一，是新时代做好领导者的基本要求，是一种内在的美德和人格魅力的外在体现，是加强思想磨炼及思想改造的过程，是加强党性修养、提高道德水平的阶梯。"自律"和"他律"是德国哲学家康德在伦理学中的用语。古罗马学者塞涅卡曾说："能约束自己的人，最有威信。"英国作家萧伯纳有言："自我控制是最强者的本能。"英国作家罗伯特·伯顿说："自制是金光灿灿的马缰。"

中国传统文化把怀德自律看作是做人、做事、做官的基础和根本。自律源于一个人对自己的真正关爱，源于一种道德良知。做一个自律的人，就是能率真的面对自我，操履严明，守正不阿，德居人前，利在人后。

李大钊作为一名共产党人，有着"不驰于空想、不骛于虚声"的求真务实作风、"简易生活"的自律风范。李大钊生活在动荡不安、民不聊生的年代，但他并没有因此浑浑噩噩，反而因此养成了忧国忧民的情怀，奠定了他一生不为名累、不为权困的高尚情操。李大钊生前是北大图书馆的主任，并且还被多所大学聘为教授，每月的收入大概是240块银圆。这些钱在当时是完全可以使他过体面生活的。然而他却从未置办过一块田地，买过一间屋子。他住的房子都是租的，妻子赵纫兰还经常因维持家里日常开销外出做工。李大钊几乎把三分之二的钱都用在了资助一些贫困学生和有困难的同志身上。据他的家人回忆说："李大钊同志在世期间，从未喝过酒，吸过烟，也没有讲究过吃喝穿戴。"他生活中最真实的写照恐怕就是"黄卷青灯，茹苦食淡，冬一絮衣，夏一布衫"。

自律需要不断的修炼、修为，善于自我净化、自我革新，随时准备修正错误，自觉接受监督。有一次，周恩来总理乘车去政协礼堂开会，他的专车司机违反了交通规则，交警批评司机的时间很长，耽误了开会的时间。与总理同车的干部想去和交警交涉，周总理严厉制止说："这怎么行？交通规则是政府颁发的，政府总理应带头遵守。总理不遵守，就是带头破坏制度。"于是，一直等到交警将司机放行，周总理一行才离开违章地点。此后，周总理曾不止一次嘱咐司机，要养成遵章守纪的习惯，"不要以为我是总理，就可以特殊，就可以违章"。

约束不了自己的领导干部，是不可能称职、优秀的，又何以统领群众，成就一番事业？自制、自律，是每个领导干部必备的思想作风和道德品质。习近平同志多次强调领导干部慎独的重要性，"加强自律关键是私底下、无人时、细微处能否做到慎独慎微。"习近平同志反对特权享受，总是放下身段，严于律己。他外出考察调研，经常住普通房，从不提额外要求。2012年12月，总书记来到广州军区，在部队吃了两顿午饭，都是在士兵餐厅同战士们一道吃的自助餐。

2012年12月29日，习总书记冒着冬日之寒冷，驱车300多公里，来到太行山深处的阜平县调研，连夜在简陋的会议室召开座谈会，听取当地工作的汇报。习近平顶风踏雪来到两个贫困村，入户看望困难群众，盘着腿坐在老百姓的炕头上拉家常。

总书记住在县招待所一个16平方米的小套间，家具陈旧，卫生间瓷砖已裂开。当地人员歉意地说，本来是可以安排在附近一家条件好一些的旅馆，他笑着说，这样就挺好，不必讲究。他还说："小房子优越性很大，走两步上厕所，打电话都很方便。"

记者在阜平县总书记所住宾馆看到一张餐单——只有4个热菜：红烧鸡块、阜平炖菜、五花肉炒蒜苔、拍蒜茼蒿；一个猪肉丸子冬瓜汤；主食水饺、花卷、米饭和杂粮粥。特别交代不上酒水。宾馆餐厅经理贾春红说，都是家常菜，比以往一些接待简单多了。

习总书记到河南兰考，住在焦裕禄干部学院一个学员宿舍里，不放鲜花、不摆水果。他在焦裕禄干部学院职工餐厅用餐，每餐都是大锅饭菜，从"内容"到"形式"，都跟老百姓在家吃的没有两样，基本上是有着浓郁"河南味"的烩面、胡辣汤、大烩菜。

"一个人能否怀德自律，最大的诱惑是自己，最难战胜的敌人也是自己。事实上，无法控制自己的人，将永远无法控制别人。一个人一旦失去了自律的能力，那么不管他是什么人，都会轻易地被击败。一个人战胜不了自己，制度设计得再缜密，也会'法令滋彰，盗贼多有'。"习近平同志如是说。（《秘书工作》杂志2014年第6期）

总书记2014年1月14日在中纪委三次会议上重要讲话中强调，作风问题都与公私问题有联系，都与公款、公权有关系。公款姓公，一分一厘都不能乱花；公权为民，一丝一毫都不能私用。领导干部必须时刻清楚这一点，做到公私分明、克己奉公、严格自律。

在个人利益和整体利益发生冲突的时候，党员干部尤其是领导干部必须坚持党性原则，摆正个人利益的位置，坚持党和人民的利益高于一切、个人利益服从党和人民的利益，无条件地服从整体利益，牺牲个人利益换取整体利益。工作多做一些不要觉得吃亏，待遇稍差一点不要感到委屈，要为党和人民的事业勇挑重担，以个人的辛劳换取人民的富裕，不向党讨价还价，不能搞所谓等价交换，更不能把权力商品化，搞权钱交易，避免第一次放纵，守住第一道防线。

作为领导干部，修身慎行、怀德自律永远没有"休止符"，要时时筑牢防微杜渐的思想堤坝。新时代的领导干部承担着新使命，也面临着前所未有的挑战。各种"围猎"与"陷阱"围绕在身边，稍有不慎就有可能"一失足成千古恨"。金须火炼方知色，人临利害乃见心。一些党员领导干部大都有光荣的历史，为人民做过有益的事情，之所以在与大款、外商来往中，接受礼金、回扣，之所以在外出时栽倒在石榴裙下，教训最深刻之处在于，放松了自律要求，没有一以贯之，陷入腐败的"沼泽地"。习近平同志说："要经常警示自己，不断反省自己，严格要求自己，自觉地把自己置于党组织和群众的监督之下，及时检查自己有什么不足和缺点，时刻不忘省级领导干部是党和政府形象的'化身'，是群众认识和评价我们党的'窗口'，也是其他党员和干部心目中的'标杆'，必须管好自己，同时管好亲属和身边的工作人员。"（《之江新语》）

严格要求自己，增强自律意识，常思奢靡之始实是衰败危亡之渐，不忘自重、自警、自省、自励，修葺自己的思想园地，剪去行为上多余的枝叶，对于把握人生的正确方向，至关重要。止谤莫如自修。战胜非议的唯一途径就是战胜自我。当与商人、大款打交道时，防止攀比心理；当遇到可得之利时，慎重考虑该不该得；当挥霍浪费时，想想还有多少群众没有脱离贫困；当为人民办了好事时，不要想到索取图报；当赞扬之声不绝于耳时，防止忽视自律；当认为职务到头时，谨防对一切都持无所谓的态度；当临近离退休时，谨防有捞一把的想法。约束自己，严格自制、自律，不可能一蹴而就，也不可能一劳永逸；没有休止符，只有进行曲；没有完成时，只有持久战；必须常念"紧箍咒"，自设"高压线"，过好权力关、金钱关、色情关和人情关。

安得静气有洞天

有的人心胸海洋宽，能容天下事，往往脾气小，心平气和。有的人受到别人攻击、辱骂、诽谤，容易愤怒；有时工作任务的繁重，工作的单调枯燥、生活的不如意等，会导致情绪失控，爱发脾气；有的人高估自己、刚愎自用、颐指气使，不把别人看在眼里；对他人的看法尖刻，容易急躁，咄咄逼人、盛气凌人；自己所持的意见、立场不容他人辩驳，稍不如意就暴跳如雷；有的人不拘小节，或文化素质不高，也爱发脾气。这都需要经过长期的修养身心和历练。

若想做"人中之龙"，就不要做好冲动的莽龙。周文王曾被关在羑里7年，时而演绎《周易》，好像没有羑里这块地方。孔子被围在陈国和蔡国，却弹琴唱歌，好像没有什么陈国和蔡国。颜回用竹筐吃饭，木瓢喝水，却仍然保持快乐。

当年阿丑送诸葛亮出门的时候，她送给了诸葛亮一把鹅毛扇，阿丑说："送你这把扇子的另一个用途，就是给你遮脸的，你要小心控制好你的情绪，方可成就自己的事业。"从此以后，诸葛亮总是身披八卦衣，手持鹅毛扇，一副胸有智谋、身有静气的样子。每当他布阵行兵遇到难题，心里烦躁不安的时候，只要看到羽扇，阿丑的忠告便在耳边响起，于是他便审时度势、运筹帷幄。

人们对"空城计"耳熟能详，此乃孔明"每临大事有静气"的范例。马谡失街亭之后，司马懿兵临城下，十分危急，诸葛亮留下一座空城，静态观变幻，静气思良策，一个人在城楼上悠闲地喝酒弹琴，琴声时而舒缓时而激越，静气中蕴含着铮铮威力，吓退了司马懿的15万大军，辅佐刘备成就了一方霸业。

静以修身，非宁静无以致远。"结庐在人境，而无车马喧。问君何能尔？心远地自偏。"保持从容镇定，心境平和，保持微笑，举重若轻。切莫凭借一时冲动或个人喜好来决策。个人喜恶的情绪，绝对代替不了实际情况。如果事实不清，或者在对事实的了解和认识中掺杂了个人偏见，决策必然会脱离实际。不要被别人的情绪所干扰，急于作决定。有些人往往因为不冷静，愤怒之下做出了错误的事情，让整个事情的局面变得难以控制。一旦冷静下来，就会发现事情远比我们想象的要好。

历史上的淝水之战，东晋的兵力不足十万，抵御前秦百万之师，之所以取得以少胜多的大捷，一个重要原因是主帅谢安有匡扶社稷之才，沉着镇定，冷静思考，拥有"泰山崩于前而色不变，麋鹿兴于左而目不瞬"的气度。

"每临大事有静气，不信今时无古贤"出自清朝三代皇帝的老师翁同龢之手，可以解释为，古今圣贤都具大气度，遇重大事件时，沉着淡定，举重若轻，应对裕如。其中表达的是作为社会的人，要逆着人的自然性而顺着人的社会性，以控制人的自然情绪达到实现人的社会目的的效果。

平心静气的心态，是成就事业的重要条件。保持宁静，方能致远。心宁智生，智升事成。处喧闹之地，心平如水；进是非之场，豁然超俗；遇烦恼之事，从容处之。平心静气，是厚积薄发的成功之道，是人生进程的美丽风景。毛泽东在长征途中，面对万千敌军的围追堵截，泰然处之，用"静气"一次次带领红军化解危机，创造出夺占娄山关、四渡赤水等一系列辉煌战绩，在危急关头力挽狂澜于既倒。毛泽东1956年6月在《水调歌头·游泳》中写道：不管风吹浪打，胜似闲庭信步。我们从这首词中可明晰地体悟出一代伟人毛泽东在面对变化时所展现出的从容的大将风度，正所谓"大将风度均从容"。

平心静气的心态，体现了一个人的心理成熟。"出淤泥而不染，濯清涟而不妖"。静气源于定力。"宠辱不惊，看庭前花开花落；去留无意，望天上云卷云舒"，也是表现了一种淡定从容的气度。静气是内心和谐的胸怀气度，是修身养性的精神追求，对领导干部而言，尤为重要。"经多实践心方静，看破浮名意自平。"平时应把静气当成一种情操去修炼、一种品质去磨砺、一种境界去追求。

越是在缤纷变幻、事情复杂的环境，越应善养静气，超然于物外，让焦虑的心境平和洒脱，使头脑保持冷静。古人说："安静则治，暴疾则乱。"如果心里先慌了，那么行动必然要乱。面对危机最重要的是要保持沉着冷静，处变不惊。只有冷静沉着，才有可能化险为夷，转危为安。

在印度的一家豪华的餐厅里，突然钻进一条毒蛇。当这条毒蛇从餐桌下爬到一位女士的脚背上的时候，这位女士虽然感到是一条蛇，但她未慌乱，而是一动不动地让那条蛇爬了过去。然后她叫身边的服务员端来一盆牛奶，放到了开着玻璃门的阳台上。这时，一位在此用餐的男士见此情景大吃一惊。因为他知道，在印度把牛奶放在阳台上，只能是引诱一条毒蛇。

要平心静气地对人、对事，适当控制自己的情绪和行为，不会被焦虑和逆境、不适与差错所激怒，不会迁怒于他人。有时候受到他人的误解、嘲笑，不应窘态毕露；对方若是横加侮辱，没有事实根据，你不必理睬，让他三分。久而久之就会知道你的为人，渐渐会显现出你的人格魅力。懂得如何给自己和他人都让出一条路，让彼此都好走，不至于狭路相逢，各自落水。让人并不意味着我们欠人家的，那是我们有品位。让人家不是怕人家，那是我们有修养。"处世让一步为高，待人宽一分是福。"凡是事业上建功立业的人，都是宽宏大量、豁达大度者。明代思想家吕坤说过："两个君子无争，相让之故也。"明代学者杨继盛有言："宁可我让人，不要使人让我。"特别是在利益得失问题上，做到不为猝变所惊，不为诱惑所动，不为俗事所扰，体现静气、豪气、大气，控制浮躁、急躁、焦躁、暴躁情绪。

做人、处世、为官之道，需要聪明和智慧，而聪明与智慧有时候需带一点糊涂，依赖糊涂才得以体现。这种糊涂与不明事理的真糊涂不同，它体现的领导者也要培养自己那种处变不惊的心理素质，以应付复杂多变的环境。老子曾有"大巧若拙，其用不屈"之说。苏轼引申为"大勇若怯，大智若愚"。难得糊涂，是人屡经世事沧桑之后的成熟和从容，是人生大彻大悟之后的一种宁静的心态，一种古人称道的大智大勇，即使陷入困境，也要冷静面对。在有些情况下，聪明和智慧恰恰表现为"糊涂"。

领导者对下属、员工，既要严格要求，又要适当容忍，不要听风就是雨，也不要时时盘查，事事追究。必要的时候，也要睁只眼、闭只眼，权当没看见。只要不影响本单位、本部门的重大利益，对一些事情不必兴师动众地去调查深究。遇到"难堪"的情境，可以借助于"糊涂"的艺术，忍让一下，作点"退却姿态"，不过于计较，吃点小亏，才能处理好关系，快乐地工作和生活。

若是心中有不愉快的事情及委屈，闷在心里，一味地生气，会影响身心健康。要及时"宣泄"，包括向知心朋友、亲人组织倾吐出来，以便快速释放出积于内心的郁闷。宣泄必须注意选择好对象和场合，其方法应适当。

转移是最积极的处理方式。在紧张的气氛中，在怒气冲冲、一触即发的时候，最好的办法是先一言不发地走开。回避可以给对方以思考、冷静的机会，也可给自己考虑的时间，绷紧的弦就会稍稍地松弛下来。

换一个角度去重新看一件事，或凡事要往好处想，会平息怒气。当生气、苦闷的事情临头时，可暂时回避一下，如换一个房间、换一个聊天对象、去串门会一个朋友。

读书可以帮助我们保持平和宁静的心态。国外有一项研究：在疲惫不堪、心情烦躁时，读书、听音乐、喝茶、散步，哪一项更能减轻人的压力并放松心情。结果表明，读书效果最佳，6分钟内就能够降低压力68%，听音乐降低61%，喝茶降低54%，散步降低42%。

修炼忍耐力

有志向、有抱负的人，必须学会忍耐，不计较一时的荣辱，不意气用事，宁可自己吃亏，"打掉牙和血吞"，不在乎小人或政敌的排挤，始终注视着自己的远大目标，"咬定青山不放松"，能够忍耐、能屈能伸，方为大丈夫。忍耐是一种修养、一种智慧。面对委屈、误会、嘲笑、攻击，都要忍耐。忍常人所不能忍，容常人所不能容者，才能为常人所不能为。忍一时风平浪静，退一步海阔天空。

忍辱负重是一切仁人志士、英雄豪杰的重要气节之一。"忍辱负重"，即能够忍受屈辱，承担重任。要成就一番事业，有时会蒙受屈辱、经受打击，此时能挺住而不辱使命，此谓忍辱负重。忍辱是手段，而完成使命才是目的。屈辱能使人发愤、催人奋进，是一种无形的动力。

忍耐不是一味地采取逆来顺受之态度，而是意志的磨炼、爆发力的积蓄，是用无声的奋斗冲破罗网，用无形的烈焰融化坚冰。学会在忍耐中锲而不舍地追求，在忍耐中深切感悟人生。当年周文王被纣王囚禁，能泰然处之，研究《易经》，心中不移以周代商之志。张良在桥下爬着给老人捡鞋穿鞋，从此他胸怀帝师的智谋。韩信从别人胯下爬出，忍受胯下之辱，后来官拜淮阴侯。司马迁若不忍受官刑之苦，怎么能有千古流芳《史记》？

忍耐是一种修养，是必须具备的品格。面对上级的批评或指责，有时需要忍耐；面对同级的指责或嫉妒，需要忍耐；面对下级的误会或无理要求，也得学会忍耐。在实际工作中，领导干部必须有意识地培养这种品格，有时是一种痛苦的磨炼，历经炼狱般地折磨而铭刻于心，体现出人性的宽容、较高的素质。

有过忍辱负重的历练，方能尽快成熟起来，增长非凡之才干。俗话说："愚人火气大。"火气大的缘故无非是平日缺乏克制、忍耐，这样意志就会薄弱，所以一遇到试炼，就会怒气全发。忍耐划清了愚者与智者的界限。人的一生，不如意之事十有八九，而如何应对"辱"，也考验着一个人的智慧胸襟。

南非民主斗士曼德拉，于1994年至1999年间任南非总统，是首位黑人总统，被尊称为南非国父。因为领导反对种族隔离政策而被捕入狱，在牢中服刑了27年。1990年2月10日，南非总统德克勒克宣布无条件释放曼德拉。他说："岛上生活的27年，既是我一生中最苦难的岁月，也是我一生中最宝贵的岁月。我每天都在承受着来自心理与身体的双重折磨，我在这虐待和折磨中学会了坚强和忍耐，也学会了感恩与宽容。今天站在你们面前的曼德拉早已是经过千锤百炼的。当我脱下镣铐走出监狱大门，看到第一缕自由的阳光时，我知道我已经重新站了起来，已经脱胎换骨了。"

忍是耐的基础，耐是忍的结果，有忍力才会有耐力。忍受暂时的屈辱，对别人的嫉恨、排挤不在意，对小人的攻击、毁誉不理睬，坚持敬业又专业，才能获得转机。儒家和道家都反复强调忍耐不同寻常的意义。只有忍到最后一刻才会发生意想不到的变化，看到柳暗花明的转机。冬天再寒冷，也会迎来明媚的春天。世界上最长的隧道，也有走到尽头见到光明的时候。越王勾践卧薪尝胆，才有三千越甲之吞吴。司马迁忍辱负重，用自己的血和泪，写成一部有130篇52万字的巨著，给中华民族留下宝贵的文化遗产。忍耐需要很多的付出，但也会得到更多。

忍耐是人生取得成功的必备条件，是为了积蓄而后发。梅兰竹菊号称"四君子"，人们喜爱它们是因为它们耐得住寒，耐得住寂寞，耐得起风吹日晒。这种精神为人们所景仰，所企盼。忍耐不是软弱，忍耐不是目的，忍耐是策略，忍耐是智慧。忍一时之辱，忍一时之苦，为的是崛起，大踏步前进。软弱则是失去信心与勇气，才是退却。只有经得起痛苦煎熬的人才能创造大事业，胜利，就在再坚持一下的努力之中，坚持就是忍耐。

"忍"能使人懂得"弯曲巧避"锋芒。"大丈夫能屈能伸"，是从老子委曲之道中演绎而来的。这是总结人生从遇到挫折到走向成功得出来的经验之谈。忍耐能够使自己冷静思考，帮助自己审时度势，让自己懂得进退自如，学会退一步海阔天空。忍辱负重与忍气吞声绝对不是一码事。忍气吞声者没有原则，无论事大事小，一概逆来顺受。忍气吞声者也无自信，不认为自己有能力改变现状。领导者在工作实践中，都应该体现出一种韧性和耐力。忍耐是一种潜在的意志，蕴涵着坚韧不拔的毅力和对奋斗目标的矢志不渝，对工作的坚持不懈，耐得住清贫和寂寞，经得起磨炼，才能走向成功。

历史上的陆逊，之所以能忍受部将对他因误解而产生的不敬，是因为他身负抵御蜀汉大军的重任，他不能因小失大。同时他也坚信，随着最终打败蜀汉的进攻，一切误解也将烟消云散。陆逊在面临老将军们蔑视小看他、不听指挥的困难情况下，忠厚待人、忍辱负重，不以统帅自居，对各行其是的将领们晓之以理，动之以情，终于以超众才能和智慧战胜了刘备。这种为了大局委曲求全的处事态度，最终得到了将领们的尊敬和信服。陆逊的忍辱负重，是一种大将风度。

能够忍受侮辱的人，必能成大事。明代朱衮在《观微子》中说过："君子忍人所不能忍，容人所不能容，处人所不能处"。"忍辱"就是为了自己的崇高追求，忍受不公正、伤害、压力与屈辱，忍受一切难以忍受的东西。有时受了一点侮辱（包括不公正的批评和难听的辱骂），就好像在大庭广众之下被人打了一顿，难以忍受，但千万不可像对方一样没有修养、失去理智。发生正面冲突，就连多余的解释也没有必要。因为互相争吵辱骂，只会给双方带来更大的伤害、更大的怨恨。获胜的唯一办法，就是提醒自己不要以小失大，保持冷静和沉默，"息谤得于无言"。

曾国藩是以忍辱负重而著称的人物。他曾总结自己忍辱负重之术："好汉打脱牙和血吞。这句话是我生平咬牙立志的秘诀，自出道以来，无不遭求屈辱。我在庚戌、辛亥年间被京城的权贵们所唾骂，癸丑、甲寅年间被长沙的权贵所唾骂，乙卯、丙辰年间又被江西人所唾骂，以后又有岳州、靖江、湖口3次打败仗，都是打脱牙的时候，没有一次不是和着鲜血往肚里咽！"他在晚年回忆说："平生受尽屈辱和谩骂，但矢志不移。"他不是军人，却为清廷立下了丰功伟绩；他不是哲人，但留下的文稿蕴含人生的哲理。

人贵能屈能伸。"屈"是"伸"的准备和积蓄的阶段。蠖在幼虫时，行动总是先蜷曲后伸展。明代王世侦云："尺蠖欲求伸，卑污须自屈。"能屈能伸与韬光养晦，有异曲同工之效。若是你没有坚忍的心智，没有宽容的胸怀，就无法与他人和睦相处。能够忍受屈辱，忍受误解，忍耐失败，终究会有出头之日。正如陈毅所言："大雪压青松，青松挺且直。要知松高洁，待到雪化时。"

在我党历史上，有不少能忍个人之辱、负革命之重的好同志。被誉为"陕北的红星"的刘志丹，曾受到"左"倾冒险主义分子的残酷迫害。一天，他无意中从瓦窑堡来的通讯员手里接到一封急信，原来是保卫局下命令逮捕自己。为了不使党分裂，不使红军自相残杀，不给敌人以可乘之机，他翻身上马，一路飞驰，到瓦窑堡后被投入监狱。直到党中央和毛泽东、周恩来率领中央红军到了陕甘根据地，刘志丹才重获光明。

俄文翻译师哲曾对毛泽东说："主席，我很佩服你沉着冷静，有涵养，不发大脾气。"毛泽东则说："我不是不生气，有时几乎气炸了肺。但我知道应该尽量克制容忍，勿现于辞色。"对毛泽东非常了解的陈毅曾说："毛主席就是最能受住委屈，毛主席挨王明路线整的时候，鬼都不上门！老实说，毛主席没有10年忍耐，就没有今天的毛主席。"据毛泽东自己讲，他一生遭的排挤打击或挫折大约有20次，其中主要的有4次。

1949年12月，毛泽东第一次出国前往苏联访问。16日专列抵达莫斯科。当天，斯大林与毛泽东在克里姆林宫大厅首次会面。斯大林对毛泽东赞不绝口，连声说："伟大，真伟大！你对中国人民的贡献很大。你是中国人民的好儿子！我们祝愿你健康！"毛泽东却回答说："我是长期受打击排挤的人，有话无处说……"从毛泽东几起几落的经历看，他的话实非虚言。（《跟毛泽东学智慧》，第418页、421页）

忍辱负重，是成就事业必须具备的基本素质，是一种难能可贵的能力。为了完成崇高使命，实现人生价值的最大化，就得学会忍辱负重，学会忍耐，在困难、挫折的忍耐中寻求机遇，此乃人生智慧也。

一个人走向成功的过程，包含着许多忍，没有忍就没有成功。

32年前，我看到鞍钢党委一位副书记办公室墙上，挂着一副联语："卒然临之而不惊，无故加之而不怒"。这句话是苏轼在《留侯论》中的精彩之语。苏轼对忍字有独特深切的感受，把忍字看得极为重要。他认为能忍，不意气用事，才是真正的大智大勇者。

如果张良不能容忍老者的傲慢，替他拾鞋，老者（黄石公）就不能送给他《太公兵法》，张良后来恐怕不会成为帝王之师。一个人走向成功的过程，包含着许多忍，没有忍就没有成功。

周恩来把他忍受屈辱当作锻炼意志和才干的手段之一。"领导者在必要时，应忘记他所受的侮辱"，这是他的座右铭。美国人谢伟思在重庆美国驻华大使馆工作时，同周恩来接触较多，他谈及亲身体验时说："我未见过周恩来发怒、发火或心烦意乱，他总是那么平静、镇定；我没有见过他克制不住自己的时候。"国外有人把周恩来比拟为"有弹性的优质钢"。

冯玉祥就皖南事变一事，曾与周恩来交谈，他在日记中写道："他很能忍耐"。的确，忍辱负重、忍中求进，是周恩来作为一个政治家显著的特征之一。

《海燕》杂志发表梁衡的文章：周恩来在"文革"中有一句最能体现他当时的心态——"我不下地狱，谁下地狱？"于是我们看到两种情景。一方面，周在毛的权威面前，俯首帖耳，不置一词，为毛留足面子；另一方面，又留得青山在，好为国为民多发光和热。

如果1958年周恩来翻脸，甩手而去，也许三年困难那一道坎，国家就迈不过去。在"文革"之乱中，如果周恩来翻脸而去，就正合林彪、江青之意，他们会更加大行其乱。等到人民已经觉悟，再重新组织力量，产生领袖，扭转乾坤，大约又要经过民国那样的大乱，没有三五十年，不会重归太平。那时中国与世界的差距，不知又落下多远了。这些都是周恩来在忍着一口气，没有闹翻脸的情况下，一点一点艰难地争取来的。

戎马生涯百战身，天将大任付斯人。邓小平一生坎坷之多，逆境之险，挫折之大，是常人难以想象的。他自述"我是聋子不怕响雷打，死猪不怕滚水烫"，换成另一句话来说，就是对人生挫折要有坚韧不拔的容忍力。别人问他怎么度过最艰难的日子，他总是两个字——"忍耐"。1973年从江西回来见到毛泽东，毛泽东问他这些年是怎么过来的，他也说了两个字："等待"。正因为邓小平具有顽强的忍耐力，才为国家和人民成就了一番伟业。1979年1月，邓小平曾幽默地对别人讲："如果对政治上东山再起的人设立奥林匹克奖的话，我可能很有资格获得奖牌。"一位撰写邓小平传记的德国作家乌利·弗朗茨写道:"在我们的世纪里,我在东方和西方都没有见过像邓小平那样,走过如此崎岖曲折的生活道路,却又卓有成就的政治家。"

1997年2月,惊悉邓小平逝世,薄一波挥笔写下"一人千古,千古一人"的挽联,表达对这位20世纪中国伟人的崇高敬意。他这样解释:"'一人千古',表达了我对小平同志的哀思;'千古一人',是我对他的评价,是说他成就大业、功勋至伟。"

在世间,有坦坦君子,也有戚戚小人,常会发生矛盾,遇到纷争。如果没有点忍辱负重的精神,是很难生存的。即便你清白,有德有才,也要允许他人误解,宽容领导的刁难、同事的伤害。受挫折、受污辱、受欺侮之时,要勇于忍,不怒、不愤、不争、不仇,以一种平静的心态对之,使排挤你的人自讨没趣。暂时忍受屈辱,为的是等待开创事业的机遇,实现自己的抱负,与"宁为玉碎,不为瓦全"同样是大丈夫之举。忍辱负重不是懦弱、胆怯,不是不讲原则、不分是非,而是有修养、有智慧的表现,展示着自强不息的内在力量。

想要有本领、卓尔不群,就要有鹤立鸡群的资本。忍受不了打击和挫折,承受不住忽视和平淡,怎么会走向成功呢? 如果你有些不如意,要相信自己不会总是处于人生的低谷期,总有一天能冲破重重云层。只有一个穿越了生命低谷的人,才是苦难的征服者,而不是挫折的臣服者。

▶ 经典故事

百年英烈公为先

林则徐(1785—1850年),字少穆,福建侯官(今福州)人,近代政治家、民族英雄。出身于教师家庭。幼年时，其父林宾日教育他"不妄与一事，不妄取一钱"。林则徐少年时颇有才气，有"神童"之誉，13岁便中了秀才。

他从政40年，官至一品，曾任湖广总督、陕甘总督和云贵总督。林则徐学习兴趣广泛，从岳飞、文天祥等民族英雄身上，汲取了爱国主义思想，决心报效祖国和人民。

1837年，林则徐升任湖广总督，成为封疆大吏。这时外国的鸦片（又叫"大烟""阿芙蓉"）走私在广东等地泛滥成灾。林则徐毅然上书道光帝要求禁烟。1938年12月，林则徐被任命为钦差大臣，前往烟患最烈的广东收缴鸦片，堵塞鸦片走私进口的源头。

1839年6月3日，这是值得中国人民纪念的日子。成千上万的人涌向虎门海滩，观看林则徐销烟的壮举。林则徐督率着官兵，将一箱箱鸦片烟土浸泡在池水中，然后抛入大量石灰。顿时，满池子浓烟翻滚，有如沸汤。看到这一扬眉吐气的情景，人群中爆发出雷鸣般的欢呼声。销毁鸦片共进行22天，将收缴的237万斤鸦片全部销毁，洗去了英国侵略者强加给中华民族的奇耻大辱。此举向全世界宣告：中国人民是不可侮的！

1840年6月，一支载有4000名远征军的英国舰队开进广州海面，第一次鸦片战争开始了。"苟利国家生死以，岂因祸福避趋之！"林则徐制定了"以守为战，以逸待劳"的作战方针，与关天培带领爱国军民奋勇作战，多次打退敌人的进攻。

道光皇帝惊恐万状，竟指责林则徐"误国殃民"，不能恩威并用，于1841年7月，将林则徐革职，流放新疆伊犁戍边。林则徐走了，走的是那样从容，无怨无悔！林则徐走了，走的是那样崇高，让所有了解他的事迹的人都肃然起敬！

"我与山灵相对笑，满头晴雪更难消。"林则徐在堕落的王朝里备受排挤，被贬途中，只有寂寥雪山相伴，一夜黑发变银丝，忧心如焚却无人可倾诉，只能与山灵相对笑，他笑出了报国无门的内心之痛，也令人扼腕长叹。

林则徐谪居荒漠边陲，壮志未酬，忧愤之余，仍不忘国家危难局势，"愈行愈远，徒觉忧心如焚"，"关山万里残宵梦，犹闻江东战鼓声"……

　　毛泽东说过："我们的民主革命……从林则徐算起，一直革了一百多年。"以林则徐为民主革命的先驱，评价不可谓不高。林则徐是举起反帝斗争旗帜的第一人。在北京天安门广场的人民英雄纪念碑，第一幅巨型浮雕"虎门销烟"的壮丽图景，记录了中国人民坚决抵抗帝国主义侵略的第一次伟大行动的历史，记载着林则徐忧国忧民的功绩。

第四章
提高调研水平

做好新时代的答卷人
领导干部克服本领恐慌八项修炼

调查研究：重要法宝

在新时代的历史方位下，调查研究是推动各项事业发展、决胜全面建成小康社会的重要法宝。2012年12月4日，中共中央政治局会议出台了关于改进工作作风、密切联系群众的八项规定，第一项规定就是"中央政治局全体同志要改进调查研究，到基层调研要深入了解真实情况，总结经验、研究问题、解决困难、指导工作。"党的十八大以来，习近平同志多次对加强调查研究工作作出重要指示。党的十九大闭幕后，中央政治局首次全体会议上，总书记再次强调加强调查研究，彰显了新时代坚持实事求是作风、大力开展调查研究的重要意义。

一个正确决策，不是从天上掉下来的，不是闭门造车造出来的，只能从准确判断客观情况中来，准确判断客观情况则来自系统缜密的调查研究。调查研究是"党的一项基本工作方法和领导制度"。领导者从事各项工作都离不开深入细致的调查研究，把这门软科学作为第一位工作始终不渝坚持下去。新时代面临新挑战、新要求，必须以习近平新时代中国特色社会主义思想为引领，按照党的十九大的总体部署，大兴调查研究之风，完成历史使命。

调查研究、弄清情况，是出好"主意"之基础和前提，是"谋事之基，成事之道"。决策是否对头，直接关系到一个国家、一个地区、一个单位能否生存和发展。毛泽东同志说过一段很精彩的话："指挥员的正确的部署来源于正确的决心，正确的决心来源于正确的判断，正确判断来源于周到的和必要的侦察，和对于各种侦察材料的联贯起来的思索。"（《毛泽东选集》第1卷，人民出版社1991年版，第179页）这些教导在今天仍然具有指导意义。

调查研究是一种能力，也是一种作风。调查研究必须从客观实际出发，必须认真、较真。只有发扬求真务实的作风，对问题抓住不放，才能认清事物本来面目，作出合乎实际的判断。1959年，国家拟订钢产量指标时，陈云同志在调查研究后顶着巨大压力提出：原定的2700万吨不切实际，就是后来调低至1650万吨也是达不到的，必须降到1300万吨。对此，毛泽东同志称赞道，"真理在这一个人手里"。

有的领导干部作风不实，满足于电视里有声，报纸上有影，不深入基层，严重脱离实际。有些机关领导干部认为业务工作太忙，没时间跑到基层调研；一些基层调研被"套路化"了，流于表面、走过场；有些领导干部确实是到了基层调研了，仅是"坐着车轮转，隔着玻璃看，只看门面和窗口，不看后院和角落"，让调研成了走过场，找不出问题抓不住关键，最后制定政策的时候，依旧是拍拍脑门作决定；蹲点调研的少，"走马观花"的多，就近看"盆景"的多，看"孔雀开屏"的多。毛泽东同志在《毛泽东农村调查文集》中指出，"决不可当钦差大臣，决不可摆架子，不可以老爷式的，不可以先入为主，自以为是，用事先订好的什么'调子'或'框框'去限制被调查的人或者束缚自己。"

求真务实，必须常跑基层，进行深入细致的调查研究。习近平同志身体力行开展调查研究，紧扣中心工作和决策需要，为我们树立了榜样。1982年4月，习近平同志背着带补丁的褥子来到河北正定，走入仕途的起点，被他称为"第二故乡"。从此，他与正定40万人民结下了不解之缘，共同奋斗了1000多个日日夜夜，带领正定人民走向繁荣富裕的康庄大道。

习近平同志在正定的3年多时间里，睡在办公室。他的床铺简单得不能再简单：两条长凳支起一块木板，铺上一条打满补丁的旧褥子。他在正定当县领导，没有高干子弟的做派，总往乡下跑，到老百姓当中拉家常、问寒暖，和大家打成一片，"一起干、一块苦、一同过"。他总是在机关大食堂和大家一起"吃大锅饭"。他说，"吃大锅饭"好。一是可以边吃边聊，相互交流；二是可以互相监督，减少不必要的浪费；三是可以边吃边谈工作。可谓一举三得。上级来人都是用正定的传统饭菜招待，如扒糕、猪头肉、馄饨、缸炉烧饼、荞麦面饸饹。而出行方面，只要不出城关，他就骑自行车。他对身边的同志说，骑车有三个好处：一是锻炼身体，二是接近群众，三是节约汽油。

通过朝夕相处，正定人民逐渐感受到，习近平同志求真务实、勇于改革，有着不一般的智慧和胆识。正定的老同志这样评价习近平同志：平易近人、沉稳、健谈、自信、谦和；是一位年轻干部，做事老练成熟；是一位高干子弟，非常朴实，工作严肃认真，密切联系群众。

经常深入实际、深入基层、深入群众，进行各种形式和类型的调查研究，是领导干部提高认识能力、判断能力和工作能力的过程。2017年12月25日，中央政治局召开民主生活会，习近平同志主持会议并发表重要讲话时指出，调查研究是我们党的传家宝，是做好各项工作的基本功。总书记强调："要在全党大兴调查研究之风，放下架子、扑下身子，接地气、通下情，'身入'更要'心至'，开展深入细致的调查研究。"

从认识规律来说，人们面临的事物、矛盾越是复杂多样变化快，就越需要防止认识的简单、片面和僵化，因而越需要搞好调查研究。要坚持问题导向，认真准备调查提纲，既有规定动作，又有自选动作，开展不打招呼的突击式调研，多深入人民群众中访民情察民意，拜群众为师，向群众求教，有益于促进领导干部正确认识客观世界、改造主观世界、转变工作作风、增进同人民群众的感情，有益于深切了解群众的需求、愿望和创造精神、实践经验。陈云认为，重要的是把实际看完全，把情况弄清楚，其次是决定政策，解决问题。难者在弄清情况，不在决定政策，只要弄清了情况，不难决定政策。调查研究、弄清情况是各级领导干部第一位职责，是做好一切工作第一步，是实事求是之基石，开创新局之途径。对那些调研走过场、决策不科学的假调研，敢于执纪问责，以严格制度推动作风上的从严从实，倒逼基层调研"带着问题回，送出对策来"。

到基层调研须从选题始。为了选准课题，不可以主观愿望和想象作为选题的出发点。调研课题应来自面临的新问题，同时要尽可能估计到将来的发展趋势，立足现实，审时度势，在条件允许的情况下，不失时机地选择一些超前的课题。

应站在党的方针、政策和法规的高度，把握和根据需求选题，明确主攻方向，促进选题落实。要把群众反映强烈的问题作为选题的重点。要把深入实际接触到的新问题作为选题的"精髓"。在深入实际调研中，或在上面重大决策出台、重要事件出现后，能够率先接触到一些新情况新问题。要有见微知著的洞察力，抓住和选择有新意、有价值的问题，作为调研的课题。应选择经济效益和社会效益大的课题。应选择见效快的课题，也要选择见效慢但效益大的课题。有的效益大的课题前人未曾涉足，要及时抓住并重点突破。

调研选题没新意就没有价值。选题最好是他人未接触或虽有接触而言犹未尽的领域，亦即匠心独运，探求前人未开垦的处女地，或者深入开掘他人浅尝辄止的低产田，并就此提出新观点，形成独特价值。此外，要善于抓角度。同一个事物，包括"热门"的东西，观察的方位、角度一变，它往往会呈现一种"新"的面貌。方法是：人大我小，小的题目开掘得深，同样"打炮"；人窄我宽，课题宽一点容量大，可拓宽思路，搞出的调研成果分量重；人顺我逆，如果从习惯性思维相反的角度思考，提出有异于一般看法的新见解，那么调研就会新颖，引人重视。

为了搞好调研，需要拟订调查提纲。包括指导思想，主要围绕什么问题调查，调查的背景是什么，调查要达到什么目的，以情况为主还是以对策为主；调研类型和方法，包括调查采取的方式和手段，时间跨度，调查范围，怎样选取样本，重点收集哪些资料；调查的对象和重点研究的问题；调研实施计划，包括人员组成、任务分工、时间安排、活动日程和注意事项。

领导干部下基层调研，坚决摒弃"蜻蜓点水"式调研、"钦差"式调研。要有明确的目的，带着问题下去，调研中可以有"规定路线"，但还应有"自选动作"，看一些没有准备的地方，搞一些不打招呼、不做安排的随机性调研，力求掌握真实情况，避免出现"被调研"现象。应给自己来个"约法三章"，少一些事前通知，多一些微服私访；少一些前呼后拥，多一些轻车简从；少一些隆重接待，多一些自找吃住；少一些迎来送往，多一些克己自律，不给基层添麻烦、加负担。

习近平同志在《调查研究就像"十月怀胎"》一文中写道："调查研究就像'十月怀胎'，决策就像'一朝分娩'。"习近平同志到上海担任市委书记后，在不到半年时间里，就把上海市19个区县调研了一遍。2005年，习近平同志全年有117天在外调研，大的调研有30次，足迹遍及浙江全省各市。

总书记主政五年多来，深入农村、社区、工厂车间、港口码头、边关哨所……从赴广东考察工作时吃自助餐，到赴河北调研时吃大盆菜；从在河北阜平住16平方米的房间，到在四川芦山地震灾区住临时板房；从在湘西同村民一起摘柚子，到去北京庆丰包子铺排队点餐；从在陕北梁家河用自己的钱为乡亲购买年货，到在长白山下的田间地头关心农业生产，深入基层，心系群众，彰显了共产党人的政治本色和为民情怀。

中央"八项规定"，从改进调查研究入手，是对群众诉求的一个及时回应，是密切联系群众、转变工作作风的一个非常好的切入点，分量是十分重的。党员干部尤其是领导干部，研究、思考、确定工作思路和重大举措，刻舟求剑不行，闭门造车不行，异想天开更不行，必须深入群众、深入实际搞好调查研究，使决策符合实际情况，符合客观规律。今天，改革进入攻坚期和深水区，需要解决的问题十分繁重，离不开调查研究的基本功。

要善于解剖麻雀，以点带面，用典型指导来推动基层工作。调查研究的根本目的，不光是停留在纸面上、放在办公桌上，而是要将发现的问题，通过分析研究后，提出有价值的建议和正确的解决办法，并真正加以解决。当年刘少奇将湖南调研的情况如实向毛泽东和党中央作了汇报，对解决农村公共食堂以及群众反映强烈的一系列问题，推动国民经济调整与恢复发挥了重要作用。

要改进领导方式和领导方法，多一些示范引导，把领导的意图化为群众的意愿，变为群众的自觉行动，形成不唯上、不唯书、只唯实、崇尚实干、力戒空谈、精准发力的良好风尚。要深入开展网上调查、掌握网络社情民意,还要把微观调查和宏观调查、定性分析和定量分析结合起来,为作出正确决策提供坚实基础,出实招、办实事、求实效,从而完成好承担的任务和使命。

一孔之见与观察能力

汉朝荀悦著的《申鉴》中,讲述了一个有趣的经典故事:有一位捕雀的人,张好一个大网,等候着远方飞来的雀鸟。从远方飞来了一群鸟,捕鸟人在林中张好了网,飞鸟一落,他把网一收,就捉住了许多鸟。

有一个过路人发现被捕的鸟每只鸟头才钻一个网眼,心想既然如此,何必结网呢?一只鸟钻一个网眼儿,剩下的许多网眼儿不是浪费了吗?他回家后,就用一根一根的短绳子结成一个一个的小圈圈,制成一个孔的"网"。于是兴高采烈地去捕鸟雀了。人们问他:"这是做什么用的?"他庆幸自己一孔之见,答道:用"网"去捕鸟啊!结果一只鸟也没捕到。

这个故事的含义令人品味。世间的各种事物和现象,都不是孤立存在的,而是一个相互依存、相互制约、相互联系的统一体。那位过路人看得不错,的确是一只雀鸟钻进了一个网孔,但这只是一种表面现象,是一种孤立地、简单地看问题的方法。网是有若干个网眼组成的整体,只有一个线圈圈不是网,没有网的功能。捕鸟时,只有网的所有网眼都张开,网眼与网眼之间相互连接和支撑,使网在一定空间里起到阻拦鸟的作用。雀鸟钻进了一个网孔以后被捉住了,这正是因为有其他许多网孔,不然,这一个网孔是一无所用的。

那个过路人由于不懂得事物之间有着相互联系和相互制约的关系,只孤立地看到钻进鸟的那个网眼儿的作用,而忽视了那个网眼儿同其他许多网眼儿之间的相互联系、相互依存和相互制约的关系,不了解在调查研究中不仅要看到"树木",还要看到"森林",不仅要了解局部,还要了解全局，不仅要调查个别情况，还要调查一般情况。由于不了解全面情况，看问题狭隘、片面，将一孔之见视为真理，以致闹出笑话。

苏东坡诗云："横看成岭侧成峰，远近高低各不同。不识庐山真面目，只缘身在此山中。"同样的庐山，因为观察者的观察角度不同，就会产生各种不同的感觉，得到或者似"岭"或者似"峰"的不同印象。身在山中，反而认不清山的真正面目，这正是直观感觉的局限。

观察是贯穿于工作实践全过程的活动，在观察活动之前，确定明确的观察目的，制订观察计划，明确观察任务，做到心中有数。机关党支部书记要提高观察的注意力，保持积极观察的兴趣。

比较观察，是通过对客观事物之间进行由表及里、由此及彼地比较，从而获得对事物特征和本质的正确认识的一种观察方法。有一个典型事例，事殊理同。有一次，日本广岛鞋厂和横滨皮鞋公司的两名推销员到太平洋某岛推销产品。这个岛地处热带，岛上的人四季打赤脚，全岛找不出一双鞋。广岛鞋厂的推销员很失望，第二天就回国向上司汇报说："这座岛没人穿鞋，没有销路。"横滨那个推销员看到岛上无鞋子，却以独特的眼光去欣赏这道美丽的"风景线"，认为这里将成为新的经济增长点，于是给上司拍了电报："这个岛上没人穿鞋，是个潜力很大的市场……请速寄100双样品！"当地人穿上凉鞋样品后觉得舒适。一年后岛上的人都穿上了鞋子，从而使横滨皮鞋公司赢利甚丰。

全面深入地观察事物发展变化过程，对各种资料进行全面、动态的分析比较，从而了解事物变化的全貌。对观察资料的比较分析，主要采取纵向对比分析、横断面对比分析等方法。领导干部在工作中要善于从同类情况中作出比较，从中获得正确的结论，然后决定取舍，做到扬长避短，取得最大效益。

跟踪观察，是通过对事物的发展变化过程进行跟踪观察，全过程透视。彭真同志当年在谈到记者工作方法时说："你们看见过老鹰抓小鸡吗？老鹰不是瞎撞乱碰就能把小鸡抓住，而是先在天空盘旋飞翔，以发现地面上的小鸡，看准了，就唰地飞下来，腾空而起，终于一次次地成功了。"

提问观察，是通过向他人提出疑问、得到解答，从而获得对事物特征和本质的正确认识的一种观察方法。党支部书记在领导工作中，要善于多问几个为什么。要勤于思考，多深入实际，多向群众请教，搞清事情的来龙去脉和真实情况。

全面观察，是观察和了解事物时，事先不带框子，不定调子，不划定范围，不确定重点，全面、广泛进行调查。要尽可能多的占有情况和资料，全方位、多渠道、宽视角、高效率地吸纳和利用各方面信息，并具有较强的综合概括能力，善于从大量的信息和资料中分析、概括、提炼出有价值的观点和材料，上升到理性认识，总结出带有规律性的观察结论。努力掌握反复细致的观察方法，做到全面、系统地进行观察。防止孤立地、静止地、就事论事地观察。

观察法调查，便于直接获得第一手资料，因为这种方法凭借的是观察者的感官的直接感受和体验，可以避免访问、座谈等调查方法可能受到的特定情境的影响。观察法调查的这一特点使它得到了广泛应用。成功地运用这种方法，需要调查者具有敏锐的感受力和较强的洞察力。闻名世界的香港李嘉诚，在经营实践中练就了观察和分析事物、判断事物发展趋势的锐利眼光。法国"时装帝国"之皇皮尔·卡丹，通过观察中国建筑物上的飞檐得到启示，设计出许多肩部耸起的男、女时装式样，颇受中国人民的喜爱，从中也体现出卡丹具有很强的洞察力和敏锐的眼光。

观察法收集资料，要及时做好记录，以免事后追忆时发生误差。（1）随记。不失时机地快速记录，准确无误且无遗漏地记录调查研究中所发生的相关事实、现象及其有意义的变化。（2）制卡。也就是编制观察卡片，把观察结果记录在卡片上。卡片可事先加以分类，以方便整理。观察卡片的制作类似于调查问卷，可把观察的项目在卡片上逐项列出，并把每一观察项目可能出现的情况和结果一一列出、合理编排。（3）日记。按时间顺序，逐日记载一切有用的资料，使观察记录具有系统性，这往往可以反映一个事件、一项工作或活动的完整过程。

典型调查的方法

一个个正确的决策,是从哪里来的?不是坐在办公室里苦思冥想出来的,而是经过周密细致的调查研究得来的。调查研究,是我们党一贯坚持的工作方法,是领导干部的基本功,是不可缺少的工作作风。

要了解情况,取得普遍指导的资格,一个基本方法就是"解剖麻雀"式的典型调查。典型调查是对若干调查对象进行初步考察分析之后,选取少数有代表性的调查对象作为典型,进行深入调查研究,探索其内在规律性,集中某一类事物的共性,借以大体估计总体情况,用以指导实践。

典型调查是一种定性调查,亦即从个别到一般的一种定性认识方法。它是通过调查有代表性的个别事物去了解一般情况。因为每一个事物都有普遍性的一面,其中必然存在有代表性的典型。只要抓住这个典型,做周密的调查研究,弄清它的本质、产生的变化、发展的规律,就可以大体上看出同类事物的本质和变化发展的规律。毛泽东称这种方法是"解剖麻雀","麻雀虽小,肝胆俱全"。解剖一个麻雀,就可以了解所有麻雀的共同的生理结构。

典型调查由于调查的单位少、范围小,能够对所有研究的问题做比较深入透彻的了解,集中全部精力解剖典型,同时可以节省时间和人力。毛泽东多次运用这种典型调查的方法进行农村调查,并对这种调查方法给予很高评价,作过许多精辟阐述。他指出:"任何领导人员,凡不从下级个别单位的个别人员、个别事件取得具体经验者,必不能向一切单位作普遍的指导。""人们总是首先认识了许多不同事物的特殊的本质,然后才有可能更进一步地进行概括工作,认识诸种事物的共同的本质。"

通过了解"个别"中体现的客观普遍性,就可以在一定程度上对总体(或全局)作出判断和认识。毛泽东把典型调查作为制定政策、检查政策偏差的基础,对推动中国革命走向胜利具有重要的指导意义。

搞好典型调查,关键是要选有代表性的调查对象。如果我们选择的"麻雀"没有普遍指导意义,盲目夸大典型的代表意义,就可能以偏概全,那么这个调查就失败了。正确选择典型,就要根据调查目的,先对总体情况进行初步概括了解。然后进行科学分析和比较,根据总体内部差异性和不同特点,选取各种具有代表性的调查对象。

毛泽东在谈到典型调查时说:"怎样找调查的典型?调查的典型可以分为三种:一、先进的,二、中间的,三、落后的。如果能依据这种分类,每类调查两三个,即可知一般的情形了。"

选择先进的、成功的单位,以总结先进经验,认识新生事物及其规律;选择落后的、失败的单位,以总结教训,深入分析矛盾。我们应当高度重视对典型进行系统周密的调查研究,不可停留在表面上。正如邓小平所说:"必须有系统地改善各级领导机关的工作方法,使领导人员有足够的时间深入群众,善于运用典型调查的方法,研究群众的情况、经验和意见,而不是像现在这样,把绝大部分时间用在坐办公室、处理文件、在领导机关内部开会上面。"

习近平同志一直重视调查研究。2002年,他到浙江工作不到9个月,就跑了90个县市区中的69个。2005年,全年有117天在外调研,大的调研有30次,足迹遍及浙江全省各市。2007年,习近平同志到上海工作不到半年时间里,就把上海市19个区县调研了一遍。他就任总书记后,轻车简从,赴全国各地调查研究。

在典型调查中,对典型划分各种类型,应有客观尺度或可测定的具体指标去衡量。如果发现典型没有选准,没有代表性,则应及时更换典型单位(或个人)。典型调查绝不可以按照自己调查前的主观臆断去"背靴找脚",去猎取典型。

典型调查也有局限性,即不能对客观事物的总体情况做定量分析,典型的选择易受调查者主观因素、个人好恶的影响,弄不好易出现随意性、随机性和以偏概全的倾向,把自己找到的特殊规律夸大成一般规律,这是应注意避免的。进行典型调查时，必须将定性分析与定量分析结合起来。单纯依靠定性分析，其认识往往不完整、不准确。因而在调查过程中，要尽量收集各种数据资料，从量上对调查对象的各个方面对行分析，以提高分析的科学性和准确性。定性分析与定量分析相结合，已成为典型调查法发展的一种趋势，而现代科技的发展又使这种结合成为可能。

问卷调查的方法

据 2018 年 2 月 27 日《人民日报》载，年前，某地开展脱贫攻坚考核工作，一位乡镇干部看到入户调查问卷后不禁发愁：问卷里近 200 个问题，不仅多，还十分书面化，诸如"医疗费占全年家庭纯收入比例""分红占入股股金的比重"等问题，有的连大学生都难答，会把贫困户问住的。问卷设置得相对细一些、全面一些，的确有助于精准把握情况、收集信息。但面对群众的事情，就当多设身处地为群众着想，既然贫困群众是调查对象，其文化程度相对不高，如果把问卷设置得像"阳春白雪"一般，尽是文绉绉的书面语、官方语，老百姓很难有亲切感。

问卷调查，对于面对面的访谈调查是一种有益的补充。被调查者的答问并非漫无边际，而是从问卷精心设计的具有相关可能性的答案中加以选择，这就便于进行定量统计和分析，可以较少的人力、物力和财力投入，获取较多有用而可靠的信息。

问卷调查简单、方便，具有大众化的特点，又相对地不受时间和空间制约，易于为各层次的人员所接受。问卷调查一般不要求被调查者签署姓名，这就减少了被调查者的许多顾虑。即使是一些敏感性的问题甚至是个人隐私，因为隐匿姓名，也容易得到被调查者的配合，获得较为真实的信息，减少了因怕暴露秘密而讲假话的情况。

要得到一份好的调查问卷，首先要了解与调研课题有关的客观事实，确定调查的主题和调查的范围、对象、时间、地点等。其次是查阅有关文献。问卷设计对于问卷调查来说，是一个具有决定性意义的关键环节。问卷的设计，卷头语要说明调查的目的和填写问卷的具体要求。开头这一段文字，通常是用书信形式表达的，向被调查者致一封简短而又热情洋溢的书信，请求对方给予支持和配合。问卷提出的问题要逐项单列，简单明了，提问不能太多、太杂，使被调查者易于理解，便于回答。要紧紧围绕一个大题目，细化为若干小题目，不用写很多文字，避免生涩的字眼、专业术语和抽象的概念。

设问不带主观倾向性，避免暗示和诱导性提问，防止起误导作用。设问表现出肯定或否定等倾向性，对被调查者具有一种心理暗示和诱导的作用，其后果是造成被调查者对设问者倾向性的迎合与顺应，而自己的真实想法则被隐藏起来。这样得来的调查资料，其真实性就受到很大限制。

例如有这样两个问句："绝大多数人认为××领导工作抓得好。你认为如何？"应改为："一部分人认为××领导工作抓得好；另一部分人认为××领导工作抓得不好。你认为如何？"

提问避免模棱两可或具有双重意义的问题，避免问题烦琐，把简单问题复杂化；设问使用的语言，切忌含糊不清，尽可能让被调查者一看就明白。设问也要防止把两个或两个以上问题合并为一个问题，使被调查者无所适从，不要出那些让被调查人很难回答的问题和过于敏感的问题。问卷正文主要类型有：

选择式答案。封闭式问题的答案，为避免混淆，其排列方式往往是一行一个。每一种可供选择的答案类型后面，都特地留有专门的空档，可用口（ ）表示，也可以用一横杠（＿＿）表示，供被调查者填答时划上符号。通常是用"√"和"×"表示肯定（或与自己的意见和情况相符）和否定（或与自己的情况和意见不符合）。有的问卷设计不必把每一种答案都占一行，把各种答案接着排列在一行，只需在每一种答案后留下供填写符号的空档就行了。

矩阵式（表格式）。为了节省篇幅，减少重复，对于若干类型相同的问题，可以把它们集中起来，用矩阵式排列，或用方格表组合。

附加式（或连续式）。对于只适合部分被调查者的问题，可采取先设问一个识别性的问题，然后再对符合者提出新的附加性问题，与识别性问题构成连续式答问，对于不符合者，附加性问题就不需回答了，可以跳到后面的问题上去再作答。附加问题可加特别标识（如加方框），并用箭头加以指示与前面的问题连接。

有关栏目记载。调查问卷的这一部分同样也不是可有可无的。调查实施中的情况、问题，调查人员的经验教训、感想体会均需在有关栏目中加以记载，以便调查工作结束时加以总结。此外，调查人员、验收人员，以及问卷的填答和回收日期等，均需签署记载，以便抽查。

调查问卷的容量要适度，被调查者填答的时间不要过长，一般以40分钟以内为宜，最长不要超过1小时。

问卷印制清晰、正规，使被调查人感到调查是严肃认真的、诚心诚意的，从而进行认真负责的填写。

问卷的组织实施。被调查人在填写问卷时，不得互相商讨，要各自独立填写，调查人和组织实施者也不要看着被调查人填写。问卷填写完毕后，调查人要及时收集，并进行认真的阅读分析归纳整理。如有必要还应向单位领导及时说明有关情况。

个别访谈的方法

访问谈话，是调查研究中最常用的一种方法。由于访问交谈是调查者与被调查者面对面的交往接触，是双方之间一种紧张的互动，这就必然会产生一系列技巧上的要求，这些技巧的有效运用，是调查取得成功的必要条件。

一、访谈前精心准备

（1）准备访谈提纲。完全没有准备的访谈，不能算是正式调查，只能看成是随便聊天。调查前要有个学习充实脑子的过程，学习上级的有关精神。内容比较开放、松散，也需要准备一份详细的访谈提纲，以便有所遵循。一般比较大的调查都要有个比较详细的调查纲目。要从各个角度，多设想一些问题，以免临时凑合，贻误工作。如哪些问题需要召开座谈会，哪些问题需要个别谈访，哪些需要重点详细了解，都要在拟制提纲时设计好。提纲内容主要包括谈话目的、谈话步骤、谈话对象、问题设计等，并且要将访谈提纲具体化为一系列访谈问题。

（2）认真选择和尽量了解被访者的有关情况。可以通过被访者的同事、所在单位领导，了解他的职业、年龄、经历、兴趣等，认真准备对方所关心的话题。被访者的选择，要有代表性；若要选择多个访问对象，除了代表性外，还要注意按先易后难的顺序进行。

（3）为了达到调查目的，确定好被调查的单位、人员和调查的范围，恰当地选择访谈的时间、地点和访谈方式。年龄上一般以双方年龄相仿或调查者年龄大些为好。而对资历深、年龄大的领导或对老职工尤应予以尊重，不宜下车伊始，不着边际地高谈阔论。一般而言，调研人员年龄较大为好，他们深知人情世故，处理人际关系较为沉稳、持重，容易取得被访者的信任和好感。

二、交谈中的技巧运用

（1）适时入题。调查者与被调查者双方一经接触，访谈即告开始。被调查者都是有思想、有情感、有心理活动的个性化的人，他们一般不会主动向"陌生人"提供资料，这就需要调查者。

首先要极力创造一个和谐、友好、热情、温馨的气氛。为此，从衣着到言谈、表情都要尽力得体。向对方作自我介绍时，要掌握好分寸，不可给人以轻浮或高傲的感觉。调查开始时，不必忙于进入正题，可以通过寒暄、问候，缩小双方的心理距离，获得受访者的好感，使双方关系逐渐达到融洽。此时方可进入正题。

（2）问题要具体、明确。特别是开始提问，一定要从简单明了的问题开始，尽量避免使用专业术语、抽象名词和模糊概念，力求通俗、浅显、易懂。

（3）控制话题。访谈中，要力求受访者多谈，但内容又必须与调查主题有关，这就需要调查者对谈话加以控制，针对不同对象，适时适度地加以引导。对不善言辞的人，要注意启发，并给予思考的时间，交谈速度不宜过快。当对方谈话切题时，不要随便打断对方的思路，要集中精力听，边听、边想、边问，与对方的话题互动，了解真实情况，把问题化整为零；一个问题谈完了，适时来一点过渡，适时转换到另一个问题，使对方始终觉得有话可谈。

（4）对于受访者的谈话，不要随意评判。调查者的任务归结起来就是要引导受访者谈出与主题有关的内容，而不要轻易下什么断语。否则就会使受访者产生一种迎合心理，专门投调查者之所好，从而造成调查误差。调查者可以对对方的谈话有所反应，如："我明白你的意思""我对你谈的很有兴趣""请你谈下去"等。这些反应虽然热情，但观点上是中立的，有益而无副作用。

（5）注意谈话态度。总的要求是谦虚、礼貌、平等待人、尊重对方，态度要和颜悦色。尤其是与基层干部、群众个别访问时，待人要谦和、彬彬有礼。热情、机智而不轻浮，不冒犯被访者的忌讳，不强对方之所难，不使对方感到压抑，不对被访者抱任何成见。

访问者要不时地使用"嗯""对""是""很有意思"等语言信息或者用点头、做手势等方法鼓励对方讲下去。针对不同的场合、对象使用不同的语气和谈话方式。当被访者谈到成绩时，应为他由衷高兴；当他叙述到不幸之事时，应表示同情，以加强情感交流。

（6）重视访谈中的非语言交流。善于通过语气、神情、姿态等非语言（无声语言）的交流来发出信息、表达感情。尤其是目光，这是最重要的无声语言；可以传达出许多非语言信号，对于访谈产生许多重要影响。

（7）运用记录技术。访问记录以访谈内容为主，此外还应包括访谈的时间、地点、环境、受访者的态度等。记录的时间和方式要仔细斟酌，是现场记录还是事后追记，要视情况而定。如果交谈敏感问题，受访者思想上有顾虑，最好不要当场记录。但事后补记易有遗漏或差错。如能运用速记技术，或注意记录关键词语，或采用符号记录，效果就要好些。

窥一斑亦能知全豹

古时有个"剥花生"的传说。有一天，师傅想考考两个徒弟，看看谁聪明。他拿出两筐花生让两个徒弟剥皮，看看每粒花生仁是不是都有粉衣包着，看谁先回答。大徒弟从早上剥到晚上才把一筐花生剥完，到师傅那儿，师弟已等候多时。二徒弟汇报说：我剥了一把花生，有肥的、瘦的、熟的、没熟的，都有粉衣包着，可得知所有花生都有粉衣包着。于是师傅称赞二徒弟聪明。二徒弟使用的就是抽样调查的科学方法。

所谓抽样调查，如上所述，是一种以部分调查对象代表全部调查对象来接受调查的方法，这种调查方法可以通过科学的技术与程序把部分调查对象的调查结果推论到全体调查对象。可以认为，抽样调查是以大大小于普遍调查的规模而收到与普遍调查相同或相接近的调查效果。

普遍调查是对所有的调查对象无遗漏地逐个进行的一种调查方法。采用这种方法需要动员大量的人力、物力和财力。抽样调查的最大优点在于可以期望获得普遍调查的效果，而较之普遍调查又可以节省大量的人力、物力、财力和时间。

有道是"窥一斑而见全豹"，花豹全身的花斑虽多，但都是大同小异，窥见一个花斑，整个花豹的全貌也就推想出来了。这里，问题的关键在于"样本"要有代表性。"窥一斑"之所以能见全豹，那是因为豹子身上的花斑大同小异，所"窥"的"一斑"具有代表性，也就是"全豹"的"样本"具有代表性。可见，如何使"样本"具有代表性，使之代表调查对象全体的情况，也就是如何合理确定调查"样本"的问题，就成为抽样调查的关键所在。合理确定调查"样本"，也就是合理选择抽样方法的问题。因为在调查研究过程中，调查"样本"完全是由抽样方法决定的。样本的合理性取决于抽样方法的合理性。

抽样调查中的抽样方法，分为随机和非随机两种。随机抽样是根据概率论的原则抽选样本，这类抽样方法的基本特点是排除人的主观动机和态度等因素的影响，完全按照调查对象被抽选的客观必然性亦即实际机遇来抽选样本。排除了主观因素的影响，样本才能真正具有代表性。随机抽样的具体方法又有以下几种：

简单随机抽样的方法，是直接对调查总体按照"机遇均等"（即保证总体中每一个个体都有平等的被抽选的机会）的原则抽选样本。具体做法可以用抽签的方法进行，也可以采用现成的随机数字表作工具进行。

等距抽样的方法，先将统计总体按有关标志分类排队分组，然后按固定的顺序和相同的间隔抽取样本。如要在一个1200人的工厂中抽选100人作调查，可按全厂花名册顺序每隔12人抽选一名，一直到抽满100人为止。

类型随机抽样的方法，是先将总体按一定特征划分为不同类型的组别，然后在各组中按简单随机或机械随机的方法抽选适量的样本，合并组成总样本。如在一个地区抽样调查企业的情况，可把该地区的企业分成不同类型（按企业规模、所有制形式、隶属关系、产业行业等，要根据调查的目的、内容等有关情况决定），分别抽选一定数量的样本。

阶段抽样的方法，是将抽样过程分成若干阶段来进行。如一个省的工人样本可按市—区—行业—企业—车间（科室）—个人这样若干个阶段依次抽取。

整群抽样的方法，是在统计总体中随机每次抽取整群单位作为样本。如对某种产品质量需作5%的抽样检验，则可每隔20小时抽取1小时的产品作样本。

怎样挖掘典型经验

总结经验是我们党的传家宝。总结典型经验是总结经验的重要组成部分。挖掘、提炼、推广典型经验，对提升领导干部的工作本领，贯彻执行党的路线、方针、政策，掌握工作的内在规律，提高工作的预见性，指导全局性工作，都有着不可忽视的作用。"工欲善其事，必先利其器。"怎样调查、挖掘、提炼典型经验呢？作者认为应着力遵循以下"三律"：

一、必须有调查提纲，不打无准备之仗，也不要形成主观主义框子去按图索骥

典型经验的挖掘、提炼，要突出时代性、先进性，具有普遍指导意义和导向、辐射作用。这是一项思想性、政策性、实践性都很强的高智能工作。许多同志的工作实践证明，做好调查前的准备，是搞好典型经验的挖掘、提炼的重要一环。准备工作除了学习有关文件和材料外，还要拟订调查提纲。这时往往会遇到两种情况：一种是要挖掘的典型经验已有雏形，需详细调查和提炼；另一种是还没有发现新经验的线索和角度，需要在大量调查中发掘。这两种情况都要拟订调查提纲——包括调查目的、指导思想、调查脉络和要点、具体安排和注意事项。

那么，应怎样提高调查提纲的有效性呢？第一，要加强辩证唯物主义基本理论的学习，真正搞清主观与客观、思想和实际的辩证关系，这样才能从思想上解决拟提纲不带框子的问题。第二，要围绕中心工作，回顾和吃透领导同志在部署工作时有什么要求，强调些什么；看看全局，想想问题。第三，翻阅一下以往的经验材料，好的经验不妨多看几遍，研究同类经验带有规律性的东西。第四，拟调查提纲前，要掌握一个时期党中央领导同志的重要讲话精神，以及报刊上集中宣传的东西，明确调研的重点，考虑和预测工作发展变化的特点。

二、必须"沉"下去,不做"井中葫芦",也不要忽视讨论和研究

领导智慧与群众智慧结合起来,无疑会出现许多新经验。挖掘这些典型经验就必须"沉"下去,决不能像井里葫芦那样——看上去是下去了,实际上是浮在下面的上面(小机关)。这种沉不下去的调查方法,所了解的基本上是二手、三手材料,而且往往布置性工作多,已经实践的东西少;面面俱到的多,深层次东西少;静态情况多,动态情况少;把握现象多,对本质的东西了解少。所以,挖掘典型经验,尤其是有分量的、新鲜的,仅拿到二三手资料是不行的。

为挖掘典型经验而"沉"下去,特别要把握好四个环节:

一是先来个一般调查。调查提纲拟订后,应先对几个单位情况简要地调查一番(快速的),找出线索,根据实情分成可能出经验的、一般化的、差的三种不同类型,然后根据调研目的,迅速扎到可能出经验的单位调查。这样可以使我们在确定典型时,尽可能避免主观随意性。

二是多去"工作联系点"单位或"试点"单位、有代表性单位了解情况,培植经验,精心指导,过一段时间再下去帮助总结、归纳、提炼,对初步形成的经验材料修改充实,使其成型。

三是可个别访谈,也可开座谈会。这两者是最忠实、最可靠的搜集第一手材料的重要方法。许多经验材料不生动、不深刻,语言干瘪,给人以空洞之感,一个重要原因是忽略了"没有办法找群众",即忽略了到一线去个别访谈和开座谈会,或者下的功夫不够。个别访谈和开座谈会,不一定都找共产党员,应找方方面面的人,这样便于掌握真实的全面的情况。

在个别访谈或开座谈会中,要抓住关键性问题,因势利导地展开讨论和研究。调查者应成为讨论的核心人物。要及时提出问题,进行讨论,看看哪些做对了,道理在哪里,哪些做错了,原因是什么,使大家统观全局,抓住要领,从全局中看到哪些工作应作为重点去抓,哪些典型应该总结,哪些经验应该推广。有的典型经验尚不够成熟,可在一起讨论研究,提出自己的建议,在实践中加以完善。

下基层挖掘经验,不要忘记多与一线党员和群众交朋友。广交朋友,可减少调查时的戒备心理,容易了解到真实情况,也便于在一起讨论研究,互相间可随便而不拘谨,敞开心扉,畅所欲言,从而增加调查材料的可靠性和有用性。

三、必须多"捞"材料,发挥头脑"加工厂"的作用,潜心提炼,刻意求新

在调查研究中,尤其是挖掘、提炼典型经验,首先必须搜集和占有丰富的材料。一般来说,多搜集材料与调研成果采用率成正比。下去调研走马观花,浅尝辄止,应付差事,就难以拿出有分量的成果。从实际中调查、挖掘的大量材料,由于主客观原因,难免真伪俱存,或者是有用没用的同在,所以必须进行思考加工,进行提炼。提炼的基本方法是:去粗取精,去伪存真,由此及彼,由表及里。可以在调查中,将大家讲的第一种情况(如做法、事例),挑有用的记在 A 页(或 A1、A2)活页纸上,将第二种情况记在 B 页上,以此类推。

提炼的观点(做法)、典型事例以及整个经验,要讲求"新"。应具有独特的眼光和思路,打破常规地分析,应在典型经验的特色上多挖掘、多运笔,多用新近发生的、别人不常用的材料。在写法上不要模仿别人,但可以在反复琢磨别人写法时得到启发和联想,从而进行大胆创新尝试。如已有的经验材料是正面写的,你不妨别开生面地侧面写。同样一个事物,观察的方位、角度一变,它往往会呈现一种"新"的面貌,而且能深刻揭示典型经验主题。

强调选角度,与尊重客观事实并不矛盾,因为事物本身不是一个球体,它有多面性。如果能以一个新角度去开掘事物的一面,寻找它的特点,以小见大,就能提炼出与众不同的新鲜经验。有的材料能够出新,需要对客观情况进行多视角、多侧面、多层次的挖掘、剖析和提炼,才能成型。

培养总结典型,要防止"没等花开就想摘果"、典型还没有成熟就急着总结宣传。采取拔苗助长的方式,是舍本逐末的行为,不利于典型成长。总结宣传典型,必须以事实为依据,有什么就写什么,实事求是。不要把抓典型当成树自己形象的一种方法。那种无中生有、炮制典型，移花接木、拼凑典型是要不得的。

▶ 经典故事 ◀

毛泽东赞赏韦睿

韦睿（公元442—520年），南北朝时期的梁朝开国功臣之一，著名的将领，是梁武帝征讨四方平定天下的有力助手。毛泽东对韦睿称赞有加，对他的人品和德行非常看重，读《南史·韦睿传》时，竟批注二十多次。

从思想作风上看，韦睿是个实干家，从不夸夸其谈，注重调查研究，一切从实际出发。他一生指挥过很多战斗，每次都亲临战场进行视察，摸透敌情，权衡筹措，制定作战方案，然后再指挥作战。

公元501年，梁武帝萧衍起兵时，韦睿率领部下砍竹子做筏，日夜兼程赶去投奔。梁武帝见了韦睿，十分高兴地说："我以前只见到您的外表，今日却是见到您的忠心，我的大事就要成功了。"韦睿受到了梁武帝的重用。他足智多谋，"多建策，皆见用"，参加了梁初的许多战斗，战功卓著。

韦睿打仗，能攻善守，胆识过人，善于调查研究，善抚士卒，军法严明。他作风朴素，廉洁克己，"劳谦君子"，豁达大度，展现了良好的道德风范和务实作风。

公元505年，韦睿奉命率部攻打北魏时，他派遣长史王超宗、梁郡太守冯道根攻打北魏的小岘城，但未成功。韦睿亲临城下巡视，环绕围栅察看敌情。毛泽东在"容巡行围栅"处加了旁圈，并批道"躬自调查研究"。（《毛泽东读文史古籍批语集》，中央文献出版社1993年版，第199页。）意犹未尽，又在"躬自"两字旁加了圈，以加重亲自作调查研究的重要意义。

这时,"魏城中忽出数百人陈于门外,睿欲击之。"随行诸将劝说:"我们轻装前来,还是回去披上铠甲后,再来迎战吧。"韦睿说:"不然,这些出营门外的魏军肯定是其勇者,如果把这些人挫败了,敌军寨子自然就攻下来,绝不能失去这个良机!"诸将仍犹豫不前,韦睿指着他所持的节说:"朝廷授此,非以为饰,韦睿执法,不可犯也!"韦睿下令攻击,以少胜多,魏军大败。毛泽东在书中写有"以众击少""机不可失""决心"等批语。

其后,韦睿令梁军乘胜进攻魏军驻守之合肥城,梁军的先头部队在合肥,也是久攻不破。韦睿又亲临前线,"睿案行山川",亲自查看地势。毛泽东在此处加了旁圈,天头上画了三个大圈,又一次批注:"躬自调查研究"。他还在批注"躬自"旁加了套圈,"调查研究"四字旁加了单圈。可见毛泽东强调指挥员一定要亲自摸清敌情,弄清山川地形,才能作出正确的作战方案。

接下来,韦睿决定率部在淝水修筑堤堰,把水灌到合肥城下,以利舟舰通行。这时,魏军在合肥城的东西两侧,各修一座城堡加以掩护,韦睿则指挥部队先攻打这两座城堡,取得以少击众的胜利;然后起斗舰直抵合肥城下,四面包围之。合肥城溃,俘获万余人。所获军实一律归公,无所私心。毛泽东读至此,又写有"以少击众""将在前线""不贪财"等批语(《毛泽东读文史古籍批语集》,中央文献出版社1993年版,第200页)。

第五章
注重交往修为

做好新时代的答卷人
领导干部克服本领恐慌八项修炼

第五章 注重交往修为

> **领航空间**

待人处事换位思考

换位思考是各种交往的第一要则。世界上唯一能够影响对方的方法,就是设身处地站在对方立场上,关心对方的需要,并且想方设法满足对方的需要。明朝吕坤认为"肯替别人着想",是人际交往的"第一等学问"。相对说来,替自己着想很容易,替别人着想不仅需要交往技巧,而且需要具备较高的道德修养和关爱之心。换位思考是对他人的一种心理体验过程,像感受自己一般地去感受对方的快乐与哀愁,理智解决问题。正如亨利·福特所言:"如果你想拥有一个永远成功的秘诀,那么这个秘诀就是如何站在对方的立场上考虑问题。"

马克思说过:你希望别人怎么对待你自己,你就怎么对待别人。换位思考的优点,就是它会让我们站在对方的角度和立场,想他们之所想,急他人之所急。通过自己的"心"去理解别人的"心",应该一视同仁地对待自己的和别人的"心"。应以平和之心原谅对方,以宽容之心善待对方。正如亚当·斯密所说:"为人设想多,为己着想少,压制自私,实施慈爱之念,便构成人性的完美。"

战国时期,晋国大夫赵盾外出巡游,路过一棵树时,看到一个人昏过去了,让他苏醒过来,得知饿成这个样子,赶紧给他食物。这个人一边吃,一边把一半以上的东西都拨到旁边。赵盾问他:"你怎么不吃完啊?"他说:"我好久没看到我母亲了,我这一半要带回去给我母亲。"赵盾一听很感动,就施给他一些食物。

几年以后,晋灵公当政,残暴无道。赵盾屡次进谏,灵公十分恼怒,就打算除去他,于是,在宫中设下埋伏。赵盾进宫之时,灵公安排的刺客忽然冲出来,情况万分危急,这时一个宫中侍卫,忽然倒戈,拼命保护赵盾逃脱。赵盾很感激，事后问："你是宫中侍卫，为何要保护我呢？"那人道："我就是几年前，躺在大槐树下的那个人啊，多亏你的饭救活了我和我母亲！我一直记着这个恩德。"

康德曾说："书读得越多，我越崇敬头顶上的星空和心中的道德律，越觉得必须与人和谐相处。"换位思考，亦即"心理互换"。这是心理学家提出的一种心理训练方法，旨在增进人与人之间相互理解、和谐相处。站在别人的角度，来思考自己的言行，这是交往的要则。人与人之间能相互调换一下位置，设身处地站在对方的角度，为对方想一想，就会发现原来没有想到和发现的问题，有利于解决问题。

与同级领导或同事相处换位思考、将心比心，是培养和提高领导干部交往能力、融洽同级关系的有效途径。这种换位思考、将心比心，体现了"仁者爱人"的传统美德。

孔子说："己欲立而立人，己欲达而达人"，自己想发展、想有所建树，就应该理解别人想发展、想有所建树的心情，从而容许并支持别人的发展。"己所不欲，勿施于人"，用自己的心，推及别人的心。自己不想要的东西，不要强加给他人。对于自己不想做、不愿做的事，要理解别人同样不想做、不愿做的心情，因而不把这样的事推给别人去做。自己想要获得的东西，也要考虑到别人也有这样的渴望。如果自己不能宽容别人，就很难从别人那里获得宽容。

有些人在希望得到他人宽容宽恕的同时，却很少想到他人也希望得到自己的宽容。一些人安于接受别人的宽容，却从不打算把宽容施于他人。所以，当你遇到别人有意或无意的"伤害"时，对别人的非原则的过错，不必指责，不要总是计较，总想报复，要懂得宽容，学会谅解；要学会与人为善，豁达大度。每个人都不希望受到他人的苛求、刁难，既然如此，自己就不要去苛求别人。在人际交往方面，我们的先哲早就昭示了这样的处世哲理。人们常说与人相处要"善解人意"，与人交谈要"推心置腹"，实际上也都是将心比心、推己及人方法的具体运用。

换位思考，是从内心深处站到对方的立场上，为他人着想，看对方在想什么、需要什么，然后在情感上与对方沟通，尽可能去满足他们的需求，把事情办得顺风顺水。在与别人交往和沟通中，必须要求自己自觉做到换位思考，从他人的利益和角度出发，而不能要求他人为自己着想。从对方的立场来看事情，以别人的心境来思考问题，考虑到别人的难处，认识到别人的眼界，尊重别人的自尊心，让人知道你的意图。

三国时，刘备请得诸葛亮出山之后，终日共论天下大事，把孔明当作老师。关羽、张飞很不痛快，便对刘备说：孔明年纪轻轻，有什么才学？大哥，你待他实在是好过头了，又没见到他显示出什么本事。刘备劝解说：我得到孔明，如鱼得水，两位弟弟不用再多说了。

换位思考的根本要素是"移情"，像感受自己一样去感受他人，而不是去"猜想"别人的想法及感受。移情换位是心与心的交流、沟通，从而产生共鸣性的情感效应。因此，换位思考是每日应做的一门功课。人们容易看到他人的缺点，而忽视自己的缺点，做事遇到挫折就会从他人身上找原因，指责别人而给自己找借口，这样怎能处理好人际关系呢？

三国争霸前，周瑜在袁术手下为官，做一个小县令。有一年这个地方发生饥荒，周瑜听说有个乐善好施的财主鲁肃，就登门去拜访。两人寒暄了一番，周瑜就直接说："实不相瞒，小弟此次造访，是想借点粮食。"鲁肃听后哈哈大笑："此乃区区小事，我答应你就是了。"鲁肃慷慨地送给周瑜一仓粮食，和周瑜交上了好朋友。后来周瑜发达了，当上了将军，没忘对朋友的感激，将他推荐给了孙权，鲁肃终于得到了大展宏图的机会。

设身处地站在对方立场上换位思考，应以平和之心原谅对方，以善良之心为对方的行为找一个理由，以宽容之心善待对方。晚清重臣曾国藩可圈可点，他让自己成功，也让别人成功，让自己发达，也让别人发达，耐人品味。梁启超极为推崇他，左宗棠后来心悦诚服他，毛泽东青年时代"独服"他，晚年时点赞他"厉害"。

在处理领导者与下属、员工的关系时，一定要一视同仁、同等对待，不能因个人情绪等因素的影响，表现得时冷时热，甚至冷眼相看。在工作中，有的领导者并无厚此薄彼之意，但愿意多接触与自己爱好相似、脾气相近的下属和员工，愿意多接触工作能力强而又敬业的下属和员工，无形中冷落了另一部分下属和员工，使这些人心里不舒服，认为领导有亲有疏、没有"一碗水端平"。因此，领导者要适当地调整情绪，增加与自己话不投机、爱好不同、工作能力较弱的下属和员工真诚交往的机会，尤其要和那些直言提过意见、反对过自己且反对错了的下属和员工经常交流感情、沟通思想，防止造成一些误会和隔阂。

美国石油大亨洛克菲勒在培养继任者的过程中，他从未因为其中一位是他弟弟，便对他有一些特殊照顾，给他一些特权。他即将退休时，当时有望成为继任者的有两位副总，其中一位是洛克菲勒的弟弟。在竞选之中（竞选是洛克菲勒亲自安排的），他采用了公平竞争的原则，两位副总裁受到了平等的待遇。其结果是，另外一位副总裁获得总裁职位，洛克菲勒的弟弟失败了。

洛克菲勒在他后来的回忆录中写到，他觉得他亏待了弟弟，弟弟帮助他打下了江山，而却没能继任公司的总裁之位。洛克菲勒这种不徇亲情、平等对待下属和员工的做法，深受人们的尊敬和拥戴。

要换位思考，注意别人的感受。亚当·斯密说："为人设想多，为己着想少，压制自私，实施慈爱之念，便构成人性的完美。"有些人说话喜欢随心所欲，想到哪里说到哪里，信口开河，逞口舌之快，嘴没有把门的，从来不考虑别人会有什么样的感受，无意中伤害了别人。领导干部必须重视别人的心理感受，随时注意对方情感的细微变化，寻找最恰当的方式，来传递交际信息，确保每次交往的成效，创造和谐的人际环境。

领导说话应注意的问题

明朝有个茹太素，在刑部当主事时，应诏上书陈述时务，洋洋17000余字。朱元璋听到6370字时，还不知道他想说什么，于是大怒，当众用木杖打了他屁股一顿。后来，朱元璋让人制定了《建言格式》，要求戒除那些冗长无用的文字，实话实说。

说话时，要根据不同的目的和要求，该详则详，该略则略，并注意提高自己说话的逻辑性和条理性。如果能抓住要点，一针见血，没有那么多冗长的废话，就会很快地吸引听众，使他们迅速地进入主题。在维护人民利益的时候，要敢于发声，用接地气的话来讲明道理，而不是失语。

常常遇到这样一些说话能力较差的干部：说话主次颠倒，内容前后矛盾，大大咧咧，旁若无人，漫不经心，不分场合、不看对象，大话、空话、套话盛行，乏味陈旧，说话不简练，没完没了，话语之间没有什么逻辑联系，缺乏条理的说话习惯，浪费别人的时间，让人受不了。习近平同志对此有过精辟的总结："与社会群体说话，说不上去；与困难群众说话，说不下去；与青年学生说话，说不进去；与老同志说话，给顶了回去。很多场合，我们就是处于这样一种失语的状态，怎么能让群众信服呢？"在多种场合说话，应注意避免以下几个问题。

一是说话啰唆，喋喋不休。如果你的内心有烦恼、积怨、痛苦和委屈，不宜在交情浅的人面前倾诉，因为对方对此没有什么兴趣，很难对你产生同情心。有些人说得多，滔滔不绝，却说得不好。言语在精不在多。最不会说话的人恐怕就是喋喋不休的人。遇到喋喋不休者，既不伤及对方感情，又让对方少说的办法，是巧妙提问，让他不知怎么回答，他就可以少说几句了。

二是爱说大话，不受欢迎。说话虚假夸张，跟实际不符合，言过其实，有害无益。管子说过："言不得过其实，实不得过其名。"鲁迅说过："我想，大话不宜讲得太早，否则，倘有记性，将来想到会脸红。"说话要实事求是，千万不要说大话，不要吹牛。邓小平曾批评这种现象："说空话、说大话、说假话的恶习必须杜绝。"

三是居高临下，训斥别人。有的领导往往容易因为自己职位比别人高，年龄比别人大，就有一种优越感，觉得自己水平较高，比别人懂得多，能力比别人强，因此在说话时居高临下，带有说教的腔调。即使是正确的忠告，也经常由于带有说教腔，训斥别人，而引起谈话对象的逆反情绪，不被接受。

说话不是用说话者自己中意的方式来表达，要考虑到群众能否接受，要用对方认为最好的方式来说话，对方才能愿意并顺畅地接受你的话语，沟通的目的也才能顺利实现。"到什么山唱什么歌"。语言表达要切合群众工作，就要说群众的语言，了解听众的性别、性格、职业、心理状态，把话说到群众的心坎上去。不能端着架子，不能说那些不得体、不着边际的话。

领导干部与同事或朋友之间的关系都是平等的，因此，不管自己身份多高、背景多硬、资历多深，都应该放下架子，不能自以为是，平等地与人说话，拿出鲜明、生动、形象的典型事例，事理结合，以事说理，让人心悦诚服。

说话现场超过三人时，应不时地与在场的所有人攀谈几句，不要只与一两个人说话，不理会在场的其他人。也不要与个别人只谈两个人知道的事而冷落第三者。在相互交谈时，应目光注视对方，以示专心。

四是不分对象、场合，事与愿违。对不同的人应该因人而异，使用不同的措辞。如果说话不看对象，就会事与愿违。说话总是在一定的场合下进行。同样的话在不同的场合说出来，会产生不同的效果。是什么身份说什么话，知道什么该讲，什么不该讲。如果不注意自己的身份，说话就有失恰当得体。

英国的维多利亚女王与丈夫阿尔伯特相亲相爱，关系融洽。但由于妻子是一国之王，成天忙于公务。一天深夜，女王办完公事，回到卧室，只见房门紧闭着，只好咚咚敲门。阿尔伯特问："谁？"女王回答："我是女王。"房门没有打开。女王耐着性子再敲。

阿尔伯特又问："谁呀？"女王回答："我是维多利亚。"房门还是没有打开。女王想了想，再次敲门。

阿尔伯特再问："谁呀？"女王回答："你的妻子。"这一次门开了，同时张开的，还有阿尔伯特的一双温情的手臂。

每个人在不同的场合都会有不同的角色，如果对任何一种人都用同样的措辞，同样的口气说话，人家会认为你这个人有毛病，或不懂交往礼仪。

西方语言学家说："语言表达恰当与否的真谛是，你能否在恰当的场合及适当的时机，用得体的方式表达你的观点。"场合就是说话时的具体地点、情境。因此，我们在说话时，应该注意与当时特定的场合相协调相切合。

五是胡乱插话，打断别人。在对方说话过程中，适时插句话，提出自己的意见，或"综述"对方话中的含意，及时地验证你的理解程度，加深他的印象，这是无可挑剔的。插话方法都有一个共同的特点，即不对对方的谈话内容发表判断、评论，不对对方的情感加以肯定或否定的表示，始终处于一种中性的态度上。

即使你的想法正确，或者你不认同领导的观点，你都不要轻易打断他的讲话，因为这样会引起反感，会认为你不尊重人，缺少修养，不识时务，见识浅薄。切记要等到别人说完停顿后你再说。在与人交谈的时候，一定要表现出你在认真倾听，表示对人家的尊重。

说话不注意把握时机，即使说得精彩，也不会收到好的效果。俗话说，"言贵精当，更贵适时。"因此，说话要善于选择恰当的时机。该你说的时候要及时说出来，没说就是错失良机。不该你说的时候，不要说，说了就是操之过急，收不到预期效果。

六是谈得意事，刺激对方。如果你的下属或朋友向你表露自己的失落和痛苦时，本意是想得到你的同情和安慰，而你无意中谈自己得意之事，无形中就会刺激到对方的自尊，会误解你在嘲笑他的无能，而这种误会一旦形成，很难消除。因此，在对方痛苦无助的时候，讲话一定要慎重。有的领导讲了一句外行话，念错了字句，搞错了名字，不必张扬、故意渲染，当作笑料。

七是话题不佳，无法交流。有的人常用较多时间谈论别人不感兴趣的小事，只说自己那方面的事，不管别人的感受或接受与否，忽略听者的反应。有的人说话把握不住中心，东拉西扯，不能紧扣话题向前延伸。说话不够连贯，即没说完一件事或一个方面，就扯到另一件事，或另一方面。有的人一张嘴说话，别人就不怎么爱听，并不是因为对他有什么成见，而是他说话观点陈旧，语言贫乏，没有重点，冗长拖沓，平淡无奇，枯燥乏味,让聆听者厌倦。最好的做法是把话题转到别的方面,或礼貌地告辞。

八是言语刻薄,不留情面。有的人说话时咄咄逼人,伴有冷嘲热讽,不给对方留情面,亦即人们常说的"刀子嘴"。每个人都希望获得别人的尊重,而不希望别人提起自己不愉快的事。如对有生理缺陷的人说话时,要特别谨慎。不要对秃顶的人说:"你真是聪明绝顶。"

说话应克服随意性,须看"红绿灯"。"讷于言,敏于行"是做事情、做人的准则,它也告诉我们做人虽然要"心直"但不能"口快",自己的一举一动都可能会对他人造成影响,所以我们就更不能随心所欲。在社交场合,说话犹如驾驶汽车过十字路口,要时时注意红绿灯。"红灯"亮了就不要往前开。就是说,要随时注意听者的态度与反应。要想同别人保持良好的人际关系,应注意观察他人的反应,看他是否对你说的话感兴趣。

严复总结的说话时必须注意的要点:其一,不要受挫时说怨话。你要对那些重视你的人表示感恩,而对那些忽略或是打击你的人,你要做的不是胡思乱想,满腹怨念,而是要进行自我检讨,将自己受挫的原因进行理性分析。其二,不要嫉妒别人时说气话。嫉妒能给人们带来的只有尖酸刻薄,这对人们的身心修养没有任何好处。严复曾认为:"不当说则不说,言多必有失。"很多人因好评论人的是非致使自己一事无成,甚至因此付出了生命的代价。而"讷"不是让你不讲话,不去表达自己的想法、观点,而是在警示我们要谨慎地说话。

增强语言表达能力

在人际交往和领导活动中,语言表达是重要的交际工具。语言是个神奇的东西。西方一位哲人说:"世间有一种成就可以使人在短时间内完成伟业,并获得世人的认识,那就是讲话能够令人喜悦的能力。"提高领导水平,很好地表达思想、沟通感情,必须多下功夫掌握语言表达艺术。

语言的正确与否，感染力强弱如何，主要取决于说话者的思想水平、文化修养、道德情操。然而，讲究说话的艺术也十分重要。说话要把握时机、言语得体、说得好不如说得巧、语言风趣。不看场合，想到什么说什么，这是一种拙劣的表现，往往会事与愿违。

我们说了半辈子的话，有多少话能说得很贴切，使人家心服口服？我们每天都说话，有多少话说得漂亮，体现人情世故，符合领导身份，说得恰到好处？话说得好，听众接受，领导威信提高；话没说好，讲砸了，双方都不愉快。领导讲话时应说理虔诚、语调亲切、激情迸发、内容充实，达到字字蕴含深情、句句感动人心。

近年来，习近平同志多次强调，领导干部要有本领不够的危机感；要引领新时代，走在新时代前面，就要彻底解决从事群众工作中存在的"失语状态"。习近平同志在任浙江省委书记时，曾就一些干部不会说话而批评道：他们与新社会群众说话，说不上去；与困难群体说话，说不下去；与青年学生说话，说不进去；与老同志说话，给顶了回去。领导干部要联系上级、沟通下属，协调各种关系，都离不开语言表达。善于语言表达彰显了领导形象，体现了一种梳理工作、开创新局的能力。在领导活动和交往中，巧妙地使用比喻、谚语、歇后语、典故、箴言、格言、警语可以使你的谈话生动形象，富有美感，说理深刻，增强说服力和震撼力。

传说乾隆皇帝下江南时，有一次看江中无数的船驶来驶去，就问随从的大才子纪晓岚："这江上有多少条船？"这是一个难题，但是纪晓岚深思片刻答道："只有两只船，一只为名，一只为利。"乾隆听了很是满意。

毛泽东在讲话中，善于将逻辑思维与形象思维珠联璧合，综合运用各种修辞手法，非常娴熟，信手拈来，挥洒自如，尤其是好用比喻，将复杂抽象的事物通过明喻、暗喻、举例等方式深入浅出地呈现出来。他的比喻往往闪耀着思想、智慧的光芒。毛主席讲话有情趣、有哲理，适当插入一些生动有趣的事例，为与会领导干部增加兴奋点。正如郭沫若所言："听了毛主席的讲话，好像热天吃了冰激凌，又好像疲倦后喝了一杯热茶。"

下属和群众总希望领导干部不要讲空话，不要空泛的长篇大论，不要长长的套话来回用,讲话要言之有物、鲜活生动、激情澎湃、有人情味、有幽默感,应尽量多用群众语言,使语言表达多样化。

1947年3月,胡宗南按照蒋介石"对山东、陕北解放区实施重点进攻"的密令,亲率23万大军直扑延安。当时西北野战军只有2万人,党中央只好决定暂时撤离延安,可是,有许多战士想不通,舍不得老百姓,舍不得坛坛罐罐。

周恩来了解到这些情况,及时召开会议,耐心地向战士们讲道理,他风趣地说:"你们一天吃几顿饭?"战士们答道:"三顿!""三顿吃多少粮食?""一斤多!"周恩来又问:"如果把三顿饭的粮食蒸一个大馒头,让你们一顿就吃下去行不行?"战士们回答:"不行!"

周恩来笑着说:"是不行嘛!怎能一顿吃下三顿的呢?我们必须把一斤多面蒸成几个馒头,分顿吃才行。同志们,消灭敌人也是一个道理,只能一仗一仗地打,一个敌人一个敌人地消灭。现在,胡宗南率23万大军攻打我们,2万人对付得了吗?只有战略转移,才能一口一口地把敌人吃掉!"

接着,周恩来又说:"同志们,我们暂时放弃延安,是为了长期地保卫延安。立足毛主席的英明决策,我们要坚决执行!""我们坚决执行毛主席的战略部署!"会场上响起了口号声。周恩来继续鼓励大家:"我们有毛主席、朱总司令的直接领导,战略转移后,一定能打胜仗,一定能收复延安!"

周恩来将打敌人用吃馒头作譬喻,这些通俗的语言,达到了启发战士的效果,使他们明白:"只能一仗一仗地打,一个敌人一个敌人地消灭"。

语言表达是领导干部叙述客观情况、思想观点、学识理念的直接体现。在工作中要说服他人,激励和引导下属和基层同志,直接体现其思维能力、组织能力、调研能力等综合素质。因此,掌握语言的表达艺术与技巧,是每一位领导干部必备的技能。领导干部要有效地开展领导活动,促进工作的深入开展,必须善于运用语言表达思想、交流感情、传播信息。这就要求领导者掌握语言表达的规律和技巧,努力做到善说与会讲。

有的领导干部，面对一群满怀期待的听众讲话时，磕磕绊绊、语无伦次；有的无法唤起众人的激情和力量；有的面对媒体镜头时不知道怎样张口才能说得恰当。这反映出语言表达能力、沟通能力不强，反映出个别干部是否真正了解基层情况，是否真正按照群众思维思考和办事。有的干部讲起话来照本宣科、千篇一律，拿着稿子一念到底，离开稿子就讲不好了，举不出生动、典型的事例和引申论理，缺少随机应变的本事，缺少调查研究的功夫，于是讲起话来只能刷新官话、套话、虚话。

领导者谈话时，首先要尊重对方，要设身处地为别人着想。要掌握分寸，避免任何可能伤害别人的成分。即使对方确有缺点也不可抓住不放、喋喋不休，礼貌的做法是委婉提醒，适可而止。总之，不论谈话内容如何，只要你对别人尊敬，就能得到相应的回报。

领导干部讲道理，不应空洞无物，避免太多空话与高调，需要把道理接地气、带露珠，生动活泼，动人心弦。喜欢讲套话、讲空话的人，喜欢开长会、讲长话的人，大都是不受群众欢迎。把话讲得简明扼要，就不容易被误解，而且容易记住。应当努力具备这样的本领：从纷乱的信息中选取最有价值的内容，从繁复的意见中理出清晰的思路，继而用言简意赅的语言阐明自己的主张。

提高领导水平，很好地表达思想、沟通感情，必须多下功夫掌握语言表达艺术。通过运用比喻、类比、联想、借代、谐音等方式，将内心的感受和深刻的意义委婉地表达出来，同时给人一种新鲜、明快的感受，增强语言的启发力和感染力。要掌握生动活泼的群众语言，多讲些贴近基层、贴近群众的"大实话"，让话语有"泥土味"，接地气，带露珠，鲜活有趣。

观点是讲话的生命和灵魂。有新观点，讲话就成功了一半。领导干部要善于讲新话。新话来自于对新形势、新情况的及时分析、把握和洞察；来自于对新理论、新政策的不断学习和领会；来自于新思考、新总结、新办法。只有勤学勤思、理性思考，在理论与实践的结合中、在上级工作部署与本地实际的结合中发现新问题，提炼新观点，拿出自己的独特的看法、说出自己的话，才会新意迭出，启人心智，使人受益。

讲话要引人入胜,运用排比最能提升语言气势,可以让话语整齐明朗,富有节奏感,让听众感受到一种气势如虹、滔滔不绝的语气力量和强烈的震撼力,使语气气势强劲,情感得到升华,形成强烈的表达效果。

运用谐音词,除了可以使语言变得生动有趣外,还可以使语言含蓄委婉,意在言外。同样一个意思,说得好使人高兴,说得差惹人烦恼。管理学大师沃伦·本尼斯说过:"领导者与常人的区别在于,领导者能够把握说话的技巧,清楚明白地表达人类共同的梦想。"领导干部在工作中要说服他人,激励下属和员工,必须掌握语言的表达技巧,以激发对方的兴趣,调动对方的情绪,点燃对方的热情。

习近平讲话的语言技巧

日常说话,即兴发言,脱稿演讲,是领导者思想观点和能力水平的展现,也是领导艺术和技巧的反映,需要长期修炼,正所谓"台上三分钟,台下十年功"。"言之无文,行而不远。"说话没有文采,就传播不远。习近平同志的讲话之所以影响深远,能打动人们的心灵,最重要的一点就是有自己的风格,富有生气,富有感染力、号召力,文风清新自然,显现出绚丽文采。他善于用讲故事、举事例、摆事实的方式凝聚共识,善于运用古语、俗语、典故、诗词、格言、歇后语和网络用语增添论证的力量,善于用中国优秀文化传统元素来提纲挈领,即使到国外的一些演讲,也都信手拈来,恰到好处,一扫人们反感的大话、套话、空话和官腔,比干巴巴的议论生动得多。

习近平同志的讲话高瞻远瞩,立意深远,思想深邃,思路开阔,有很强的气场,有很大的气势。在 2014 年 3 月 27 日举行的中法建交 50 周年纪念大会上,他引用德国前总理勃兰特的名言"谁忘记历史,谁就会在灵魂上生病",来诠释和平发展道路;用法国谚语"一点又一点,小鸟筑成巢"

和中国古语"合抱之木，生于毫末；九层之台，起于累土"，来说明中法友谊是两国人民辛勤耕耘的结果，值得珍惜；用古代提出的"国虽大，好战必亡""和而不同""大邦者下流"来说明中国"以和为贵"的传统理念。

习近平还引用拿破仑的话，巧妙地将中国比喻成一头睡醒的狮子。他说，"中国这头狮子已经醒了，但这是一只和平的、可亲的、文明的狮子"。这番话可谓气势磅礴，在让人振奋的同时，更给人带来亲切和快慰——既向世界宣示了"睡狮已醒"，同时又回应了"中国威胁论"，一语双关，言有尽而意无穷。习主席的演讲生动形象、新颖独特、节奏明快，可谓脍炙人口、精彩纷呈，不断吸引听众的注意，具有强烈的艺术力量。

习近平同志的讲话将逻辑思维与形象思维融为一体，善于利用排比、比喻、对偶、叠词、对比、引用等修辞手法，言辞谈吐间流淌着学者风范，释放着典雅气息，饱含感情，深入浅出，增添了文学意味和形象色彩。如用"缺钙"比喻理想信念缺失，用"打铁"比喻自身修炼，用"敢于啃硬骨头、敢于涉险滩"比喻改革攻坚，用"老虎、苍蝇"比喻腐败分子，用"照镜子、正衣冠、洗洗澡、治治病"比喻自我净化，用"稻草人"比喻有令不行，用"墙头草"比喻干部队伍中的好人主义，形象贴切，妙趣横生、脍炙人口。

"2013年3月，我首次对俄罗斯进行国事访问，向位于克里姆林宫红墙外的无名烈士墓敬献了花圈。在那里，一顶钢盔，一面红旗，一簇永不熄灭的火焰，象征着顽强不屈的生命，象征着永不向侵略者低头的烈士精神"（《铭记历史，开创未来》）。句子时长时短，既整齐，又富于变化。整散句、长短句互相补充，彰显出文章的形式美，增强了文章的气势和意蕴。

运用对偶及排比："凭经验办事，拍脑袋决策""不贪一时之功、不图一时之名""落后就要挨打，发展才能自强"。几乎每一篇文章都有引用，既引用我国的诗词、名言，也引用出访国的名人名言、谚语、俗语。在《让中白友好合作的乐章激越昂扬》中，引用了中国名言"交得其道，千里同好，固于胶漆，坚于金石"。引用了白俄罗斯名言"友谊和兄弟之情胜过所有的财富"以及谚语"牢固的友谊利斧难破"。在《特殊的朋友 共赢的伙伴》

中引用了法国谚语"打铁方能成铁匠",以及中国古诗"潮平两岸阔,风正一帆悬"(《真诚的朋友,发展的伙伴》)、"天苍苍,野茫茫,风吹草低见牛羊"(《策马奔向中蒙关系更好的明天》)等,信手拈来,恰到好处,提高了文化认同感,促进了情感交流。

习近平主席在2017年世界经济论坛年会开幕式的主旨演讲,抓住了听众的心弦。"中国人民深知,世界上没有免费的午餐",中国人民"对各国人民取得的发展成就都点赞,都为他们祝福,都希望他们的日子越过越好,不会犯'红眼病'",中国在引领经济发展新常态时,将"牵住创新这个'牛鼻子'",推进创新驱动发展战略。这些句子中的"免费午餐""红眼病""牛鼻子"等来自民间的俗语、谚语,习主席大胆地搬上国际舞台,起到了出人意料的效果。CNN资深记者理查德·奎斯特赞赏习近平主席有关全球化和自由贸易的发言,他说:"从来没有一位中国最高领导人在演讲中通过引用狄更斯、林肯以及中国古语来说明全球化的益处。"

与领导说话的艺术

与上一级领导面对面谈话,其益处是可以直观对方的表情、眼神和动作,听清对方的一言一语,了解其真实意图,比在电话、微信里说效果好得多。

经过五年的较量,刘邦终于打败了项羽,却产生了骄傲情绪,执政热情日趋懈怠。一次,他生病留在后宫中,整日不理朝政,下令不见任何人。

跟刘邦一起打天下的大将樊哙,曾率领大军,敢当先锋,勇猛无敌,粗中有细,许多文臣为之不及。樊哙想出一个点子,便一路冲开御林军的拦阻,闯进皇宫内院,先是对刘邦来一番赞美:"想当初,陛下和臣等起兵丰沛打天下,何等豪情壮志啊,上下同甘共苦,终于打败了项羽,建立了汉朝基业。"几句话激起了刘邦的自豪之情,不住地点头称赞。樊哙话锋一转："现在天下初定，百废待兴，需要陛下处理的事情很多，陛下竟这般精神状态，群臣都恐慌不安，陛下不见大臣，独与太监亲近，难道就不记得赵高祸国的教训吗？"

樊哙一上来就欲抑先扬，对刘邦先来一番真诚的赞美，然后巧妙地批评了刘邦，一片肺腑之言，终于使刘邦幡然悔悟，专心朝政，百姓休养生息，安居乐业，经济有了很大发展。

"顺着说"的关键，是站在对方的角度想问题，而不是一味只想着表达自己的观点。"顺着说"只是方法，而不是目的。"顺着说"是让你事半功倍地去说服别人，而不是让你去阿谀奉承。

日常工作中，如果你想劝服对方听你的，最好是先顺着对方的心理，先赞成对方的一部分或全部想法，取得对方心理上的信赖，继而再提出自己的见解，这样更能说服他人按你的意思来办。

领导对于全盘工作作决策之前，需要对事情作调研，了解情况。当领导与你谈话时，你应该如实汇报所了解的情况。如果认为上一级领导能够培养提拔你而处处逢迎，或者认为领导高高在上，能避则避，除了工作事务外，彼此不相往来，这些想法是不对的。与领导友好相处，不宜一味地奉承、附和。常常奉承领导，就把自己的人格降低了，无法换取领导的重视与尊敬，并不一定就能给人良好的印象。

与领导谈情况、讲问题，应该掌握技巧。英国思想家培根说过："交谈时的含蓄与得体，比口若悬河更可贵。"应掌握领导的脾气和工作方式。领导尚未作出决定之前，你可以向他表明自己的看法、建议。他一经作出某项决定，就不要坚持己见了。有的领导处理问题时，喜欢你和他商量；有的则要你先打电话预约。如果领导出了差错，不能当面指责、背后取笑。

与领导谈话，态度要不卑不亢，不必阿谀奉承。人与人在能力和成就上有所差异，但人格是平等的。你对上司应尊重、心怀敬意，但这并不等于态度卑微。许多领导并不喜欢下属太过谦卑、点头哈腰，而希望下属能自信地表达自己的想法及见解。下级经常要向上级汇报、请示工作，在自我表现上要张弛适度，既不要过于显山露水，功高震主；也不要俯首帖耳、卑躬屈膝。

你与领导说话要掌握一个规律,养成一个习惯,想到自己有什么要讲的事情,就把要点记下来,做些分析,其中有一些是汇报,有一些是报告,有一些是请示,有些是建议,等等。向领导汇报、请示等内容,不论大小问题,要预先估计领导会提出什么问题,需要向领导提出哪些建议等,都必须事先梳理清楚,列出详细提纲,做好准备。

文贵精,言贵简。有用的话一句顶十句。能一分钟说明的问题,绝不占用两分钟。如果说话面面俱到,其结果就没有重点,让人不得要领。请记住托尔斯泰的话:"请你们珍惜语言,让每一个字都像利箭一样,一直射到听众的心坎上。"汇报工作,过程很长,而上司希望掌握工作的进展,只想知道开始和结果。因此,你不必将"过程"如何如何、事无巨细汇报。

上一级领导毕竟与同事不同。平时说话交谈、汇报情况时,有事实、有观点、有分析,不要漫无边际、空话连篇;适时说话,多加小心,不说上司忌讳的话;一些让领导不快的话,要注意分寸。不要向他请示一些无关痛痒的小问题,莫向他报告工作进展中的难处。

与领导谈话切忌过于直率,要委婉地说些寒暄的话,拉近你们之间的距离。当你的领导不同意你的看法和意见时,不要争论。因为争论需要三个阶段:提出问题的焦点,提出持不同观点的理由,寻找问题解决的途径。而在说到某个观点和现实问题时,你根本没有时间把争论进行到第三阶段,因而你的上司也就无法赞同你的观点。因此,一般情况下,不必与上司发生争论。

说话是一门艺术,是一门值得推敲的艺术。有时出于礼仪考虑,在有些话不便直说时,可以"绕圈子"。在私人场合,与知己朋友说话时,有时直来直去,也会伤大雅,让人不舒服。但在公共场合,下级对上级说话尤其要讲究方式和分寸。为了不失礼仪,可以采用外围战术,有意绕开中心话题和基本意图,从相关的事物、道理谈起,也即人们常说的"弯弯绕",听者感到你是为他着想,觉得合情合理,这就容易达到自己需要的效果。

有的人往往过分相信自己的理解能力和判断能力，脑子里突然冒出点子或建议，把持不住的话，冲口而出，打断了领导的讲话，这在机关中可是个鲁莽之举。常常不等别人把话说，或在对方说话说到兴奋的地方时，就随意乱插话、打断对方的话题，冷不防就半路杀进来，让对方猝不及防，不得不中途偃旗息鼓，再想说忘记刚才说到哪了，会让对方很扫兴。

在与领导说话时，碰到不明白的问题，要真心实意地请教，态度诚恳，提出的问题简洁明了，抓住核心，不要在问题之前来一段讨好性质的开场白，然后才扭捏地提问题。这会让领导认为你不是真心来问问题的，是来和他套近乎的。

如果在业务上有两位以上的上司，你必须认清谁是你方的主管，应将有关业务问题向他请示，获得他的信任与支持。另一上司交给的事情，在不相冲突的情形下，也应尽力去办理；如果与直接上司的指示相冲突，你应委婉陈述困难，求得谅解，不可在两位上司之间投机取巧。否则，你会左右不讨好。

与领导谈话，应先约一下会面时间，会面的时间短些为宜。你事前和领导联络的时候，可否这样说："我想去拜访您，请您可否在明天或后天抽出15分钟的时间给我？"一般情况下，领导即使很忙也不会回绝你的。

如果领导给你15分钟的时间，意味着他搁下待办的事情来接待你。对于会面15分钟，若能把握重点，条理清楚，这段时间也大体够用了。你必须抓住主题，挑主要的内容说。如果你觉得15分钟可能谈不完，就在会面的时候，提出延长会面时间的请求。

到了应该起身告辞的时间，你应先示意领导，站起来后说句感谢的话。要是对方让你留下来再聊一会儿，恭敬不如从命，坐下来再谈一会儿。上一级领导每天要处理的事情较多。如果说话不分轻重缓急，一件件罗列出来，会导致时间延长而耽误事先约定，对方就不耐烦了。

有些成功的领导者之所以在工作中顺风顺水，其原因在于他们聪明和勤奋，在于他们懂得在处理各种关系时，恰如其分，见好就收。

怎样在不同场合说话

语言是重要的交际工具。口头语言表达是领导者思想观点、学识理念等的直接体现。口头语言表达能力的强弱，在一定程度上影响工作质量和效果，也影响着领导干部在群众中的形象和威信。从古至今，讲话水平影响着事业兴衰，改变着人生前程，甚至还改变了历史。毛遂自荐使楚，苏秦游说诸侯，诸葛亮舌战群儒……许多关于讲话艺术的故事令人称道。因此，领导者要有效地开展领导活动，必须善于运用口头语言表达思想、交流感情、传播信息。

著名学者冯文彬教授有一次上街，看路旁一忠厚憨实的老农在摆摊卖夜壶，有心买一把。他相中了其中的一个，自言自语道："好是好，只是大了些。"这时卖主冲他实诚地说道："老哥，冬天，夜长啊。"这种回答用的是礼貌的语言，很得体。冯老认为这位老农是语言高手。

语言是思想的外化。会说话、话讲得好，是体现领导干部综合素质的一面镜子，也是评价领导干部能力的一把尺子。法国作家雨果说："语言就是力量。"丘吉尔说过，"一个人能够面对多少人说话，他的成就就有多大"。其意为，一个人的说话能力与其管理幅度存在一种正相关关系。许多领导者讲话水平在不断提高，有时没有讲稿，也能如数家珍地讲上一两小时而没有重复的话，并能吸引参会的大多数听众。

一个在交际中广受欢迎的人，必然是一个会说话的人。据说朱元璋做皇帝以后，想攀附他的昔日伙伴很多。其中有一位来找他，对他说："微臣当年随驾扫荡芦州府，打破罐州城，汤元帅在逃，拿住豆将，红孩儿当关，多亏菜将军。"朱元璋听后心里十分高兴，立马就封他做了大臣。这就要求领导者掌握口头语言表达的规律和技巧，努力做到善说与会讲。

现实生活中，一些领导讲话，套话、空话、废话多，听起来味同嚼蜡，使人难受，于是有的人为躲避听领导讲话，会上打瞌睡、玩手机，乃至借故溜出会场。喜欢直言直语的人，说话时常只看到现象或问题，也常只考虑到自己不吐不快，而不去考虑旁人的立场、观念、性格，没有考虑对方的感受，不知道直言直语在人性丛林里是一种致命伤。他的直言直语有可能是无稽之谈，对方明知却又不好发作，只好闷在心里。

有些人说话所以惹恼人，并不是他们不会说话，而是"场合观念"淡薄。所以，对于这些人来说，当务之急在于增强场合意识，懂得不同场合对说话内容和方式的特定限制和要求，时时不忘看场合说话。比如，在轻松愉快的场合谈论那些严肃的话题或枯燥无味的学问，肯定会惹人厌憎；在严肃认真的场合开那些无聊的玩笑，很可能会让人觉得你太轻浮、不识大体。

有的同志认为，就领导干部的"语言功夫"来说，不说套话、空话，言之有物的领导干部，应该是低层级的"会说话"；能灵活、流畅、机智地现场应答，有效说服听众的领导干部，应该是中层次的"会说话"；能吸引、控制、激发他们的追随者，具有超凡说话魅力的领导干部，应该是高层次的"会说话"。一个会说话的人，跟领导相处时，能让领导喜欢他；和同事共事时，能让同事欢迎他；拜访客户时，能赢得客户的心；求人办事时，让对方欣然同意；遇见陌生人时，很快使对方有一种"一见如故"的默契。

讲究口头语言技巧，根据不同的场合、不同的听众对象、不同的目的，有针对性地选择引人入胜的话题、语言表达方式，并符合具体的场景要求，以达到预期的讲话效果。交谈也是这样，需要根据不同的场合选择合适的话题。如果不注意场合，率性而为，就会成为一个不合时宜、不受欢迎的人。

每个人在不同的场合，都会有不同的角色。如果对任何一种人都用同样的措辞，同样的口气说话，人家会认为你这个人有毛病，或不懂交往礼仪，也可能你在使用敬语时，对方会说："你竟然这样对我说话，这还算朋友吗？"或是："千万别说那种见外的话，我们交往了多年，应该说是好朋友了。"这就是你的措辞不当造成的。

因此，正确的措辞和表达方式，是依靠彼此间心理的亲疏而定的。不管何时，如果对任何人都以同样的方式进行交谈，总会发生矛盾，重要的是在交谈前要分清楚。应先了解对方的一些经历情况和生活状况。由于思维方式的不相同，也要特别了解他的生活愿望，生活观点。

其次，必须注意对方的心境特征。如果在交谈当中，不顾对方的心理变化，而一味地将想法统统搬出来，那么，你是得不到他的认同的。一厢情愿的谈话往往会让对方厌恶。性格外向的人易于"喜形于色"，和他可以侃侃而谈；性格内向的人多半"沉默寡言"，则应注意委言婉语、循循善诱。

要避免谈话时对少数人冷落的现象。"谈话时排除他人，就如同宴会时赶走客人一样荒唐不可思议。不要冷落任何人，即使他的言行举止是多么令人生厌。"谈话的时候不要遗漏任何人，让你的双眼环视着周围每一个人，留心他们的面部表情和对你谈话的反应。有时双方处于尴尬的境地时，第三者若是以巧妙的角度为双方打个圆场，可以变凝滞的气氛为轻松活泼。

要想丰富自己的话题库，就需要不断地在生活中积累知识，增长自己的见识。只有积聚了丰富的话题，与人交谈时才会有源源不断的话题，谈话才不会枯燥无味，更不会闹出笑话，让人看不起。

领导即席讲话，往往受欢迎，主要靠临场发挥。事先打个"腹稿"，构思一个初步轮廓：怎样开头，如何结尾，问题之间怎样衔接转换，什么地方重点讲，什么地方一带而过，都应该心中有数。要揣摩听众心理，围绕工作需要，选择一个最佳角度展开话题，生发开去。如果讲的是同一或类似的问题，其有效的方法就是提高层次，高屋建瓴，这样既可先声夺人，又可后发制人。

语言技巧多样，如幽默法、委婉法、暗示法、模糊法。每一种具体方法又有多种使用类型，如模糊法所包括的宽泛式，就是用含义宽泛、富有弹性的口头语言传递主要信息；所包括的回避式，就是用不明确的口头语言避开确指性内容；所包括的选择式，就是用具有选择性的口头语言来表达不确定的行为。

与人交往过程中，掌握各种情况下合适的问话技巧，会使你的交往事半功倍。如何向别人提问？问话方式因场合、对象、目的的不同而不一样。提问要讲究方式和技巧，使对方有话可接。适当的提问，能使人明知其难也喜欢回答。提问时要注意形象、贴切，不可生搬硬套。

启示型提问——想告诉对方一个道理、一件事情，又不直说，通过提问引起对方的思考。这种提问方式重在启发。有的领导批评或提示对方的时候，在指出对方的错误行为之后，接着问："你觉得这样做对吗？"多是在讲完道理之后，适时地询问对方的意见，进而达到预期目的。

在《战国策》中，庄辛曾劝告楚襄王不要淫逸奢靡、荒于政事，楚王不听，结果大片国土被秦国攻占。为使楚王听进劝告，庄辛以事设喻：您没好好注意看过蜻蜓吗？在天地之间自由自在飞翔，低下头来捉住蚊虫当饭吃，仰起头来接着雨露当水喝，自己认为与别人没什么可争的。他却不知道十来岁的小孩，正把调好的胶、织好的网，举得高高的捕捉它了！楚王听后"身体战栗"，有了醒悟，嗫嚅着说："我愿听取你的意见"。于是封庄辛为阳陵君，并用了他的计谋，一同取得了淮北的土地。

诱导型提问——指询问者为了获得某一回答，而在所提问题中添加有暗示被询问者如何回答的内容；是诱导对方接受自己的观点，具有诱敌深入、以柔克刚、以虚引实的效果。一位心理学家调查时发现，一些人在喝可可时有放鸡蛋的习惯。因此，服务员发问时，可以问"加一个鸡蛋吧"，或者问"要一个还是两个"，这样问，多做一个鸡蛋的生意有益处。诱导性提问是对答案具有强烈暗示性的问句。如"违约当然要受到惩罚，你说是不是？"

迂回型提问——转化了角度和说法的提问，往往会使对方放松心理戒备，看上去无足轻重，说出心中真实的想法。意大利女记者奥里亚娜·法拉奇是享誉世界的记者，以采访世界政坛风云人物而闻名。她的作品，一直是国际新闻界研究和学习采写技巧的范本。迂回曲折的提问方式，成为她制胜的一个法宝。当年她在采访邓小平时，提出一个问题："天安门上的毛主席像是否要永远保留下去呢？"看上去平常、微不足道，但实际上包含着丰富深刻的含义，目的在于想知道邓小平对毛泽东、毛泽东思想的评价、认识及其今后在中国的地位。邓小平举重若轻，从容应对："毛主席像要永远保留下去。过去毛主席像挂得太多，到处都挂，并不是一件很严肃的事情，也并不能表明对毛主席的尊重。尽管毛主席过去有段时间也犯了错误，但他终究是中国共产党、中华人民共和国的主要缔造者。拿他的功和过来说，错误毕竟是第二位的。他对中国人民做的事情是不能抹杀的。从我们中国人民的感情来说，我们永远把他作为我们党和国家的缔造者来纪念。"

法拉奇在采访阿里·布托是巴基斯坦总统时，没有直接问他"总统先生，据说您是个法西斯分子"，如何专横、残暴，而是将这个问题转化为："总统先生，据说您是有关墨索里尼、希特勒和拿破仑的书籍的忠实读者。"这个问题从实质上讲，同"您是个法西斯分子"包含的意思是一样的。

直接型提问——要求对方作出明确答复、不会引起不愉快的后果时，常用这种方式。如上司询问下属的工作，关系比较密切的双方交谈，可以直来直去地提问。提问时要给人以真诚和信任的印象，形成坦诚信赖的心理感应和交谈气氛，不可居高临下、盛气凌人。

选择型提问——往往是具有不同难度的问题，明知对方不能或不愿作答的问题，就不贸然提出来。一开始提问不要限定对方的回答，也不应随意搅乱对方的想法。被提问者可以根据本人的意愿，自由地选择答案。选择型提问容易造成一个友好的气氛。一位心理学家曾经说过：要使对方乐于答话，应该挑他擅长的来说，这样他才会对你的提问感兴趣。例如，一个人乒乓球打得好，就可先问："听说你打乒乓球很拿手，是吗？"提问正像打乒乓球的发球，你以对方的特长发问，就像特意发了个使对方容易接的球，对方当然乐于接球。

为官须练嘴上功

会说话的人，大多知多识广，讲起话来，滔滔不绝，有很多事情可讲，讲得头头是道，不会出错。有的人说起话来娓娓动听，让人感到是一种享受，忍不住地同意他的说法。有的人说起话来像是一柄利刃，令人感觉很难受、不舒服。有的人一张口说话，就让人不想听、不爱听，感到厌烦。有的干部讲话，被群众戏称为"常说的老话多、正确的废话多、漂亮的空话多、严谨的套话多、违心的假话多"，其根源在于离实践、离群众太远。

领导干部要联系上级、沟通下属，协调各种关系，都离不开语言表达。善于语言表达彰显了领导形象，体现了一种梳理工作、开创新局的能力。

在人际交往和领导活动中，语言表达是重要的交际工具。提高领导水平，很好地表达思想、沟通感情，必须多下功夫掌握语言表达艺术。

在领导活动和交往中，应说理虔诚、语调亲切、激情迸发、内容充实，达到字字蕴含深情、句句感动人心。巧妙地使用比喻、谚语、歇后语、典故、箴言、格言、警语可以使你的谈话生动形象，富有美感，说理深刻，增强说服力和震撼力。运用谐音词，除了可以使语言变得生动有趣外，还可以使语言含蓄委婉，意在言外。

同样一个意思，说得好使人高兴，说得差惹人烦恼。管理学大师沃伦·本尼斯说过："领导者与常人的区别在于，领导者能够把握说话的技巧，清楚明白地表达人类共同的梦想。"领导干部在工作中要说服他人，激励下属和员工，必须掌握语言的表达技巧，以激发对方的兴趣，调动对方的情绪，点燃对方的热情。

下属和群众总希望领导者讲话生动活泼、激情澎湃、异彩纷呈、富有幽默感、有人情味。因此，应尽量多用群众语言，使语言表达多样化。不要把一个名词来回用，显得语言贫乏，使人产生厌倦感。

1965年8月，周恩来在上海为庆贺美国记者斯特朗80岁寿辰举行的宴会上致辞："今天为我们的好朋友、美国女作家安娜·路易斯·斯特朗女士庆贺四十公岁寿辰……四十公岁就不是老年，而是中年啊……"不说80岁，而说40公岁，真挚地表现出对斯特朗健康的良好祝愿；希望她永远年轻。

语言的正确与否，感染力强弱如何，主要取决于说话者的思想水平、文化修养、道德情操。然而，讲究说话的艺术也十分重要。说话要把握时机、言语得体、说得好不如说得巧、语言风趣。不看场合，想到什么说什么，这是一种拙劣的表现，往往会事与愿违。

1935年在巴黎大学的博士论文答辩会上，主考人向年轻的中国留学生陆侃如提出了一个问题："《孔雀东南飞》这首诗里，为什么不说'孔雀西北飞'呢？"陆应声而答："西北有高楼。"陆侃如引用了我国古诗十九首中的名句"西北有高楼，上与浮云齐"。孔雀自然飞不过去，只好向东南飞去了。

说话要条理清晰、清楚明了、语速适当、力度适中。在公众场合，说话一定要顾及所有人的面子，不能疏忽任何一个在场的人。戈尔巴乔夫偕夫人赖莎访问美国，在赴白宫出席里根送别宴会途中，他在闹市突然下车和行人握手问好。苏联保安人员急忙冲下来，围上前去，喝令站在戈尔巴乔夫身边的美国人把手从口袋里抽出来。他们怕行人口袋里有武器。行人一时不知所措。这时，身后的赖莎十分机智，立即出来打圆场，她向周围的美国人解释说，保安人员的意思是要人们把手伸出来握握手啊。顿时，气氛变得热烈了，人们热情地同戈尔巴乔夫握手致意。这里，赖莎机巧应变，妙打圆场缓解了当时尴尬的场面。

领导者谈话时，首先要尊重对方，要设身处地为别人着想。要掌握分寸，避免任何可能伤害别人的成分。即使对方确有缺点也不可抓住不放、喋喋不休，礼貌的做法是委婉提醒，适可而止。总之，不论谈话内容如何，只要你对别人尊敬，就能得到相应的回报。

因人而异说话。对不同的人应该因人而异，使用不同的措辞。如果说话不看对象，就难免事与愿违。领导干部与人交往，应重视特定的对象，根据对象的年龄、身份、地位、文化教养、性格、彼此间的关系等实际情况，恰当地表达。对资历深的领导，用请教的口吻，表示尊重的态度。对同级领导，多用商量的语气，沟通情况，供参考酌定。对年轻同志，可用鼓动性的语言，调动他们的激情。对女性，说话应当温和一些。若对方性格直爽，可以开门见山，快人快语；若对方性格内向，则要委婉含蓄一些；若对方性情多疑，应该不动声色，尽量少说，使其疑心自消。对文化程度较低的人，不用文绉绉的语言，多列举具体的实例，以事说理。

区分兴趣爱好说话。对一个球迷，只要你一提起打球的事，他都会眉飞色舞，兴致勃勃，并且对你产生好感；对一个对球赛根本不感兴趣的人大谈球赛，则无异于"对牛弹琴"，甚至导致对你产生厌烦情绪。

区分职业说话。不论遇到任何职业的人，只要你能运用对方所掌握的专业知识与之交谈，对方对你的信任感会大大的增强。

找出与大家共同的语言来打开话题，让他们觉得你与大家有相同的立场，你是在为他们说话，或你是为他们着想，使双方都处于"自己人"的情境中。这样对方容易接受你的观点、态度，把你与自己视为一体，双方的心理距离就拉近了，对方消除了心理压力，也无须有戒心，对方会愿意接近你，结成良好的人际关系。

寻找共同话题，首先要解决的问题，是尽快熟悉对方、消除陌生。你可以在短时间里，通过他的声调、眼神、发型、服饰、领带、提包，以及办公室墙上的书画，柜子里书籍等，了解他的情趣、爱好和修养，这对于彼此开始交谈十分有利。

那么，怎么找到话题呢？要选择众人关心的事件，对准大家的兴趣中心。这类话题是大家想谈、爱谈、又能谈的，人人有话说，自然就能说个不停、议论风生了。

此外，巧妙借助对方的姓名、籍贯、年龄等，即兴引出话题，就地取材，达到由此及彼的联想，缩短彼此的距离，力求在感情上融洽起来。

丰富话题多读书。领导者能否成为"语言大师"，归根结底在于知识水平的高低和知识积累的厚薄。只有大量读书，才能涉猎面广、博闻强记，打下厚实的知识功底。一个语言艺术高超的领导者，必须首先是一个喜爱读书的人。丰富知识的一个最直接快速的办法就是从书本上吸收知识。书本是前人的智慧结晶，通过学习书本知识，可以积累很多经验，储备起来都可以作为与人交谈的话题。

同时应该多读名著。摸熟语言的精微之处，则会唤起灵敏的感觉；熟悉名篇佳作的精彩妙笔，则会获得丰富的词汇，自己演说和讲话时，优美的语言亦会不召自来。只要我们潜心苦读，勤记善想，揣摩寻味，持之以恒，就能尝到醇香厚味。如果反复地用，不断地学，久而久之，就可以像郭沫若所说的那样，"于无法之中求得法，有法之后求其他"了。

冯玉祥是一个喜欢读书的人。他当士兵时，一有空就读书，有时竟彻夜不眠。晚上读书，为了不影响他人睡觉，就找来个大木箱，开个口子，把头伸进去，借箱里微弱的灯光看书。冯玉祥担任旅长时，驻军湘南常德，规定每日早晨读英语两小时，学习时，关上大门，门外悬一块牌子，上面写"冯玉祥死了"，拒绝外人进入。学习完毕，门上字牌则换成"冯玉祥活了"。

一个人如果没有深厚的知识功底，当他人谈到很多理论时，你如何去与人交谈？很多知识不可能从生活中直接得来，需要从书本上去寻找。所以，多读有用的书，对提高说话水平相当重要。

要丰富话题库，需要多读书，并且在读的基础上进行记忆，只有记住了，你说出来的话才有信服力，否则是经不起别人深究的。要想记住看过的知识，除了提高记忆力外，尽量在以后的谈话中用到，这种实践是最好的记忆方法。

用幽默增添魅力

一句幽默的话语，一个风趣的故事，闪烁着睿智的光芒，能营造活跃、欢乐的气氛，使人笑逐颜开，有利于消除隔阂，帮你打开人与人沟通的大门,收到意想不到的效果。一个有幽默感的人会增添自身的魅力,总能成为人们的中心,总能调动大家的情绪。

适当使用幽默、风趣的语言,是改变领导语言枯燥、晦涩、无趣的好办法,因为幽默语言借助于想象,机智而巧妙地运用引人发笑的技巧,既矛盾又协调,既合理又不合理,在意料之外又在情理之中,使听众领悟到其中蕴含的智慧和哲理,在笑声中得到启迪,让人们感受到讲话人的温厚和善意,感受到并不丧失原则的宽容和平等待人,使其观点变得容易让人接受,又能使讲话的气氛轻松、活泼。

讽刺虽然具有幽默的意味,但讽刺性的幽默是有刺的,是锐化锋芒的,而幽默却是钝化锋芒的。幽默是一种讲究含蓄的艺术,具有很强的暗示性,与尖刻无关。幽默,在俯仰指顾之间,从从容容,潇潇洒洒,浑不自觉地完成。"舍我其谁"的英雄气概,与幽默是绝缘的。

晏婴是当年齐国的丞相,是一位杰出的外交家,以能言善对而闻名,但他个子矮小其貌不扬。一次他奉命出使楚国。一见面,楚王就以鄙夷的口气对他说:"你们齐国没有人了吗,怎么派你来了?"

晏婴明知楚王不怀好意,还是心平气和地说:"大王有所不知,齐国虽然人才济济,遮天蔽日,但是向外国派使者却有个规矩:往一流国家派一流的使者,往二三流国家派二三流的使者,我是等而下之的,所以就把我派到贵国来了。"

楚王说晏婴不行,晏婴并不从正面与其争辩,而是顺承其意推导出结论:楚国是等而下之的国家。楚王酿的苦酒本想给晏婴喝,却又回到自己的杯中,只好认输,讪讪地说:"吁噫唏,杰出的人是不能随便取笑的,我乃自讨没趣也。"晏婴随机应变的智慧,为自己赢得了尊严。

幽默是智慧的化身,是人生智慧之源上绽放的最美丽的花朵。许多人喜欢幽默,体现了一种机智与聪睿。增添幽默感的语言,可以运用比喻、拟人、夸张、双关、借代等方式,也可用漫画式的描写。

幽默的语言要从善意的目的出发,做到分寸有度,褒贬适宜,笑而不俗,充满健康而愉快的笑声。用幽默语言表达自己的语言信息,使听众能够拥有愉快的心情来倾听，同时又能在轻松一笑之后明白幽默背后的道理。

优旃是秦朝的艺人，为人正直，有幽默感。秦始皇为了打猎游幸的方便，打算扩大苑囿，方圆几百里。优旃说："很好，这样可多养些禽兽，以后敌人入侵，只要令鹿用角触之便足够了。"显然，这等于让敌人大摇大摆地侵入，国家就要危亡。秦始皇听了这"反话"，取消了扩大猎场的计划。

优旃使用了幽默的话语，表面上是赞同秦始皇的主意，而实际上则是说如果按皇上的主意办事，国力就会空虚，敌人就会趁机进攻，而麋鹿是没有能力用角把他们顶回去的。这样的正话反说，促使秦始皇在笑声中醒悟，从而达到了他的说服目的。

幽默不是正面的说理，而是侧面的笑谈。"幽默是真理的轻松面。"（马克·吐温）幽默有情的酿造，也有理的启迪。幽默最大的妙用，就是不伤情，却要把说的话婉转地说了。幽默提高魅力指数。恩格斯认为，幽默是具有智慧、教养和道德上优越感的表现。幽默大师卓别林曾经说过："幽默是智慧的最高表现，具有幽默感的人最富有个人魅力，他不仅能与别人愉快相处，更重要的是拥有一个快乐的人生。"

美国前总统林肯年少在学校读书时聪慧过人，有一次老师想难住他，便对他说："我想考考你。你是愿意回答一道难题呢？还是两道容易的题目？""回答一道难题。""好吧，那么你说，蛋是怎么来的？""鸡生的。"林肯答道。"鸡又是哪里来的呢？""老师，这是第二个问题了。"

幽默是瞬间闪现的智慧火花，也是人的一种聪明的个性特征。它不仅需要一种快速的反应能力，而且需要一种对事物敏感、想象丰富的幽默气质。而反应的敏捷和幽默的气质，来自广闻博见的知识联想和对生活的深刻体验与观察。曹雪芹说："世事洞察皆学问，人情练达即文章。"洞察社会酌人情世故，这对于增强幽默感是极有帮助的。许多幽默的话语，都是建立在对社会各种事情的真知灼见之上的。如果没有这种真知灼见就无法形成幽默。

幽默是语言艺术的精粹，是人类智慧和文明的产物。讲话幽默、风趣是精彩讲话者必备的素质之一。当你主持一个会议的时候，几句幽默风趣的话语可以打破沉默、尴尬的局面，使与会者在宽松、和谐的气氛中活跃情绪，使会议开得生动活泼。当你同不熟悉的下属谈话时，可以利用诙谐幽默的语言，缓和同下属的紧张关系，拉近同下属的感情距离，使下属畅所欲言。心理学家曾指出，如果你能使一个人对你有好感，那么，也就可以使周围的每一个人对你有好感。当然这不是要你到处与人握手，而是要你以友善、机智、风趣去传播你的信息。

幽默是知识与智慧的产物，需要有丰富的知识、广博的见闻和一定的技巧。它要求博览群书、广泛涉猎，拓宽自己的知识面，从浩如烟海的书籍中收集幽默的浪花，从名人趣事的精华中撷取幽默的宝石，也可看一些语言幽默的书籍，如读一些笑话集、讽刺小说、喜剧剧本等，都是不错的办法。知识积累得多，与各种人接触就会胸有成竹、从容自如，会使人感到亲切和轻松，使心灵得到平衡，保持良好的情绪。

英国作家萧伯纳曾与一家大企业的老板并坐看戏。萧伯纳长得清瘦，而这位老板却又满身肥肉。胖资本家想嘲笑一下瘦作家，说："作家先生，我一看到你，便知道你们那儿正在闹饥荒。"萧伯纳说道："我一看见你，便知道闹饥荒的原因了。"

各民族的幽默其道理都是相通的，那就是：一方面淡化矛盾，消解对抗；另一方面也不回避分歧，即使在虚幻中也要软中有硬，软硬兼施，有时甚至针锋相对，寸步不让，但前提是不导致情绪膨胀。

德国大诗人歌德一日在公园散步，遇到一个曾经尖刻地批评过他的作品的人。此人傲慢地说："我是从不给蠢货让路的。"歌德没有正面反击，相反，他笑着退到路旁说："我却正好相反。"

巧妙地运用比喻，可以生动地表情达意，达到幽默效果。比喻是用具体的、浅显的、熟知的事物去说明或描写抽象的、深奥的、生疏的事物。古希腊哲学家亚里士多德说过："比喻是天才的标志。"培养幽默感必须善于运用联想和比喻，提高想象力、观察力和应变能力。多接触形形色色的人，也能够增强幽默感，谈资丰富，妙言成趣，从而做出恰当的比喻。幽默属于那些心胸宽广、对生活充满热情的人。一个心胸狭窄，思想消极的人是不会有幽默感的。

将对方谈话中使用的概念借用过来,并赋予新的内容,从而产生幽默感。利用语法手段,打破词语的约定俗成,有意违反常规、常理、常识,临时给它以新的解释,或予以歪曲性的解释,把毫不相关的事捏在一起"拉郎配",使因果关系的错位或逻辑矛盾,也会产生不错的幽默效果。

列宁认为,幽默是一种优美的、健康的品质。一位哲人说:"幽默的语言是生命之歌中最曼妙迷人的旋律,是人生智慧之原上绽放的最美丽的花朵,是人们能够从你那里享受到的心灵里的一片艳阳天。"幽默的语言来自纯洁、真诚和宽容,折射出一个人的美好心灵,是生命之中的波光艳影。幽默的领导思路敏捷、反应迅速,能从容不迫地妙语惊人,与下属和群众打成一片,把周围的人吸进你的磁场。

赞美是个技术活

赞美,是一种美好的情感,是人际交往的要素之一,也是一种正能量。战国末期儒家大师荀子说过:君子推崇别人的德行,赞扬别人的优点,并不是出于谄媚阿谀;公正地议论、直接地指出别人的过错,并不是出于诋毁挑剔。赞美也是正能量。

赞美的语言几乎人人都需要,这绝不是虚荣心的表现,而是出于人的自尊的需要。心理学家认为,人人都希望得到他人的赞美,这是人之本性。赞美反映了一个人对另一个人的认可。就连包拯、海瑞,不也喜欢老百姓称他为"青天"吗?

明朝建立后的某一天,朱元璋命画工将江南山川画于殿壁上。画工答道:"臣未遍迹山川,且才识浅薄,不敢奉诏。"朱元璋勃然大怒:"小奴才,胆敢违旨抗命,可否知罪?"于是命刀斧手将画工推出去斩首。

此时画工急中生智道:"陛下息怒,您遍历九州,见多识广,而且是您的江山，您了如指掌，有劳陛下先画个轮廓。"朱元璋一听，果然转怒为喜，挥笔画了一个轮廓，让画工润色。这时画工却说："陛下江山已定，岂可动摇。"没想到，这句话说得朱元璋心头大喜，不但免去了画工的死罪，还赏了他三百两银子。

赞美是对他人成就的认同，对他人人格的尊重。哪怕是一句由衷的赞语，一个敬意的眼神，一下轻轻的拍肩，都会产生意想不到的效果。1971年7月29日，基辛格率代表团秘密访华，进行打破中美中断20年外交僵局的谈判。来华前，尼克松总统曾不止一次地为他们设想这次会谈的情形，以为中方会大拍桌子叫喊"打倒美帝国主义"，勒令他们退出中国台湾，滚出东南亚。为此，基辛格一行非常紧张。

出乎意料的是，周恩来在钓鱼台国宾馆会见他们时，微笑着握住基辛格的手，友好地说："这是中美两国高级官员二十几年来第一次握手。"周恩来简短的欢迎词里蕴涵了高超的赞美技巧。为消除基辛格一行的紧张心理，在严肃的外交场合，他有意淡化其政治角色，不赞美他们在政治舞台上的出色表演，而是抓住其生活、工作中的细微之处，对其语言才能、论文、家庭成员进行了一番巧妙的赞美，亲切、自然、得体。

卡尔文·柯立芝于1923年登上美国总统宝座。这位总统以少言寡语出名，常被人们称作"沉默的卡尔"，但他也有出人意料的时候。柯立芝有一位漂亮的女秘书，人虽长得不错，但工作中却常粗心出错。一天早晨，柯立芝看见秘书走进办公室，便对她说："今天你穿的这身衣服真漂亮，正适合你这样年轻漂亮的小姐。"这几句话出自柯立芝口中，简直让秘书受宠若惊。柯立芝接着说："但也不要骄傲，我相信你的公文处理也能和你一样漂亮的。"果然从那天起，女秘书在公文上很少出错了。

美国某大型公司的一个清洁工，本来是一个最被人忽视、被人看不起的角色。就是这样一个人，却在一天晚上公司保险箱被窃时，与小偷进行了殊死搏斗。事后，有人为他请功并问他的动机时，答案却出人意料。因为，当公司的总经理从他身旁经过时，总会真诚地赞美他"扫的地真干净"。就这么一句简单的真诚赞美，使这个员工心存感激。

领导干部发自内心的赞美、肯定和欣赏，没有半点虚伪，它会比其他的激励方式更有效更及时，是鼓励下级的最好方式之一。赞美水平是高是低，慷慨与否，不在于你说话多少，关键在于你能否抓住对方心理，对症下药，动之以情。赞美别人的要诀，是要赞美他真正在乎的事情，或强调他自己仍缺乏信心的事情。当下属取得明显的工作成效时，他的自我价值得以体现，内心满足感陡升。领导应及时给予真诚赞美，下属不会感到虚假和牵强，能够感受到你的真诚的鼓励，自尊心会得到满足，他会趁热打铁，再接再厉，把工作做得更好。

赞美他人的语言要恰当含蓄，态度要诚恳，尽量使用中性词，不可滥用形容词和副词，不宜言过其实、言不由衷，不可太露骨。赞美他人不等于巴结讨好。若是无原则地对人家肉麻地吹捧，就可能使对方忘乎所以。北魏太武帝拓跋焘很赏识崔浩的才能，聘他为顾问，鼓励他多提建议，敢于进谏。在一次宫廷酒宴上，太武帝让崔浩坐到自己身旁，发自内心地赞扬道："你们看这个瘦弱、手不能弯弓持矛、腿不能驭马驰骋的人，他胸中所怀的却远远超过甲兵之勇。朕开始时虽有征讨之意，但犹豫不能决断，前后连年克敌获捷，都是崔浩引导我的缘故。"

被人适当的赞美是令人喜悦的事情，使人感到人际间的理解，领略到人世间的温暖，使赞美者和被赞美者之间产生良好的心灵交流。美国女企业家玛丽·凯丽说过："世界上有两件东西比金钱更为人们所需——认可与赞美。"有一位心理医生在银行排队取款时，看到前面有一位老先生满面愁苦，衷心的赞美道："先生，您的头发真漂亮！"老先生顿时面容开朗起来了，挺了挺腰，道声谢后一路哼着小曲走开了。

在与群众交往中，恰如其分的赞美是合乎人性的法则。适当得体的赞美，会令人感到开心和快乐，能够拉近人与人之间的距离，成为一个受欢迎的人。每个人都认为自己重要，不愿让人轻视。因此，与人交往时要记住一个重要的法则：让别人感到他很重要。而赞美正好可以让对方感到自己重要。赞美要真诚，要发自内心，要具体，应及时。真诚的赞美对方引以为荣的事情，谈论他值得骄傲的东西，并虚心学习和请教，你可以更好地与其相处。

赞美的方式有直接赞美和间接赞美。直接赞美是当面赞美。间接赞美，或曰背后赞美，很必要，此乃至高的技巧。间接的真诚赞美，效果也是不错的。间接赞美比直接赞美效果好得多。如在言谈之间，提起他以前讲过的事情，表示你认真听过他的话，而且记在心上，会使他愉悦，增强自信。《红楼梦》中，贾宝玉得知史湘云、薛宝钗劝他做官，大为反感，对着史湘云和袭人赞美林黛玉说："林姑娘从来没有说过这些混账话！要是她说这些混账话，我早和她生分了。"凑巧这时黛玉来到窗外，听见贾宝玉说自己的好话，"不觉又惊又喜，又悲又是叹"。结果宝黛两人互诉衷肠，增进了感情。

下属和群众的赞美是对领导的权威和威信的尊重、认可、维护和巩固。常言道："十句好话能成事，一句坏话事不成。"日本有句格言："如果给猪戴高帽，猪也会爬树。"对于自己不太亲近的人，恰到好处地给予赞美，也会使双方增加亲近感。

不失时机地赞美对方值得赞美的地方，适当地赞美对方引以为荣的事情，这是一种认可和支持，能够增强对方的进取心和自信心，也是搞好关系的一种有效方式。著名的心理学家史金纳说，要想达到最大的诱导效果，你应尽可能地在行为发生之后，立即加以赞美。

无声胜有声的"语言"

人们的思想感情会通过身势、手势和视线的接触以及整体的仪态与行为举止等给人以直观印象。通过肢体语言进行人际交往，如一次握手、一次拍肩、一个拥抱，婉转地表达自己的真情实意，又能了解他人的内在心意。

肢体语言，往往是直接体现内心真实意图的表情和行为的反映。肢体语言曾被心理学家迈克尔·阿杰尔称为"沉默的语言"，它对人类的情感沟通起着至关重要的作用。列宁讲话时"不但每一个字都是从他心里发出来的，而且面部的表情更加强了那种感觉"。美国一位记者写的《加快罗斯福》一书中说："在短短20分钟之内，他的面部表情有：稀奇、好奇、伪装的吃惊、真情的关切、担心、同情、坚定、嬉笑、庄严，都有超绝的魅力，但他可不曾说过一个字。"

肢体语言是用来传递信息、表达情感、表示态度的特定身体语言。美国学者费洛拉·戴维斯在《怎样识别形体语言》一文中曾指出，心理学家阿乐·伯特梅拉毕安曾发明一个公式：一个信息的表达总效应 = 7% 语言 +38% 声音 +55% 面部表情。可见，肢体语言占有重要的位置。

1972年2月21日，美国总统尼克松访华，他乘坐的专机中午抵达北京，周恩来和其他接待人员前往机场迎接。当时，中美双方正谋求改善两国的紧张关系。在尼克松步出机舱后，周恩来并没有立即带头鼓掌。周围的气氛顿时紧张起来，其他接待人员都诧异地看着周总理。然而，就在尼克松下到舷梯中央时，周恩来才鼓起了热烈的掌声，这时候，尼克松也微笑着鼓起掌来。

在接下来的欢迎宴会上，周恩来也没有像往常和其他国家领导人碰杯时一样，让自己酒杯上沿去碰对方杯子的中间部分。向尼克松敬酒时，周恩来特意将自己酒杯的杯沿和尼克松酒杯的杯沿持平碰杯。这一次的会晤结束时，尼克松对我方的接待工作，给出"合于礼而不热"的极高评价。"行动胜于语言"，周恩来合理的肢体语言，既尊重了对方又显示了我方不卑不亢的立场。

在沟通活动中，应注意体态语与有声语言的配合一致。有声语言表达清晰、响亮、准确、有感情，同时配合得体的表情、动作、姿态，才能给人留下美好的立体形象。

肢体语言指能够传递某种特定信息的面部表情、手势语，以及其他身体部位的动作等，它在人际交往过程中起着非常重要的作用。善于用可亲可敬、平易和蔼又从容淡定、沉稳大气的肢体语言，是语言的组成部分。

习近平同志笑容满面、和蔼可亲的表情，使他的讲话更多了一份亲和力和感染力。他笑容满面、和蔼可亲的表情,眉宇传神、灵动善融的语态,使他的讲话更多了一份亲和力和感染力;他打着雨伞,卷起湿漉的裤腿,雨中视察工作的神情,更平添了他忘我敬业、勤勉克己的人格魅力;特别是在与普通群众的交流中,他笑呵呵的一句"你比我大,我叫你大姐"温暖无数人的心,他对不认识自己的农家妇微笑地说"我是人民的勤务员",亲切、宽厚、融洽、随性,与民共融互动。

美国总统特朗普曾在共和党初选辩论上,运用了丰富的肢体语言而倍受关注。特朗普把手放在讲台上,整个身子前倾冲着对手,意味着他并不惧怕对方。他往往是手心向上,意思是:我很开放,我就是我,你们可以信任我。当对手说了他不喜欢的事情时,他会努起嘴唇,就像一位要训斥犯错的孩子的家长。

面部表情犹如心灵的屏幕,能够辅助有声语言传递信息,沟通人们的感情。要掌握好善意、温暖的面部表情的诀窍,那就是发自真心、有诚意。为了有效地传递信息、交流感情,运用面部表情自然真实、准确鲜明地反映自己内在的思想感情,避免形成离心效应的傲慢的、讥讽的、油滑的和沮丧的表情。要真诚,不要矫揉造作;要灵敏,不宜呆滞木讷;要鲜明,忌晦涩;要适度,忌夸张;要丰富,忌单调。有人说,人的表情会说话。其实,人的表情比言语更能表露心声。表情是一种辅助语言,言语和表情并用才能让你的表达更生动精彩。

眼语在肢体语言中具有极重要的地位。美国散文作家、思想家爱默生曾说:"人的眼睛和舌头说的话一样多,不用字典却能从眼睛的语言中了解一切。"内心有什么欲望、真意、情感,自然表露于视线上。

人际交往中诸如疲倦、冰冷、呆滞、漠然、轻蔑、惊慌、敌视、左顾右盼的目光都是应该避免的。注视着房间里另一边的人,邀请他参与互动。被邀请的人有意识地凝视回去,通常会被理解是愿意接受邀请。如果被邀请者把目光故意转移开,就意味着拒绝邀请。心理学家将注视着他人称为"视线接触",视线接触多一些,对方会产生好感。有一位女记者在对男性做采访时,常有这种体验:对注视她的男性要比不注视他的男性更有好感。

心理学家研究证明，人的目光交流是情感交流的最佳方式。在人体各种感觉器官可获得的信息总量中，眼睛要占80%以上。内心的激情，胸中的隐秘，审美的情趣，总是自觉不自觉地在不断变幻的眼神中流露出来。说话时要注视着对方的眼睛，显示出自己充满自信。这种目光与目光的注视，实际上是一种心与心的交流与沟通，给听众一种亲和感，增强了讲话的吸引力。如果讲话时眼睛不敢正视对方，会使下属觉得这个领导意志薄弱，容易支配。

应对媒体之路径

在媒体传播渠道日益多样化、传媒技术日益发达的情况之下，与新闻媒体交往如何，是衡量领导干部能力的一项重要指标。重视媒体的作用、运用好传媒的力量，已经成为领导干部的必修课。

在现实生活中，一些领导不善于与媒体打交道，面对媒体缺乏相应的沟通能力和技巧。有的认为干好工作就行了，不必宣传，忽视媒体的作用；有的缺少新闻礼仪，面对媒体人员拍摄时，缺少配合，显露不佳的形象；有的对报纸、电视、互联网等媒体批评、"曝光"，感到威信扫地，心生反感和怨恨，说话不当，言语过激，高高在上，甚至施压制止媒体报道，而被记者反映在报道里，导致出丑。在媒体多元化时代，不会同媒体打交道的领导是不称职的领导。

习近平同志在2009年3月1日出席中央党校春季学期开学典礼时强调，要提高领导干部同媒体打交道的能力，尊重新闻舆论的传播规律，正确引导社会舆论，要与媒体保持密切联系，自觉接受舆论监督。

新闻媒体亦称大众媒体，是指从事新闻传播活动的社会组织。一般来说，新闻媒体包括纸质媒体（报刊）和电子媒体（广播、电视）两种。时至今日，网络媒体已走入千家万户，对人们社会生活的影响日益增大，逐渐成为一种新的媒体类型。

在日常工作中，要加强对新闻媒体相关知识的学习，不断熟悉新闻传播理论和新闻传播史的主要知识，努力掌握新闻传播业务的主要知识和技巧，全面地了解新闻媒体的运作方式和工作程序，积极与媒体沟通，主动进行新闻发布。要树立新闻法制意识，提高认知和解读各种传媒信息的基本能力，培养自我媒介素养和新闻职业道德素养。

通过记者来传递信息，这是领导干部与新闻媒体接触的主要途径。领导干部一定要克服轻视记者、回避采访、盲目应对、蔑视媒体的心理状态，坦诚、客观地面对记者。具体而言，就是要尊重每一位记者。要尊重记者的创造性劳动，为媒体采访报道创造良好条件，营造宽松环境，提供信息源等优质服务。要正确对待媒体所进行的监督，尤其要理性地对待媒体的批评。

接受采访之前，应准备个发言提纲。不管你口头表达能力高低，先搞出一个简要的发言提纲，将思路理一理，列出你将要说的内容，并编上顺序，使要谈的事情条理清楚、中心明确、言之有理、言之有序、言之有据，让记者容易掌握要点，节约时间，提高工作效率。回答记者的提问时，要围绕你提纲的论点展开论述，清晰表明自己的论点和看法。

媒体采访前，要弄清采访的目的，了解记者是哪家媒体的，采访什么，目的是什么，要把这些基本情况弄清楚，给予积极、快速回应，安排采访时间、地点。精心做好准备，包括着装的准备、内容的准备、发布口径的准备，适当地模拟环节，想好应对之策，避免被动接访。如果不能接受采访，或没有明确口径予以答复，也要及时告知媒体。正式采访之前可以适当幽默一下，和记者开几句玩笑，多交流一下，有助于心情的放松。研究表明，人在接受采访的时候，如果前30秒表现得从容镇定，紧张度会下降75%，以后的事情自然会变得顺畅。

在采访中，将你认为最重要的内容，你最想表达的内容先说出来或突出出来，这样可以让记者准确地理解你的核心意思，不会出现误报或不准确的报道。要表现出热情、投入和活力,在摄像机镜头前保持良好的个人形象。

在举止上,要大方适度,态度诚恳。坐姿要端正,挺直腰杆,自然,放松;眼神对着镜头,不要故作姿态。手势要适当、大方,不要频繁动作,不宜抱起双臂。站立时要自然站立,并恰当地使用手势,不要呆若木鸡。面部表情要因题而议,恰如其分。

在记者会上,或单独采访,无论是媒体要正面宣传,还是来找"麻烦",都要积极配合,以平等的态度对待媒体,有礼有节,善待他们,亲切、坦诚,尽量脱稿用自己的话客观地介绍情况,有理有据地回答问题。

谈吐要言之有物,简短而精当,尽量用白话、短句子,少用术语和抽象数据。说话要贴近百姓、贴近生活,善于用比喻、类比,生动形象,善于幽默,使公众能接受、感觉亲切,不讲官话、套话,不要习惯地把党政内部的会议、文件、报告语言挪到接受媒体采访中。应直奔主题,开门见山,不要绕来绕去、画蛇添足。话说得太多,显得啰里啰唆,易出现漏洞,让人节外生枝,授人以柄。

要有选择、策略地说真话,不可避实就虚、模棱两可、不切中实质性问题;不因记者言辞尖锐而面露不快之色、傲慢无理、居高临下、掩饰回避、对记者进行教育训斥和责备;不清楚的信息就说不清楚,一定要待调查核实后再回答;既不要低三下四,也不要说谎,随意糊弄记者。因为说了谎,可能会被人揭穿;谨言慎行,经得起舆论的监督,不可有官僚习气、藐视别人、信口开河、乱下结论。应遵循保密原则,不能违背法律和纪律透露不该透露的信息。

应该遵循"倒金字塔原则",重要的先讲,不重要的后讲。同样一个意思,尽量正面说,最好不用否定词。对自己尚不了解的问题,委婉回绝,不宜敷衍塞责和盲目应对。口齿要清晰,语速要适中,语调富于变化。表情要严肃而明朗,目光有神,不要眼神游移或者躲避记者的目光。不发表个人观点。尤其是面对突发事件、危机事件和来采访负面影响的记者。

回答媒体采访,要把握分寸,遵循适度,不要轻易、草率表态,发表言论必须前后一致，重点要突出，内容要具体，并有一定的信息量。

占据与媒体交往的主动权，绝不能被媒体牵着鼻子走，可以通过回答记者感兴趣的问题，将记者的注意力引导到自己的思路上来。

答记者提问时，将你手头的信息巧妙地告诉记者，不必躲闪回避，千万不要生硬地对记者说"无可奉告"（无可奉告等于傲慢、冷漠、胆怯），也不可简单地加以肯定或否定，更不能以某种理由强硬封口。

回答记者提出的问题，不宜问什么答什么、全按提问者的要求作答，没有一点策略，被记者的提问牵着鼻子走，那就难免有时钻进某些人的圈套，陷于被动。面对公众和媒体一定要讲真话，但真话要有选择，讲点策略，展示睿智。这就决定了回答记者提问不能像回答数学题一样，怎么问就怎么答，直来直去。你是新闻发言人，而不是回答人，要"回应"问题，而不是一定要"回答"问题。就像回答"1+1 = ？"的问题，并不必然要回答"1+1 = 2"，可以根据实际情况，回答"1+1 ≠ 3"或者"1+1>0"。问题既然提出来了，这就考验答问者有没有智慧了。

如何回答敏感问题？可用搭桥法，基本模式是三位一体：回答 + 过渡 + 结论。一是先回答（确切地说是先回应）记者提出的问题，如："你这个问题提得好""不是这样"。二是使用过渡语，把话题转移到自己准备的重点内容上来，从而控制着发布会或采访活动的主动权。如：①这让我想起……②实际上事情是这样的……③请允许我来解释一下……④特别值得强调的是……⑤最重要的一点是……⑥我不会对此妄加猜测……您应当关注的是……⑦不对，请允许我澄清一下……⑧你的这个观点很好，但是我们主要考虑的是……⑨我不知道……我所知道的是……⑩我们可以从这样的视角来看……。三是得出结论，即你必须说的最重要的内容。

对不涉及国家机密的情况，尽快公开，客观分析其中的原因，接受公共舆论监督，争取公众的谅解和支持。对一些符合事实、以改进工作为目的的监督报道，虚心接受，静下心来查找问题，承认工作中存在的不足。面对一些媒体不负责任的宣传甚至恶意炒作时，应向新闻主管部门汇报，请他们出面，积极沟通、协调解决，变被动为主动。

坚持自省乃赢家

在人世间，任何人都是优点和缺点、正确思想和错误思维的综合体。汉代思想家杨雄认为："人之性也，善恶混；修其善则为善人，修其恶则为恶人。"美的、善的与丑的、恶的往往交织在一起，好的因素和不好的因素杂处于心中。道德的特殊性决定它以自律为主，主要靠自身的慎独、自省。经常反省吾身，是及时发现自身不足，推动自己进步的路径。

从前有一个和尚，每做一件善事就会给自己点一盏灯，随着善事的越做越多，灯也越点越多，但是太多的灯产生了太多的影子，甚至让和尚迷失了方向。于是他向一位高僧求助，高僧告诉他，行善之后，只要在心中点一盏心灯就足够了。和尚大悟，原来是因为自己心中杂念未除，用点灯的方式来炫耀自己，从而迷惑了内心，迷失了自己。这是《管理你的内心》书里的一个故事。修身须先正心，正心须自省。

那些认真审视自己，时刻反省自己的人，才可能真正觉悟。检讨自己的行为，多加反省，才可能知道自己是不是合乎道德的标准。如不反省，就无法知道自己的思想、行为中，有哪些地方需要改过，有哪些地方需要发扬光大。"反省是一颗智慧树，只有深植在思维里，它才能与人们的神经互联，为人们提供源源不断的智慧。"夜深人静之时，独处一室之际，自省自身灵魂深处，反思自身优劣，启迪内心良知，克制过分欲望。

北宋时期，赵概和欧阳修同在政务院任职，负责记录仁宗皇帝每日生活与工作的流水账。赵概性情敦厚持重，为人低调，沉默寡言。欧阳修比较张扬，又是大宋文坛一颗冉冉升起的新星，平日里总是以文坛领袖自居。由于性格不合，欧阳修看不起赵概。

后来欧阳修的外甥女与人淫乱，闹得满城风雨。忌恨欧阳修的人趁机攻击欧阳修。皇帝震怒，没人敢为欧阳修辩护，只有赵概为欧阳修上书："欧阳修因文才出众才成为皇上的近臣，皇上不能随便听信谗言，轻易诬蔑他。"有人问赵概:"你不是与欧阳修之间有嫌隙吗?"赵概说:"以私废公,我不能做这种事。"然而,宋仁宗没有听取赵概的谏言,仍将欧阳修贬官滁州。不久之后,赵慨再次上书,要求为欧阳修恢复官职。虽然赵概的请求没有被朝廷采纳,但当时的人们都非常赞赏赵概。通过这件事,欧阳修认识到了赵概的宽广胸怀与高尚德行,对其非常佩服。两人因此成为莫逆之交。

躬身自省是改造主观世界的重要手段,对自尊心是最好的保护,对自身形象是最好的维护,其目的在于使自己的道德修养逐渐达到高尚的境界。赵概的德行如此高尚,得益于他平时能够严谨地克己修身。为了严格要求自己,他曾准备两个瓶子,如果起了善念,或做了好事,他就把一粒黄豆投入一个瓶子中;如果起了恶念,或做了不好的事,他就会把一粒黑豆投入另一个瓶子中。刚开始的时候,黑豆往往比黄豆多。后来随着赵概对自己的磨砺,时时内省,努力克制自己,改过迁善,瓶子中的黄豆渐渐多了,黑豆也随之减少,浩然之气就在他身上一点点地形成了。

人生最大的敌人是自己。人的进步从自我否定开始。当意识到自己的某种缺陷或不足并开始改正时,进步即便是成功了,也要不断否定自己,不固守不合时宜的、错误的东西。每个人都会出错的。当你做错事时,不要固执己见,"一条道跑到黑",也不要装出一副对的样子而掩饰自己。

西楚霸王项羽,其人武功盖世,力能拔山,冲天一怒,四海战栗。但由于从不知反省,最终一败涂地。自己有了过失,不仅有害于自己,也会影响到他人,而且小错不除,将至大错。如果内心关闭了自省的闸门,不去主动自省吾身,就会自我感觉良好,不能正确认识自己,不去及时改正错误,很难正确对待别人的批评,遇到矛盾绕道走,有了问题捂着盖着,就会"我说你听、我讲你从",对批评者或很不耐烦,当面顶回,或文过饰非,推卸责任。

"身是菩提树,心如明镜台;时时勤拂拭,勿使惹尘埃。"这是和尚神秀和慧能的一段对话。佛教界把修行得道的高僧称为"菩提",推而广之,人们又把通过学习、钻研,在学问、知识上达到很高层次的人称为"菩提"。在英语里,"菩提树"一词有宽宏大量、大慈大悲、明辨善恶、觉悟真理之意。人的本心是明净纯洁的,如同明镜一般,但世俗中的纷纷扰扰,会让人生出各种放逸、浮躁之心,让心如明镜蒙尘。修行之人应该时时反省自己,拂去心上灰尘,保持本来真心,这样才能取得真学问,成为一个道德高尚之人。

作为一名党员特别是领导干部,要经常反思修正自己的错误,增强敢于否定自我的勇气和魄力。事实上,意识到自己所犯的过错,诚实地、公开地说出:"我疏忽了""是我错了",并找出错的原因,不会降低自己的尊严和威信,别人会觉得你有素质。应看到自己与领导、同事的差距,看到自己与党政组织要求、群众期望的差距,不孤芳自赏,不自视甚高,既然自己做错了,就必须改,形成自我纠错的能力和习惯,从而形成不断超越自我、完善自我的机制。

古今中外,很多有成就的人,都注重省察自身,以是克非,从而不断取得进步,使人们信赖你、拥戴你。别人的提醒和批评是重要的,但起决定作用的,还是要通过自省这个内因知过改过。一个成功的人,绝对不会总是找借口宽容自己的错误,而是想办法弥补错误或者反省。看到别人贤明,应想到自己有没有不如人之处,见贤思齐,择其善者而从之;发现别人不贤,应自我反省,如有类似的毛病,尽快改之。一个人不原谅别人的错误,总是原谅自己的过错,那就是对自己的纵容,如不警醒,总有一天会酿成无法弥补的损失。有的领导干部刚愎自用,允许自己屡次犯错误,就很难在事业上取得成就。

"伏龙凤雏,两人得一,可安天下。"庞统是位名士奇才,其才能与诸葛亮比肩。在赤壁之战中,智勇双全,战绩卓越。赤壁之战后,刘备封庞统为副军师中郎将,与诸葛亮共谋方略。在《三国演义》第六十二回中,写了庞统辅佐刘备进军西川时出现的一段小插曲——刘备设宴劳军,酒酣之际,刘、庞言语不和,刘备发怒,责问并驱赶庞统:"汝言何不合道理?可速退!"夜半酒醒,刘备想起自己所说的话,感到后悔,次早穿衣升堂,请庞统谢罪曰:"昨日酒醉,言语触犯,幸勿挂怀。"庞统谈笑自若。玄德曰:"昨日之言,惟吾有失。"庞统曰:"君臣俱失,何独主公。"玄德亦笑,其乐如初。

在这个世界上,不存在无所不知、样样精通的人,不存在没有缺点、一贯正确、不出差错的人。只要改正,就会进步。往往有这样的情况:自己对别人的缺点、毛病,看得很清楚;而对自己的缺点、毛病却看不到。印度《五卷书》说:"最难的是自知,知道自己什么能做,什么不能做;谁要是有这样的自知之明,他就绝对不会陷入困境。"应珍视和尽力发挥自己的长处,正视和改变自己的短处,不原谅和及时改正自己的错误,不忽视和克服自己的毛病,使自己成为有理想、有道德、有真才实学、永远立于不败之地的人。

坚持日省吾身,经常剖析自我,是加强官德修养的具体可行的好方法。"吾日三省吾身",这是孔子的弟子曾子的一句名言。在《论语》中还有不少孔子对自省的精辟阐释,比如"见贤思齐焉,见不贤而内自省也"。(《论语·里仁》)意思是看见贤人,便要向他看齐;看见不贤的人,便要自省有没有类似的毛病。荀子说:"见善修然,必以自存也;见不善愀然,必以自省也。"(《荀子·修身》)提高自身素养的一个重要途径,就是在同别人的对照中改进自己。看到别人的优点、长处,就认真进行学习,努力赶上和超过对方;看到别人的不足,认真反思自己有没有这样的毛病,提醒自己引以为戒,不要犯类似错误。宋代朱熹说:"日省其身,有则改之,无则加勉。"他还说:"见人之善而寻己之善,见人之恶而寻己之恶。"

吴玉章是学界泰斗,也是自省楷模。他81岁生日时,写下《自省座右铭》:"年过八一,寡过未解,东隅已失,桑榆未晚。必须痛改前非,力图挽救,戒骄戒躁,毋怠毋荒,谨铭。"

我们身边有些领导同志,党龄时间不短,工作经验丰富,但视其道德修养却不见提高,甚至做出严重违规之事,其素质中的某些弱点,伴随他十几年而依然不变。其主要原因是不注意自身修养所致,特别是忽视了"自省吾身"。

人生立下志向和工作、生活标准之后,还必须用正确的志向和标准每日"三省吾身",严格要求自己。这种反省,把各种外在要求内化为一种自觉行为,时时刻刻对自己的所作所为进行德行上的省察和检视,是一种高度的自觉,是对自己的解剖,是对灵魂的自我净化。这是人生一难,也是人生一宝。通过自省,看自己是否做到了这些标准;反省自己的错误言行,予以纠正;看到别人良好的品德行为,通过自省,以人为师,见贤思齐;看到别人做错的事,当成一面镜子,通过自省,检查一下自己有无同样的行为,反思自己有无犯同样错误的苗头,从别人所犯错误中吸取教训,别犯类似错误。

相对党纪国法的"刚性",自省具有"弹性",没有外在的强制约束,基本上依靠自己的觉悟和"内功"。一个人要有所作为、有所成就,使自己的德行臻于完善,就必须每日自省吾身,经常反思自己的行为,检点自己的作风,敢于和自己"唱黑脸","靠更多的更无情的自我解剖"(鲁迅)。中共早期领导人恽代英自14岁起,便将日志作为最好的修身、求学的方法。有朋友来访,而他又不在,朋友阅其日志,就像恽代英本人接待了他。恽代英还把记载自己缺点的日志晒出来,公示己过,在众人监督下修正自己。这样一种孜孜于自省的态度,让他成为"中国青年的楷模"。

有的人将自省意识等同于严苛的自责,他们对自己的失利求全责备,不仅于事无补,还会加深内心的苦痛。因此,自省也不是求全责备,它是精神层面上的反省,是对灵魂的追问。自省的前提是承认过失。

马克思在回答女儿的"调查"提问时,有一段发人深思的对话。女儿问:"如果您犯了错误,您会轻易地承认吗?"马克思答道:"我随时都在准备着承认自己的错误。"

每天须反省自己,这话听起来有些言重了。事实上,这句话是强我之心的"妙药",如果能坚持实践,会终身受益。经常自省,检讨自己言行,看有没有要改进的地方,就能及早发现自己的过失,不至于铸成大错。如果夜郎自大、敝帚自珍,不能自省,就不能及时发现自己的缺点错误,就总是看到自己的长处而看不到自己的短处,只看到人家的短处而看不到人家的长处。这样发展下去,容易错过改正缺点错误的时机,甚至会病入膏育，积重难返。

镜子能照出人的容颜，而"自省"是一面能"照心"的镜子，能照出自己的灵魂。自省和剖析自己的过程，实质上是内在的自我检查、正确认识自己、不断增强思想道德修养的过程。每次自我反省都是让自己的身心经受了一次道德与智慧的洗礼。

官德比个人道德有着更为丰富的内涵，有着更为严格的要求，这就更需要每一名党员、干部勤于自省，依照共产主义道德原则和道德规范对自己的道德表现作出检查、自我批评和自我解剖，总结经验教训，修正错误，发扬成绩，提高道德认识，坚定道德信念，使自己的道德品质不断升华。

如能每天自省10分钟，问一问自己，一言一行是否符合党员领导干部的标准，有没有不符合党的宗旨、纪律和上级领导要求的言行，有什么过失，哪些需要改进；对照孔繁森、任长霞、杨善洲、廖俊波等先进楷模，应该学习什么，还有什么做得不够的地方；对照一些落马贪官的反面案例，应吸取哪些教训；看看自己有多大的天赋，有什么优势，有什么弱点和不足，有多少资源，能干多少事，该干什么，如何光大自己的长处，是否"今日事今日毕"？那将是善莫大焉，益莫大焉。

许多人都有缺点、毛病，甚至有"阴暗面"，能够自己正视它、揭露它、讲出去，不遮遮掩掩，需要勇气，需要不怕触到痛处。一旦有不健康的、错误的、邪恶的东西在头脑中闪现时，应立即意识到其错误及其危害，自觉抑制之，不使其酿成不良动机、不轨行为。

我们有些领导干部，从事工作时间较长，担任职务多年，但其思想道德修养却不见提高，其素质中的某些弱点、明显毛病，伴随他几十年而不见改变，依然如故。其重要原因，是忽视了"自省吾身"。

一些腐败分子临死前的最后自述，可以发现他们有一个共同之处，都悔恨自己当初不能自省其身，不能保持清醒的头脑，整日陶醉在"表扬与自我表扬"之中，放松了对自己的严格要求。

英国伟大的哲学家培根，亦未能保持晚节。在其晚年任英国大法官期间，当面接受当事人的"礼物"，被议会议员起诉，处以徒刑并罚金。他既不找客观原因,也不狡辩,而是老老实实,低头认罪,用他自己的话来说:"我是这五十年来英国最正义的法官,但给我的定罪却是二百年来议会所作出的最正义的谴责。"

如果被人轻视、冒犯、侮辱、痛恨,你不必责人,首先要有反思自己的勇气和理智,迅速从窝火的心态中"跳"出来,以对方的言行为镜子,退而反省自己:是不是自己的过错,比如太爱抱怨,太爱否定,时常消极,从不听别人的,执迷不悟,无所不知,要求太多,依赖性太强,以损害他人为代价获取成功,做没做亏心事。从多方面找原因,把自身的毛病和问题提到党性和世界观的高度,去剖析、去认识,主动做好沟通和解释,消除误会,增进理解,融洽关系。

周恩来提出"批评自己——批评别人——接受批评"的公式,把批评自己放在首位,把接受别人批评作为落脚点。他对自己的工作经常进行反思,自我总结,自我考察和评价,目的是为了完善自己。他还时常以自己改造的体会和犯错误的教训现身说法,教育干部和群众。尼克松说过:"赫鲁晓夫的吹牛,不过是为了掩盖其自卑的心理;周恩来机警的自我批评,则是自信心充分发展的明显表现。"

深刻体会"吾日三省吾身"的道理,才会使我们多一些自省、自警与自律。用十九大党章、社会主义核心价值体系和道德规范作为自省吾身的重要"标尺",如履薄冰般审省和剖析自己的不足和过失,调整心态,净化心灵,保持崇高的德行,可以使我们无忧无惧、身心轻松愉悦,能培养一种乐观、进取、向上的精神和高尚的人格,专心致志地投入到事业中。

践行正确的交友观

人的一生中总会交一些朋友。没有朋友的人很孤独、不幸福。《礼记·学记》中有这样一句名言:"独学而无友,则孤陋而寡闻。"《三国志》中说:

"大丈夫处世，当交四海英雄"。曹操在《短歌行》中写道："我有嘉宾，鼓瑟吹笙。""2000多年前，中国古代思想家孔子就说，益者三友，友直、友谅、友多闻。中国共产党愿广交天下朋友……"习近平同志引用《论语》中"益者三友"的名句，表达了中国共产党的交友观。（2017年12月20日《人民日报》）

朋友一词在古代有两层意思：同道为朋，同志为友，道不同则难为朋，志不合则难为友。古人把择友交友与道义联系起来，并把道义作为最高的结友标准。交友崇德重义，是中国传统文化的重要价值取向。先哲们很重视朋友之间在道义上、学业上互相砥砺，提倡对缺点错误直言相劝。

荀子把批评自己的人当成良师，把恰当表扬自己的人当作益友，把阿谀奉承自己的人当作敌人（"非我而当者，吾师也；是我而当者，吾友也；谄谀我者，吾贼也。"）。以道义相交，才是真朋友，如同管鲍之情，桃园之义，钟子期伯牙之相知。

俞伯牙是春秋时的音乐家。樵夫钟子期从伯牙弹奏的琴声中，聆听到伯牙的心声，体悟到伯牙的情感，两人相遇又相知，意趣相投。钟子期去世后，伯牙泪如涌泉，傍山崖跌倒，从此不再弹琴。

司马迁因为李陵辩护而遭腐刑时，一些"势利眼"躲他远远的，而老朋友任安却来看他。司马迁感动不已，有感而发："士为知己者死，女为悦己者容"。知己在友情基础上磨合而成，属于人际交往之极品。为报知己，可以奉献一切而不悔。

在选择朋友时，需要深入观察了解，经过从表及里、由内到外、从言到行的观察和感悟，严细选择。孔子曾对如何择友作过深刻的阐述："益者三友，损者三友。友直，友谅，友多闻，益矣；友便辟，友善柔，友便佞，损矣"。大意是：有益的朋友有三种，有害的朋友也有三种。朋友正直，朋友诚实守信，朋友知识广博，就有益了；朋友邪辟，朋友谄媚，朋友巧言善辩，便有害了。交友，无远近之分，无贵贱之别，不以位尊而趋附，不以位卑而疏远，不以异见而憎，不以特性而恶，君子相交，清淡如水，馨香若菊。

汉代时，管宁和华歆都是同窗学友。有一次，两人在园中锄菜，不经意间地里现出一小块金子。管宁见了，挥锄依旧，视之与瓦石无异，华歆则将金子捡起来扔到远处。他俩坐在一张席上读书。有位坐轩轿、戴官帽的官员经过门前，管宁依然读书，华歆却放下书，出去观望。管宁看出华歆对当官做宰相很羡慕，与自己的追求不一样，就把席子割开，与华歆分席而坐，并对他说："你已经不是我的朋友了！"华歆的行为表露出"官本位"观念，为管宁不取，所以他断然绝交，可见古人择友之严、意志之坚。

有的人出言不逊、口无遮拦、为人不丈夫，处事不能将心比心，不经意间伤害了别人，此类人不宜深交。遇事生怕自己吃亏，赶紧躲闪起来，或耍小心眼儿、投机钻营、斤斤计较，此类人也不要深交。要交一个欣赏你的朋友，在你遇到困难时候，安慰你帮助你。交一个有正能量的朋友，在你情绪低落的时候，陪伴你鼓励你。交一个为你领路的朋友，自愿做你的垫脚石，带你走过泥泞、迷雾。交一个肯批评你的朋友，时刻提醒你、监督你，让你时刻发现自己的不足。择善交友、以德交友，多交基层朋友，与群众交朋友，与先进模范、专家学者交朋友，择善言而听，择善行而从。这样才乐莫大焉，益莫大焉。

交朋友的目的是通过与朋友沟通思想、交流感情、向朋友学习、提高品德修养、提升精神境界。孟子特别在意人的品德修炼，他认为交友交的是品德，不能够有什么倚仗——不倚仗年龄大，不倚仗地位高，不倚仗兄弟的势力去交朋友。牙买加有则谚语："腰缠万金，不如有个以命相许的朋友。"

王安石和司马光到了晚年，对他们早年的互相诋毁、互相仇视都有所后悔。王安石曾对侄子说，以前交的许多朋友都得罪了，司马光是个忠厚长者。司马光也称赞王安石，夸他文章好、品德高、功劳大于过错。

鲁迅和瞿秋白的友谊达到了同怀知己的境界。鲁迅一直将瞿秋白视为肝胆相照、同心同德的朋友和同志。瞿秋白从事革命活动中，曾三次到鲁迅家避难。鲁迅曾赠瞿秋白妙联："人生得一知己足矣，斯世当以同怀视之。"其弟周建人说他俩的友谊是生死之交，又极为坦率，开诚布公，携手共进。

第五章 注重交往修为

纵观毛泽东一生，他交友是多方面的、丰富的、健康向上的，既有原则，又有人情味，重情重义，展现了大国领袖宽广的胸襟以及高超的统战艺术，也让我们看到了伟人真诚无私的一面。毛泽东在湖南一师求学期间，遇汨罗学子吴竹圃勤奋好学、学冠群辈，便"视为畏友而深交之"。畏友，当属"多闻"者。有这样的品位高、感情深的朋友，可以交流感情、沟通思想、切磋学问、修养品德、增长才干，就如鱼得水，拥有了精神财富，能使人生的色彩丰富浓郁，感到惬意、畅快、欣慰和自豪。

据《知音新周报》载，对于私人交谊，毛泽东是很讲"朋友义气"的，对一些民主人士是很尊重的。毛泽东一直把宋庆龄当成党的同志看待，彼此肝胆相照，宋庆龄在交往中也真诚直言。

毛泽东从未忘记过那些关心、支援过中国革命的老朋友，向中国表示友好的外国人士坦率、真诚、念念不忘，而且对有着共同理想和信念的兄弟党的领导人热情亲切、不拘形式。1965年1月，斯诺应邀出席毛泽东举行的宴会。席间，毛泽东与他交谈了约4个小时，斯诺是这次宴会中唯一的外国人。宴会结束后，毛泽东这位72岁的老人，亲自把朋友送到新华门前。1970年，在新中国成立21周年之际，毛泽东再次会见了这位中国人民的老朋友及他的夫人，并让斯诺夫妇登上了天安门城楼，站在身边一起检阅了游行队伍。1972年初，当得知斯诺卧病在床、生命垂危，毛泽东又亲自让周恩来派中国医护人员前往瑞士斯诺家中，给予他无微不至的治疗和关怀。

习近平同志和"草根作家"贾大山的"神交"，情真意切、感人至深，保持多年，深厚情谊是那么地纯粹。习近平离开正定多年，始终不忘贾大山，常常写信、寄贺卡，回正定时一定去见大山……在茫茫人海中，能相识、相聚、相知、相处，实在是一种缘分。问候平常却温暖，友谊无形却珍贵，惦记无声却甘甜。珍贵的友谊总是一点一滴凝聚起来的，它包含了许多欢笑、温馨浪漫，许多美好的回忆。

与贤能之友交往，能够养成好习气，犹如进入芝兰芬芳的房室，时间久了反而闻不到其香味。这是因为自己与花香融为一体了，可谓同室芝兰日自芳。友人的一言一笑，一举一动，天长日久，就产生了潜移默化、耳濡目染的效应。多交贤能之友，就会受到良好的道德熏陶和知识启迪。

要交"益友"，首先是为人正直的人，"顺道而行，顺理而言，公平无私"，勇于为人民鼓与呼，敢于为真理论而争。与这样的人交朋友，就能时刻激励自己坚持原则，保持浩然正气，把手中的权力用来为百姓谋幸福。

随便与人交友显得轻率。遇到一味恭维你、投你所好的人，不一定是你的真正的朋友。对一些所谓朋友给的好处，一定要警惕，要知道世上没有免费的午餐。交上坏朋友是一些领导干部走向腐败的助推器，会不知不觉地被拖入浑水，走上人生歧途。如果经常跟坏的朋友在一起，牵住他的不是情和义，而是色和利，就会受到感染，意志便开始消沉，在损友的投其所好中沉沦，丧失党性观念，生活便开始堕落，毁掉个人声誉，殃及党的事业。对那些怀着个人目的拉拉扯扯、搞感情投资的人，对那些特别敢花钱、特别能套近乎的人，对那些趣味庸俗、社会关系混杂的人，领导干部一定要保持高度警觉，绝不能被别有用心之人迷惑、利用。要严格交友原则，不交无德之人，不交无义之人，不交无耻之人。

2015年5月8日，贵州省水利厅原党组书记、厅长黎平因受贿罪获有期徒刑13年。黎平到基层调研时，和正在做水产养殖生意的王某认识了。王某时常出入一些娱乐场所，后来频繁约黎平到某夜总会唱歌，并将包括邓某在内的不同女性介绍给黎平认识。黎平和邓某认识不久，就突破了底线，发生了不正当关系。为了长期和邓某保持两性关系，黎平以资助开店、帮助购房等名义，陆续给了邓某现金共计50余万元……王某这位被黎平当作朋友的人，可以说是把黎平引入了贪腐的深渊。为了获取更多的金钱来挥霍、包养情妇，黎平就想方设法牟取不义之财。法网恢恢疏而不漏。黎平利用职务便利贿赂共计446万元，受到了应有的惩处。

择善而交友，看重交友对象的德行情操，无须水中捞月，无须刻舟求剑，只要相映成辉。择善就是选择那些品行良好、有益于工作、不与自己的职业行为相冲突的对象为友。做到择善的同时，还要做到公私分明，不能用公权力谋私利。要交一个对你指点迷津的朋友,时刻提醒你、监督你,没事愿意唠叨你,让你时刻发现自己的不足。交一个把你放在第一位的人。严格把好社交圈和生活圈的关卡,对那些平时花言巧语、挑拨是非、心怀鬼胎、作风不正的人敬而远之。在与朋友的交往过程中,一定要公私分明,属于公事的一定要秉公办理,决不能感情用事。

  从朋友交往看,稍远一点给双方都留出了余地,能保持一定的新鲜感,还可利用这种空间交一些朋友。交友应做到平淡似水、若即若离,不当面奉迎、投其所好、附言苟和,应当恰如其分,浓淡适度。人与人交往倘若关系太近,必生矛盾。交往过度,就是疏远的开始。要牢记交友之道:保持距离。知道应该与什么样的人交往,保持不同的交往距离,就不会有烦恼了。有了距离的友谊,才有可能其乐融融和天长地久。能经得起考验的、多年保持交往的好朋友之间,是有距离的,不远也不近,不疏也不密,是一颗心对另一颗心的真诚欣赏,是一段情对另一段情的永恒仰望。

  有人把人际交往的距离准则比作"刺猬理论",不无道理。西方有一种"刺猬理论":刺猬浑身长满针状的刺,天一冷,它们就会彼此靠拢,凑在一块。仔细观察后,发现它们之间却始终保持着一定的距离。原来,距离太近,它们身上的刺就会刺伤对方;距离太远,它们又会感到寒冷。只有若即若离,距离适当,才能保持理想的温度,又不伤害对方。

  交往距离,包括心理距离、空间距离、时间距离三个层面,其中心理距离是核心层面,空间距离、时间距离是两个并列的外围层面。人与人之间心理距离的远近,往往通过空间距离和时间距离的远近表现出来。

  人们可以通过交流时间的选择、交往间隔的长短、交流次数的多寡,来表示自己对交往对象的态度、情感。人们可以通过空间距离的远近,来显示交往双方关系的亲疏。空间距离指人们在谈话时相距的空间,距离太远会使对方误以为你是在嫌弃他,太近就会侵略他人的个体空间,忘了应守的界限,因而太远太近都是失礼的。熟人交谈,距离一般是1米。陌生人则在1米以上。交谈对象为关系密切的朋友,距离在0.5米左右。通过对空间、时间距离的巧妙选择,调整交往者双方的心理距离。

法国前总统戴高乐有句座右铭："保持一定的距离。"他的秘书处、办公厅、参谋部及智囊团机构的人员，工作年限都不超过两年，使相互之间保持一定距离，进而确保顾问与参谋的思维、决断具有新鲜感，充满朝气，杜绝顾问与参谋们利用总统与政府的名义来徇私舞弊。保持一定距离的交往，会使人与人之间彼此尊重，增进友谊，会使人际关系正常发展。

人生是航船，友谊是风帆。友谊的升华需要共同的目标、信念、追求和价值取向。浇花要浇根，交人要交心。真正的朋友在精神层面常有默契。话不一定总是投机，却能心心相通。行不一定总是同步，却能志同道合。

培养高雅情趣

生活情趣是一个人的志趣与爱好，是人的内在情感和心理需要的一种表现。党员、干部应将兴趣爱好与个人修养联系起来，一定要爱之得当，好之高雅，爱之有道，好之有度，使其有利于陶冶情操，完善人格。否则，只会给别有用心的人以可乘之机，最终为他人所围猎，乃至折腰、失节、丧志、掉队。

生活情趣是指人们对待生活的态度和志趣，是产生并存在于人们的思想、情感的心理状态，是人的心理特征之一，是人生的组成部分。情趣有雅俗之分、高下之别。健康、高雅的生活情趣，是文明、健康、科学的，是生活的"润滑剂"，工作的"减压阀"，有益于开阔视野、身心健康，在一定程度上体现出一个人的品行和修养，有助于驱散心灵的阴云，提升自身精神境界，增强抵制诱惑的定力，催人上进，使人奋发。保持作风纯洁就要做到生活正派、情趣健康。低俗的生活情趣，则是滋生拜金主义、享乐主义、极端个人主义和颓废腐败的土壤。

北宋书画家米芾有弄石嗜好，达到痴迷的程度。他在涟水做官期间审理一桩命案,由于罪犯是他顶头上司的亲戚,致使批文迟迟未下,这使他愤愤不已。一天,有人带着几块奇石求见,石头小巧玲珑,巧夺天工,世间少见。来人请米芾在命案上高抬贵手。米芾正色说:"我爱石,但更爱百姓,客人不必多说,请回吧。"

一般人的兴趣爱好,可能是生活中的小情趣,业余时间的小调剂。领导干部身份特殊,决定着其兴趣爱好并不是小事、小节。领导干部的生活情趣,其实就是他内在素质的一种外在反映。生活情趣高雅、健康与否,往往影响着领导干部的事业发展和人生轨迹。

身为党员、干部的个人爱好,要比普通百姓面对更多的诱惑和考验。一些党员干部原本很优秀,后来怎么成了"阶下囚"了呢?其往往是从吃喝玩乐这些看似小事的地方起步的。过度沉迷不健康的兴趣爱好,容易"玩物丧志",甚至会成为别有用心之人公关的突破口,其兴趣爱好就成为被人利用、"攻击"的软肋和命门,必将酿成祸端。一些不法商人腐蚀领导干部的一个重要手段,就是通过研究干部的兴趣爱好入手,投机所好,这种伎俩击中了人性的要害。

反观那些陷入腐败深渊的党员干部,由于自身情趣低下,贪图物质享受,往往经不起"酒色财气"的诱惑,出现道德"滑坡":与狐朋狗友形影不离,当作"知己";对妖女色情很感兴趣,视为"知音"。半生清明栽倒在自己的嗜好里,败坏了党风政风。要切实把高尚的精神追求内化为自己的生活态度和生活方式,培养高雅向上的兴趣爱好,摆脱低级趣味;对个人爱好要爱之有度、好之有道,谨慎选择、有所节制,防止玩物丧志,防止个人的爱好成为不法商人攻击的缺口。

党员干部的生活情趣、生活格调和生活品位是否高雅,可以从一个侧面反映出他们的世界观、人生观、价值观,可以判断他的境界、品位和气质,能够看出其对工作、对事业的基本态度,人格是否高尚。"领导干部的生活作风和生活情趣,不仅关系着本人的品行和形象,更关系到党在群众中的威信和形象,对社会风气的形成、对大众生活情趣的培养,具有'上行下效'的示范功能。"2007年时任浙江省委书记的习近平在《生活情趣非小事》一文中写下这么一段话。党员干部对自己的爱好一定要"好之有方、好之有度、好而不露",摆脱名缰利锁的束缚,脱离低级情趣,培养高尚的生活情趣,守得住清贫、经得起诱惑、管得住自己,提升人生境界。

许多仁人志士和革命先辈积极追求健康、向上、高雅脱俗的情趣,体现了对人生真善美的追求和感悟。屈原《离骚》中有"制芰荷以为衣兮,集芙蓉以为裳"之诗句。孔子有赏兰之雅好,曾赞美"芝兰生于深林,不以无人而不芳"。李白赞美:"兰秋香风远,松寒不改容。"唐代徐夤《菊花》:"陶公岂是居贫者,剩有东篱万朵金。"苏东坡"宁可食无肉,不可居无竹"。王安石欣赏梅之傲骨:"墙角数枝梅,凌寒独自开。"周敦颐讴歌荷花之清廉:"出淤泥而不染,濯清涟而不妖。"郑板桥为人品德犹如翠竹清风,坚贞而高洁;他画竹、吟竹,赞美竹子的气质和秉性。陶铸赞颂松树的风格,也是他人格的写照。

毛泽东酷爱读书,还喜欢赋诗、书法、游泳、登山、赏雪、观海等。周恩来住所的西府海棠,是他观赏怡情的心爱之物。方志敏喜爱奇书、骏马、佳山水,青松、翠竹、白梅兰。高雅的生活情趣可以弱化物欲膨胀,催人奋进。保持高尚的精神追求,努力做一个高尚的人,一个纯粹的人,一个有道德的人,一个脱离了低级趣味的人,一个有益于人民的人,你将会拥有与众不同的精彩人生。

舍与得的辩证法

舍弃是深层面的进取,是为了更好地拥有。学会舍弃是为了抓住往往别人忽视的机遇,从而为自己提供施展宏图的舞台,以充实自己,升华人生。勇于放弃是精明的人,乐于放弃是聪明的人,善于放弃是高明的人。

树立正确的得失观,应是每个共产党人始终坚守的底线。焦裕禄、孔繁森、杨善洲、郭明义、廖俊波等先进楷模，为了人民的利益，失去了很多个人利益，却赢得了人民由衷的信赖与称颂，成就了自己崭新的人生高度。

作家毛志英的随笔《李逵的野兔》，叙述了四个事例，蕴含一个哲学道理：失去与获得看似矛盾对立，但又和谐统一；失去未必不好，得到就可能得益于失去。《水浒传》中李逵回家探母，遇到一只好看的小兔，于是快步追逐，没能追到小兔，却加快了回家的进程。美国一位工程师开采石油，因碰到坚硬岩石，坏了好多钻头，于是潜心研究，发明了能穿透硬岩石的新钻头，坏事转化为好事。一位推销员因自来水笔漏水而玷污了合同书，丢了一笔大合同，却研制了专利——派克金笔，获益甚丰。一个和尚挑水，因水桶漏水而没能灌满庙里的水缸，却使得路上的绿草和鲜花得到浇育。

舍弃有时让人难以接受，从感情上、理智上给人的感觉是灰色的、消极的。过度的欲望、不良的行为确实应该舍弃。当嗜取者取得不义之财的同时，就失去了不应失去的廉正。有时不愿意放弃，"剪不断，理还乱"，会导致患得患失。因此，与其背负着你可望而不可即的东西走完人生，不如放弃一些利益和烦恼。对于利与义必须做出正确的抉择与合理的取舍。有的人过于精明，总怕自己吃亏，占了人家便宜；有的人对别人耿耿于怀，动辄贬斥别人，时而占据上风，不愿走出心理误区。

对于涉及个人利害得失之事，去争、去斗，企图从争斗中得到些什么，这样会带来莫名其妙的烦恼，难以言状的痛苦，排解不掉的忧愁。即使有时有所"得"，但失去的比得到的更多。我们要豁达一些，用平淡之心剖析自己，正确处理得与失，不要把得失看得太重。有时得到了，以后怎样，是好是坏，还不知道哩。塞翁失马，谁能晓得是福是祸呢？一只狐狸被猎人套住了一只爪子，它咬断了那只小腿，然后逃命。放弃了一只腿，而保住了一条命。

舍弃只是手段，不是目的。因此，放弃了就不要心痛，要坦然、欣然待之。学会放弃，就是要知道该放弃什么，不该放弃什么。两弊相衡取其轻，两利相权取其重。不可鼠目寸光、急功近利，更不可本末倒置、丢了西瓜拣芝麻。面对各种各样的选择，权衡利弊，对比得与失，然后抉择。选择时考虑那么多的"如何得到"，不如首先考虑和选择放弃。无效的忙碌，诱人的名利，太重的背负，应景的虚名，乏味的应酬，酒肉的朋友，无谓的纷争，消极的情绪，不良的习惯，都应统统放弃。

适时舍弃是审时度势，为适应主客观条件变化做出的明智选择。舍得舍得，有舍才有得。多是负担，是另一种失去。少非不足，是另一种有余。对于失去的东西，不只意味着缺憾，因而不必耿耿于怀、着急心痛，老是放不下。舍弃是对心灵的一种滋养，对心境的一种宽松，是一种超脱，一种睿智，一种豁达，一种明智的选择，为的是更好地获得。"三十六计"中的"走为上"计，列宁的"退一步，进两步"以及日常的俗话"退一步海阔天空"，都说明放弃并不意味着失败和耻辱，不是遁世无为。儒家认为：舍恶以得仁，舍欲而得圣。世上本无事，庸人自扰之。有时候抓住想要的东西不放，却什么也没得到。舍弃也不一定是失，而是另一种更宽阔的拥有。

鱼和熊掌都有诱惑力，但不可兼得。能得到其中一个，就足够幸福了。为了熊掌，可以放弃鱼；为了赢得广阔的生存和发展空间，可以放弃稳定、舒适的环境；为了伸张公平、正义，为了坚持真理、原则，为了实现理想、信念，可以放弃金钱、地位乃至生命。

有些失败者的致命弱点，是渴望着占有，忽视了放弃。由于客观环境限制，人无论如何努力，总会有追求不到的东西。若不能适时舍弃对外物的妄求，精神上可能受打击、遭痛苦，甚至可能走入歧途而丧失已经拥有的。周永康、令计划、徐才厚等贪官，个人贪欲横流，生活腐化堕落，看似得到许多，实则失去了民心，为党和人民所不齿，为历史所唾弃。

树立正确的得失观，决定了其为人行事的基本价值取向。有的人之所以有许多失意、悔恨，就是因为放不下，放不下对功名利禄的追求。放下，让自己拥有一颗平淡、平静、平定的心，以平常的心态看待得失、荣辱，才能摆脱世间纷扰，才是善待自己，善待人生。一个人的快乐，并不是他所拥有得多，而是他计较得少。对于所拥有的，要珍惜，要知足，做到不为私心所扰，不为名利所累，不为物欲所惑。懂得放弃才有快乐。我们之所以不快乐，每天忧郁、无聊、困惑、苦闷、患得患失，是渴望、梦想拥有的东西太多，或者太执着，不思考真正要的是什么，往往因得到了东西而迷失自我。对于那些不该得到的东西，尽管得到了，但不意味着圆满，因而切勿不择手段，一味奢求。背着包袱走路总是很辛苦。

学会舍弃就会豁然开朗，生命会出现"柳暗花明又一村"。善于放弃，是一种理想人生的正确追求，是一种美好情操的锤炼过程，是一种升华，一种境界。有句话很经典：当你紧握双手，里面什么也没有；当你打开双手，世界就在你手中。紧握双手，肯定是什么也没有，打开双手，至少还有希望。放弃对金钱的迷恋、对权力的角逐，放弃对虚名的争夺、无谓的争吵，放弃屈辱留下的怨恨、心中难言的负荷，放下巧伪的面具、防御的铠甲，会使整个身心得到解脱，沉浸到轻松宁静之中，你便能豁达豪爽，保持平和、乐观的心态，去实现人生的价值，与快乐和幸福结缘。因此，从容舍弃不是懦夫专利，也不意味着全盘皆输，放弃同选择一样。世事犹如54张扑克牌，拥有之中便见失去，缺乏当中又有获取。放弃会使你冷静主动，会让你调整思路，变得更有力量。有时放弃，会有一片处女地等待你去开发，会有成功的机会。

不管社会如何变，宽厚待人总是一条黄金法则。吃亏能带来美名，就如占便宜带来坏名声一样。人若太精明，就交不下人，甚至会碰壁的。多一点给予，少一点索取，吃亏是福，让对方觉得与自己的交往是值得的。而要做到这一点，就得做出必要的自我牺牲。如果你想得到别人的信任，那么你要表现得比他们所期待的还要大方，出手越快越好。

付出不图回报，结果更受人尊重和拥戴；如果你只图物质回报，那可能有了物质回报而影响了感情。付出时就想着回报，那么付出时就不可能尽心尽力，就会产生心里不平衡：别付出太多，他忘记了这件事，我就亏了。在平时交际过程中，把眼光看远些，首先讲感情。如果开始就想着不图回报，心理就会平衡许多，而且很可能会有许多意外的惊喜。

世上荣枯无百年

"人生芳秽有千载,世间枯荣无百年。"南宋诗人谢枋得如是说。一个人的名声或德行,不论是清芳还是污臭,千百年后,还会流传在人们心中;然而,人活在世上的光荣或是落魄,一般都不会超过一百年。因此,世间的荣华富贵都是短暂的,只有死后的名声才是永远不朽的。

在字典里,贪指"对某种事物的欲望总不满足",而对执政者而言,以权谋利即为贪。当欲望得不到满足时,就只能痛苦,甚至铤而走险,也就没有幸福可言。在老子看来,人的欲海难填,过多的欲望使人的心性紊乱、损害健康、失去淳朴、任意妄为、恶念丛生,追逐名利财货、败坏德行。老子说过:"祸莫大于不知足,咎莫大于欲得"。人一旦私欲太盛,就会给自己套上精神枷锁,正常的欲望就变为贪欲,有权者就会以权谋私、搞权钱交易、权色交易,官商勾结,贪赃枉法,追求享乐主义,最终丧失自我,被欲望所奴役。

人活在世上,有些东西应该得到,也能够得到;有些东西不该享有,就不能攫取。地球上的资源能满足每个人的物欲,但不能满足每个人的贪欲。《吕氏春秋》有言:"临大利而不易其义,可谓廉也。"唐代武则天《臣轨》赞曰:"廉平之德,吏之宝也。""为政戒贪,贪利贪,贪名亦贪,勿骛声华忘政事;养廉唯俭,俭己俭,俭人非俭,还从宽大保廉隅。"这是清朝官员薛慰农在杭州任职时府衙上的楹联。一首儿歌唱道:不是你的,你不要拿,拿了也白搭。

廉政突出的是操守,勤政突出的是担当。100(政绩)—1(腐败)=0(功劳),一个人干得再好,廉政出了问题,成为阶下囚,所有功劳都没有了。共产党的干部是人民的公仆,也是人民群众的旗帜,为官从政切莫轻视自己的德行。"储水万担,用水一瓢;广厦千间,夜卧六尺;家财万贯,日食三餐。知足常乐，薄酒也矣！宠辱不惊，静看花开树萎；得失无意，漫随云卷雷霆。"党员干部真正做到廉洁从政，以不贪为宝，才能永远立于不败之地。

在落马的贪官案例中，没有一个是因为家庭贫穷而起"盗心"的，而是"身在福中不知福"，为了满足贪婪的心理而不停地贪。有的贪官贪污受贿几百万存入银行而不挥霍，只要一天不被抓获，他们就继续不择手段地获取自己不该得到的利益，犯罪活动就一天不会停止。贪婪心理会使人变质、走向罪恶，掉进痛苦的深渊。尽管如此，有些人还是在继续。

古往今来，贪官手执大小权力，垄断着一方的公共资源，编织着一张盘根错节的关系网，拥有一顶"官官相护"的保护伞，而且有畅行无阻的官场潜规则。然而，贪官们有意无意地降低了生活层次和质量，得不到人生的乐趣，影响了自身可持续发展。祸难生于邪心，邪心诱于纵欲。

贪者所求与所需往往形成巨大反差：储水万担，用水一瓢；大厦千间，夜眠六尺；黄金万两，一日三餐。一个人腐化变质，有个从量变到质变的过程。从心理学的角度说，首先是有了犯罪的心理，然后产生犯罪的行为。党员干部如果放松思想改造，不再自重、自省、自警、自励，参加了第一次的吃喝，就会有第二次的馈赠，就会有第三次的对别人的相帮，就会有第四次的收受别人礼品礼金，这就是一个单一的犯罪细胞的简单生成的过程，贪婪之手一旦伸出，迟早会落个可悲结局。

"细微苟不慎，堤溃自蚁穴""骄纵生于奢侈，危亡起于细微"。欧阳修有句名言："夫祸患常积于忽微，而智勇多困于所溺。忧劳可以兴国，逸豫可以亡身。"小事不小，小中有大，小事可演变成大事。俄国克雷洛夫说："贪心的人想把什么都弄到手，结果什么都失掉了。"一些党员干部的蜕变史，都有一个共同之处：并非一开始就是疯狂地贪财敛财，而往往是从接受请吃请喝请打牌、贪图小利开始的。他们在大礼大贿面前尚能保持清醒、恪守原则、不越底线，但在一些小节问题上失去警觉，如同温水中的青蛙一样，在不知不觉中掉进贪欲的深渊。

近些年，腐败形式凸显多元化。领导干部手中有一定的权力，在钱财、名利上犯错误的可能性总会比一般人大些。有些人为了达到自己的目的，想方设法与你"私交"，引诱你、笼络你。你能不能挡住诱惑、抵御笼络？一些官员放纵自己的欲望，将公共权力当作购物券，任意挥霍；或者将公共权力当作兑奖券，及时兑现。一个人成为贪官，付出的代价太大，实在划不来。贪污受贿时胆大妄为，事过之后又胆战心惊，怕昔日的风光一去不返，更怕法律的无情制裁。这样忧心忡忡，容易大病一场。一旦受到党纪政纪的惩治，轻者警告、降职，重者开除党籍和公职，步履蹒跚锒铛入狱，断送自己前程。那里没有灯红酒绿，伴随他的是吸毒贩的呻吟，死刑犯的疯狂，没有起码的人身自由；声名狼藉，没脸见人；舆论压力很大；家中老人、妻儿非常痛苦，伤心流泪。

中纪委反腐专题片《永远在路上》之《标本兼治》中，谭栖伟被查前与母亲抱头痛哭、蒋洁敏忏悔称自己是中石油的历史罪人……看到别人摔倒了，后面的人偏偏在同一个地方摔倒，这样的个案不少，原因之一是没有吸取别人的教训，"诲尔谆谆，听我藐藐"。这使人想起杜牧的名言："后人哀之而不鉴之，亦使后人复哀后人也。"

人生都是现场直播，没有办法重来。一位专家说："贪官多热衷迷信，多贪图享受，多沉溺自私。迷信使他们在惊恐中麻痹，享受使他们在物欲中沉沦，自私使他们见到金钱美色就无法自控。"贪官走进高墙铁网之中，身边常走过戴着镣铐的囚犯，隔开了迥然相异的世界，过去拥有的地位、权力、事业和荣誉，一切都化为乌有。昨日的座上宾，变为今日的阶下囚，一个不可饶恕的人。

不久前，中纪委监察部网站曝光了原广西壮族自治区测绘局局长陈仲怀忏悔书内容："我努力拼搏一生换来的荣誉、地位，瞬间灰飞烟灭，化为泡影。我后悔，后悔没有自始至终听党的话。我后悔，后悔自己晚节不保，一失足成千古恨。我后悔，后悔自己犯下了不可挽救的违纪违法错误。"陈仲怀连说三个"我后悔"，发人深思。

领导干部要常以"心正，办事公道；手洁，廉洁奉公"约束自己，做到"面对利益不伸手，对下帮助紧握手，见到钱财莫张手，自己工作有一手"。自觉做到不贪不占，清正廉洁，常修为政之德、常思贪欲之害、常怀律己之心，努力做到立身不忘做人之本，为政不移公仆之心，用权不谋一己之私，不要为一时贪利而去强夺豪取，求不义之财，拿别人辛苦之血汗钱，永葆共产党人的政治本色和高风亮节，走在时代前列。

▶ 经典故事 ▶

攻心则反侧自消

诸葛亮在隆中读书时，就以审时度势的睿智，被大名士司马徽称誉为"识时务的俊杰"。他的《隆中对》，是一篇审时度势的范文。

成都武侯祠有一副清代赵藩写的楹联，具有永久的魅力：

能攻心则反侧自消，从古知兵非好战

不审势即宽严皆误，后来治蜀要深思

这副联语既肯定了诸葛亮善于用兵、理政的才华，又从和战、宽严的辩证关系总结了诸葛亮治国方略。上一句所说的"反侧"，意即反复无常，指的是诸葛亮征服孟获安抚西南边疆少数民族的故事。

孟获是南中地区少数民族的首领，在当地极有影响。孟获等人叛乱，严重威胁到蜀汉政权。诸葛亮南征之初，征求参军马谡的意见。马谡献策道："夫用兵之道，'攻心为上，攻城为下；心战为上，兵战为下'。愿丞相说服其心足矣。"诸葛亮采纳了马谡的建议，决定这次出征目的，并不是要把那些叛乱分子斩尽杀绝，占领他们的城池，而是以"攻心为上"，使他们服从蜀汉的统治。

公元225年初春，诸葛亮率领大军出发，到了南方，打听到孟获打仗勇猛，很有威望，于是下了一道命令：只许活捉孟获，不能伤害他。

蜀军和孟获军队交锋，孟获被活捉，押到大营，心里想，这回一定没有活路了。没想到进了大营，诸葛亮立刻叫人给他松了绑，劝说他归降。孟获不服气，说："我自己不小心，中了你的计，怎么能叫人心服？"

诸葛亮笑了起来，说："既然这样，咱们来个约定吧，如果我抓到你七次，你就归顺蜀国，怎么样？"孟获不以为然地答应了。

孟获被释放，回到部落，重整旗鼓，再次组织进攻蜀军，结果又被活捉了。像这样捉了一次，放了一次。诸葛亮连施妙计，恩威并施。到了孟获第七次被捉时，诸葛亮对孟获说："如果你还不服气，我这就放你回去，你可以整顿好人马再打。"孟获却不愿意走了。他流着眼泪说："丞相七擒孟获，信守诺言，说到做到，对我们真是仁至义尽，我打心底里佩服，我们再也不反蜀国了！"于是诚心归顺。

诸葛亮任命孟获做了蜀国的官儿，负责管理南方各部族，他以下的官职也都让当地人担任，从而稳定了蜀汉的大后方。诸葛亮"七擒七纵"，"纵"的是孟获其人，而最终"擒"的是蛮王及蛮方百姓的心。从此，蜀国有了一个巩固的南方。"攻心为上"，一直为后人所推崇和效法。

"不审势即宽严皆误"，是诸葛亮对蜀郡太守法正的回答。在刘备取得益州之后，诸葛亮替他制定政规法令，从严治蜀。法正却提出不同意见，劝谏诸葛亮要"缓刑弛禁"，执法从宽，以汉高祖为法。诸葛亮对历史条件和现实情况作了具体分析，批评法正只知其一，不知其二：施政立法须因时而异——从宽还是从严，需要根据客观形势决定，不能只知行宽惠的好处而不知严法治的重要。

秦王朝横征暴敛，所以汉高祖入关的时候，废除秦朝的严刑苛法，以宽刑省法，解除人民的痛苦。但刘璋统治益州时过于软弱宽大，没有权威，没有法治，导致其统治的瓦解。蜀汉政权是在这个基础上建立起来的，基础、形势都与汉高祖时不同，必须与刘璋反其道而行之，"威之以法"，从严治蜀，才是巩固蜀汉政权之根本。如果不审时度势，不当宽时也宽，不当严时也严，那就要出差错。

第六章
提高群众工作本领

做好新时代的答卷人
领导干部克服本领恐慌八项修炼

>> 领航空间 →

提高与群众沟通的本事

有这样一个经典事例。俄国十月革命胜利后,农民由于仇恨沙皇,要烧掉沙皇住过的房子。干部多次劝告,农民不服。列宁知道此事后,决定亲自和农民谈话。列宁对农民说:"烧房子可以。在烧房之前,让我讲几句,行不行?"农民们说:"请列宁同志讲。"列宁问:"沙皇的房子是谁用血汗造的?"农民说:"是我们自己造的。"列宁又问:"我们自己造的房子,不让沙皇住,让我们农民代表住,好不好?"农民说:"好!"列宁再问:"那要不要烧掉呀?"农民们听明白了列宁讲的道理,就不坚持烧房子了。

沟通,是人们在互动过程中进行信息、知识与情报等交流、传递和交换,并寻求反馈以达到相互理解的过程。经常与群众进行有效沟通,是保持与群众密切联系的基础。领导干部与群众沟通的关键,要解决对群众的感情问题。领导和群众只是分工不同,而无高低贵贱之别。领导干部开诚布公、虚怀若谷,群众自然愿"掏心窝子"、实话实说。要把群众视为亲人,不带权力色彩与群众沟通,不以充满命令式的强硬口吻说教,不能一味地讲深奥难懂的大道理,应时刻以人民群众为主体,话语体现民主性,可以达到相互之间的理解,才能真正为群众所接受和信服。

经常与群众进行有效沟通,是保持与群众密切联系的基础,往往可以起到事半功倍的效果。带着感情与群众进行交流与沟通,以真心待人,靠诚心感人,用热心暖人,把"话"说得入耳入心,比任何华丽的辞藻、美妙的语言、激情的演讲都更为真切、更能深入人心。感情是人际沟通的"金钥匙"。在工作和生活中,感情虽是无形的,看不见摸不着,却往往能解决许多棘手的问题。

《阎明复回忆录》认为，语言是思维的物质外壳，更是心灵的窗户和思想的载体。人们有理由从一个人的话风文风，判断其内心境界的厚薄高下和对事物的洞见程度。毛泽东表达思想的方式很有个性，认识事物本质的能力颇为独到，对语言词汇的选择异常敏感，说话行文拥有特殊的感染力，因而被称为"语言大师"。毛泽东很喜欢讲得深透而又通俗明白、给人耳目一新的话风文风。对枯燥生涩、人云亦云、言不及义的表达，一向深恶痛绝，斥之为"语言无味，像个瘪三"。1958年1月，他下决心改变"这种不良的风气"，专门起草了一个《工作方法六十条》，要求话风文风都应当具有三个特点："准确性、鲜明性、生动性"。

巧妙地使用典故、箴言、格言、谚语、警语、歇后语，可以使文章生动形象，富有美感，说理深刻，增强说服力和震撼力。一次，毛泽东在一篇讲话中引用一个神话故事作比喻，生动地说明了路线和政策的重要，他说：张果老下华山，去蓬莱朝圣，这个人不是凡人，是个仙家啊！他骑毛驴，和我们不同，是倒骑的。走着，走着，遇到了吕洞宾，传说吕洞宾也成了仙啊！问张果老到哪里去？张说："上蓬莱朝圣。"吕洞宾有点惊异地问："蓬莱在东，你骑毛驴向西，怎么得到？"张果老生气了，认为自己有理，反驳道："我的脸是朝着东方的蓬莱的啊！"毛泽东讲完故事后说：即使革命的人，如果路线政策不对，革命还是不能胜利。张果老虽然面向蓬莱，路走错了，永远也到不了蓬莱。（萧克：《永铭在心的亲切教诲》，《人民的大救星——毛主席永远活在我们心中》，第230-231页。）"石油大王"洛克菲勒尤为看重交往能力，他说："假如人际沟通能力也是同糖或咖啡一样的商品的话，我愿意付出比太阳底下任何东西都珍贵的价格购买这种能力。"

只有摈弃官腔、放下架子，用群众熟悉的通俗易懂的语言与群众交流，才能使百姓听得懂、愿意听、记得住，取得相互沟通的效果。毛泽东曾经提倡要用大众的语言，善于把深刻的道理用浅显通俗的语言说出来。在与群众交往时，应当使用群众语言，选择"商量式""调剂式""安慰式""互酬式"等语言，并注意分寸，而不要打官腔、讲大话、讲套话、讲空话、讲假话、讲废话。

必须讲求生动活泼的表达技巧，培养怡人心怀的幽默才能，把握恰到好处的时机火候，使讲话鲜活、生动。要善于用通俗的语言表达理论问题，用群众身边的事讲道理，运用风趣的语言营造宽松的氛围，激发听众的兴趣和注意力。

1954年，时任团中央第一书记的胡耀邦，在会见南阳二中师生时，兴味盎然地念起了他改过的南阳武侯祠中的那副对联："心在人民，原无论大事小事；利归天下，何必争多得少得。"这样的语言，把为群众着想、为群众谋利益的博大胸怀表现得真切感人。

习近平同志认为，领导干部"如何才能提高与群众沟通的本事？说什么话、怎么说话，是首要的问题。如果端着官架子、操着老爷腔，群众避之不及，更何谈与群众融为一体、打成一片？与群众沟通，就是要从改文风、改话风入手，用群众喜闻乐见的语言，甚至熟练运用'土方言、歇后语'，那样才能穿越沟通的壁障，从语言沟通深入到心灵贴近"。（《多长点与群众沟通的本事》，《人民日报》2013年2月5日。）

沟通时，要坦诚相见，放低姿态，用真感情，说真心话，以情动人，不能用不冷不热、矫揉造作的假感情对待群众，不说那些言不由衷的空话、大话、套话和假话；把要沟通的问题想清楚，分清主次，列出纲要，想好细节。向对方传达自己的意愿和想法，需用表达准确、容易理解、把问题说清楚的语言，而不能用含糊不清、产生歧义、艰涩难懂的语言。只有这样，才能在沟通中叩开群众的心扉，达到沟通之目的。

曾在黄土地插队7年的习近平，深知"放下架子，甘当小学生"的道理。习近平同志喜欢面对面地与群众交流。那时县委、县政府的大门是敞开的，许多老农背着粪筐就进来了。习近平同志经常让县委干部走上街头搞随机问卷调查，有时他还把桌子往大街上一支，自己坐在那里听取群众意见。后来，正定形成的许多文件和重大决策都跟这些调研有关。

与群众顺利沟通，要善于与群众加强感情交流。带着感情与群众进行交流与沟通,比任何华丽的辞藻、美妙的语言、激情的演讲都更为真切、更能深入人心。卡耐基说:"将自己的热忱与经验融入谈话中,是打动人的速简方法,也是必然要件。"

只有对群众投入感情,把群众当亲人,才能获得群众的支持和认可。如果在与群众沟通时,领导干部有傲气、官气,毫无感情地与群众沟通,只愿听"报喜"、不愿听"报忧",群众就会从内心里产生抵触情绪,领导干部就很难交到知心的群众朋友,很难了解真实的基层情况,难以达到沟通预期的效果。

应当倾听群众的不同意见,丰富自己的思维,完善决策的思路。如果听不得不同意见,刚愎自用,一触即跳,动不动就训人,让人望而生畏,即使决策在短时间看没问题,但经不起时间的检验。对某些问题的认识出现了偏差或失误,就要敢于承认,自我批评,加以改正。

虚心听人讲话,体谅他人的行为,认真听取对方意见,善纳群言,闻过则喜,体现了领导者的度量,体现了光明磊落的底气,体现了有效沟通的艺术,提升了领导者的沟通能力。有些"坏话"其实大部分是老实话。倘若只喜欢听好话、颂扬话,不喜欢听"坏话",搞"一言堂",那就容易造成决策失误,会把事情搞砸弄糟。

与群众沟通,很重要的方式就是平等的对话。这种对话,不是自以为比群众高明,以教训人的口气说话,而是平等的交流,疏而导之。在对话中有不同看法,要心平气和,摆事实、讲道理,以理服人,达到沟通的目的。要善于引用群众的语言,去与他们交往,感染他们,增加谈话的和谐度,不能用生硬的说教、社论的语言去和人民群众沟通。

人民立场是党的根本政治立场,人民群众是党的力量源泉。要立志做大事,不要立志做大官,不要把升官晋爵作为人生终极目标,而要将为人民谋幸福作为第一追求,多做好事和实事,决不做坏事,让人民满意。一些群众的思维定式中,总觉得领导干部是遥不可及、难打交道的群体,通过"接地气"的走访、"无障碍"的攀谈,让群众打心眼里明白我们是为他们好的,这一抹隔阂也自会消失于无形,搭建起更有利于沟通的桥梁。

如果在群众面前居高临下、威风八面、盛气凌人、自以为是，以权压人，群众就会敬而远之，甚至唯恐避之不及，与群众沟通也就无从谈起。

领导干部要提高语言表达能力，就必须注意向群众学习，用群众熟悉的喜欢的语言跟群众交流。善讲"群众话"，能够在无形中拉近干群的距离，更显贴心和温馨。群众的语言是生动的、鲜活的。"摸着石头过河""发展是硬道理"等表述，凝练而通俗，老百姓听得懂，而且记得住，容易达到相互沟通的效果。通过向群众学习，能够将文件政策的精神要旨理顺、吃透，用接地气、有韵味的"土话"讲给群众听，也能够把广泛收集的"群众话""百姓理"上升到理论层面、制度层面、官方层面，用于服务中心、服务大局。

必须讲求生动活泼的表达技巧，培养怡人心怀的幽默才能，把握恰到好处的时机火候，使讲话鲜活、生动。要善于用通俗的语言表达理论问题，用群众身边的事讲道理，运用风趣的语言营造宽松的氛围，激发听众的兴趣和注意力。

美国总统演讲有两大特点，一是短，二是简单。偏偏是这种堪称"小学生都能听懂"的演讲，最能击中民众"痛点"。2008年，尚未当选总统的奥巴马在新罕布尔发表竞选演讲："我们一定行！"这种演讲风格赢得了人民的欢心。

在信息时代，利用网络非常重要。养成"网络散步"习惯，每天上网浏览一番，随时了解民意、获取信息、开阔眼界、学习知识、思考问题。许多领导干部通过网上论坛、政务微博、在线讨论与群众进行轻松随和的沟通和交流，彼此之间可以讲出心里话、真实想法和做法，受到了群众的普遍欢迎。领导干部一定要学会运用先进的沟通交流工具和沟通方法，以提高与群众进行沟通和交流的能力。

人民网副总裁官建文说："一个上网、知网、懂网的领导干部，信息更灵，眼界更宽，更了解社情民意。上网还能增加干部的号召力。那些敢于、善于跟网友交流的领导干部，可能更有影响力和号召力。"对于网上有些偏激的观点，客观、冷静地看待；对网民的跟帖，认真阅读、分析，不要认为是情绪之言而轻视，应从中获得收益和启发。应该始终让公众感觉你友好、亲和、理性、谦虚、自信、放松、开诚布公、状态良好，切忌给人以自满狂妄、消极推诿、过于紧张的感觉。

惠民安有息肩日

一个政党，一个政权，其前途和命运最终取决于人心向背。密切党群、干群关系，保持同人民群众的血肉联系，始终是我们党立于不败之地的根基。领导干部得用较多精力考虑民生问题、考虑群众生活，而不是天天想工程项目。习近平同志要求："领导干部要坚决反对特权思想、特权现象，保持对人民的赤子之心，坚持工作重心下移，扑下身子深入群众，面对面、心贴心、实打实做好群众工作，着力解决群众反映强烈的突出问题。"做到了总书记的要求，就会使群众在发展中有获得感。

郑板桥任山东潍县知县时，耳边常听到民间疾苦，曾作过一首画中诗，体现了浓厚的感情色彩，字里行间跳动着情感的脉搏："衙斋卧听萧萧竹，疑是民间疾苦声。些小吾曹州县吏，一枝一叶总关情。"卧在衙门的书斋里听外面竹叶沙沙地响动，似乎是百姓饥饿叫苦的声音。身为知县，从萧萧的竹声都牵动着感情，联想到百姓在饥寒交迫中挣扎的呜咽之声，充分表达了一个清官关爱百姓、忧思民间疾苦的心境，其忧思百姓的真情令人感动，其心系黎民之情怀让人难忘。

习近平同志多次引用郑板桥的这首诗。他说："要始终与人民心心相印、与人民同甘共苦、与人民团结奋斗。"他强调，做好群众工作必须贯彻全心全意为人民服务的根本宗旨，从人民群众最关心、最直接、最现实的利益问题入手，努力解决学有所教、劳有所得、病有所医、老有所养、住有所居的问题，真心实意为群众谋利益，扎扎实实为群众办实事、办好事，这是密切党群关系的根本所在。

中国共产党从来不局限于眼前利益，从来都登高远望，将人民对美好生活的向往作为奋斗目标。人民群众是我们的生存之本，是我们的力量之源，离开了人民群众，我们将一无所有。党执政后的最大危险是脱离群众。前苏联共产党在拥有20万党员时取得革命胜利，在拥有200万党员时取得反法西斯战争胜利，有那么深厚的文化传统，那么强大的国家机器，还拥有2000万党员的庞大队伍，却丢失了政权，根本原因是脱离群众。十八大报告提出，我们党面临着四种危险，其中一个是脱离群众的危险。十九大报告有43处提到群众。习近平同志在十九大报告中提出，要深刻认识脱离群众危险的尖锐性和严峻性，明确要求把党的群众路线贯彻到治国理政全部活动之中。

群众对领导干部如何从政和为官的"期望值"很高，对大小贪官的贪腐行为，是非常痛心和失望的。群众期盼领导干部不做贪官、不当庸官，甩掉工作中的"花架子"，遏制心中的"享乐欲"，根治生活中的"奢靡病"，破除脑子里的"官本位"，严以用权，廉洁从政，苦干实干，多为老百姓做实事。

一些领导干部存在形式主义、官僚主义问题，归根结底是宗旨意识不强、群众观念淡漠、内生动力不足。要从思想上解决好"为了谁"的问题，激发党员的主体性、积极性，唤醒其内在动力。理想信念教育要真正内化，融入党员干部灵魂与生命。十九大报告要求，党员干部要不忘初心，牢记使命。以坚定理想信念宗旨为根基，挺起共产党人的精神脊梁，解决好世界观、人生观、价值观这个"总开关"问题。

习近平同志《之江新语》有言："当干部的，不能老是想着自己的升迁。'莫道昆明池水浅'，一个干部，无论处在什么岗位，只要心系群众，都可以做出一番事业来。县委书记的榜样焦裕禄，'官'有多大？但他的形象是十分高大的。当干部，不求'官'有多大，但求无愧于民。"习近平同志指出，"心无百姓莫为'官'"。因为"离开了人民，我们将一无所有、一事无成；背离了人民的利益，我们这些公仆就会被历史所淘汰""群众在党员干部心里的分量有多重，党员干部在群众心里的分量就有多重"。

这些朴实的字句间洋溢着对人民群众的深厚情感。

共产党的性质和宗旨决定了我们的感情倾向和感情基础。看一名领导干部素质高不高，更多的体现在他对人民群众的感情深不深、为人民群众办事多不多。我们不论职位高低、权力大小，都必须忠于人民，不能忘记群众利益、群众路线、群众力量和群众智慧。这是共产党员约束自身行为的最高准则，是党员干部价值观的主要内涵，是必须坚持的执政理念。党员干部要以民为本，永葆赤子之心，不移公仆之志，不忘责任之重，把群众的小事当成自己的大事、天大的事，有益于人民，无愧于使命。

为人民谋幸福，就要亲民、爱民、敬民，更要为民。满足人民日益增长的美好生活需要，是广大党员干部奋斗的目标和方向。勤政廉政、造福人民是为官者的本分。2018年3月7日，习近平同志在广东代表团参加审议。他强调："共产党就是为人民谋幸福的，人民群众什么方面感觉不幸福、不快乐、不满意，我们就在哪方面下功夫，千方百计为群众排忧解难。"党员干部与群众的关系，犹如鱼水之间的生命交融，好比种子与土地之间密不可分。我们要与群众的"零距离"接触中，不听"恭维话"，多听"真心话"，了解群众的喜怒哀乐、悲欢离合，爱群众所爱，恶群众所恶，想群众所想，急群众所急，办群众所盼，同群众保持密切联系，深深根植于人民群众之中。

全心全意为人民服务，不但要有群众观点、群众方法，同时还要有群众工作本领。党员干部要多与群众打交道，在与群众交往中锻炼本领。要从群众中来，到群众中去，多调查研究，将群众提供的素材总结提炼，把群众智慧集中起来，作出正确决策，解决实际问题，这是做群众工作的重要能力。习近平同志2015年7月6日在中央党的群团工作会议上的讲话中指出："历史经验告诉我们，群团干部要由知群众、懂群众、爱群众的人来当，要有做群众工作的本领和经验，懂得群众的语言和习惯，熟悉群众的愿望和心声，善于运用新形势下群众工作方式方法。"

习近平同志主政以来，在太行山深处一贫困村与村民炕头话家常，在兰州养老餐厅为七旬老人端饭，在北京街头庆丰包子铺排队买包子、和百姓一起吃包子，在湖南湘西询问一位老人的年龄后说"你是大姐"，他在雾霾天去南锣鼓巷不戴口罩与百姓同呼吸共命运，在冰天雪地的边疆慰问战士等，这些都深刻体现了总书记亲民、爱民、善民的一面，展现了卓越领导人的魅力，表明作为人民公仆，就应该有这样一种立场、态度和感情。

总书记2018年1月5日在中央党校开班式上重要讲话中指出："领导干部要坚决反对特权思想、特权现象，保持对人民的赤子之心，坚持工作重心下移，扑下身子深入群众，面对面、心贴心、实打实做好群众工作，着力解决群众反映强烈的突出问题。"我们要尊重人民主体地位，把人民放在心中最高位置，心里装着群众，凡事想着群众，一切为了群众，使政绩体现在群众的利益中，使力量来自群众的支持中，使赞语来自群众的口碑中，从为群众谋利益的勤恳工作里，从为实现"中国梦"的努力奋斗中，实现人生价值。

习近平同志用实际行动努力让百姓梦想成真，一句"人民对美好生活的向往就是我们的奋斗目标"的背后，是"时间都去哪儿了"的感慨和"夙夜为公"的工作状态。以习近平同志为核心的党中央用实实在在的脚步走近群众，其背后折射的是共产党人执政为民的本色，反映出共产党人永不忘记党的执政根基。泰戈尔说："人的永恒的幸福不在于得到任何的东西，而在于献身于比自己更伟大的事业。"党员领导干部无论在哪个岗位和地方，无论担任什么职位，都要时时刻刻牢记自己是一名共产党员，像焦裕禄那样，政治坚定，秉公用权，为民用权，按规则、制度、法律行使权力，任何时候都不搞特权，不徇私情，求真务实，追求卓越。

优秀县委书记廖俊波的感人事迹在全国引起强烈反响。有些群众遇到难题找廖俊波帮忙，他每一次都不厌其烦、帮忙到底，令人感动。刁桂华是一家食品饮料企业负责人，2011年交纳了土地出让保证金后不久，被外地有关部门非法拘禁，等到恢复人身自由时，交纳土地金的时限已过，需要交纳一大笔滞纳金。她走上了漫漫信访路，直到2015年底遇上接访的廖俊波，终于看到了一线希望。"廖市长的声音特别温暖，多次利用周末时间向我了解情况。"2016年"五一"假期，廖俊波冒着大雨，打出租车过来察看被泥石流掩埋的旧厂房，浑身淋透了。很快，廖俊波帮她拿到了新拍土地的使用证，在他去世前不久，还一直在过问开工许可证拿到了没有。

应求奖杯多，更求口碑好。"这奖那奖不如人们背后夸奖，金杯银杯不如大家心碑口碑。"俯下身做人民的牛，站起来当人民的伞，待到晚霞烂漫时，金杯口碑颂。应纠正只要个人利益而不要群体利益的倾向，使用权力不要掺杂任何私欲和私利，工作多做一些不要觉得吃亏，待遇稍差一点不要感到委屈，要为党和人民的事业勇挑重担，以个人的辛劳换取人民的富裕。为人处世多一些人格品位，少一点市侩习气，给人留下好的名声，决不做那些让人指脊梁骨的事情。

当岁月和无悔在一起，岁月才留下闪光的足迹。共产党员和领导干部要以先进人物为镜，代表人民掌好权、用好权，砥砺为民之志，善谋富民之策，多办利民之事，让人民身受其惠，毫无保留地贡献自己的聪明才智，为人民建功立业，实现人生价值的最大化，把自己的名字留在人民心中，向人民交上合格的答卷，这才是为政者履历中最精彩的一笔。

群众路线永铭心

人民群众是社会活动的主体和历史的创造者，是共产党执政的靠山、智慧和力量。纵观世界上那些曾经显赫一时的大党、老党，之所以沉寂甚至垮台，从根本上说，是失去了人民的支持。历史的教训深刻启示我们：脱离群众，我们就会失去根基、失去血脉、失去力量。

习近平同志在党的十九大闭幕会上的讲话中指出："全党同志一定要永远与人民同呼吸、共命运、心连心，永远把人民对美好生活的向往作为奋斗目标，以永不懈怠的精神状态和一往无前的奋斗姿态，继续朝着实现中华民族伟大复兴的宏伟目标奋勇前进。"

第六章　提高群众工作本领

我们党是靠群众工作起家的，群众路线贯穿于党的事业的始终。中国共产党的诞生，就是把为人民群众谋利益、同人民群众同甘苦共命运作为自己的最高准则。在第二次国内革命战争时期，中国共产党人把群众观点转化为领导方法和工作方式，逐步形成党的群众路线。坚持群众路线是共产党人不可须臾离开的法宝。

群众路线是党的领袖们的一贯思想。毛泽东同志是党的群众路线的主要创立者。1929年9月，由陈毅起草、经周恩来审定的《中央给红四军前委的指示信》中三处提到"群众路线"，即筹款工作要"经过群众路线"，没收地主豪绅财产要"经过群众路线"，红军给养及需用品问题也要"渐次做到由群众路线去找出路"。充分相信群众，坚定依靠群众，密切联系群众，从群众中来，到群众中去，一切为了群众，是毛泽东领导中国革命和建设的经验总结。1929年12月，毛泽东在古田会议决议中指出：党的工作要"在党的讨论和决议之后，再经过群众路线去执行。"

领导和群众相结合，要坚持"一来一去"。毛泽东说：在我党的一切实际工作中，凡属正确的领导，必须是从群众中来，到群众中去。如此无限循环，一次比一次地更正确。对此，毛泽东还说过："领导者并没有什么了不起的本事，他的责任就在于替人民群众当传达员，把大家的意见和反映的情况加以分析、研究和总结，作出正确的决定。然后，又将党委的决定传达到群众中去加以贯彻执行。"

中共中央《关于建国以来党的若干历史问题的决议》，第一次把群众路线确定为毛泽东思想三个"活的灵魂"之一。他指出："群众是我们力量的源泉，群众路线和群众观点是我们的传家宝。"

习近平同志高度重视作风建设和群众路线，他认为群众路线是党的一切工作的根本路线和生命线，而群众路线教育活动强调"为民、务实、清廉"，这是对毛泽东群众路线的丰富和发展。党的思想路线、政治路线和组织路线形成和发展的基础，都是人民群众的实践。党的思想路线、政治路线和组织路线，必须充分体现人民的意志和利益。如果离开了群众路线这条党的生命线，离开了一切依靠人民群众、一切为了人民群众这样一个基本点，党就不可能有正确的思想路线、政治路线和组织路线。

1982年，习近平同志主动放弃北京优越的条件，义无反顾地从中央军委办公厅再下基层，来到河北正定县。当时许多人都不理解他的选择。1983年，任县委书记的他，甚至临时在大街上摆张桌子就开始听取群众的意见，身体力行和老百姓打成一片，他用行动表达了自己内心深处对人民群众的深情和挚爱。

在正定工作期间，习近平同志曾经以"平民书记"身份跑遍了正定的每一个村，骑车下乡、街头接访、与群众促膝谈心……以"平民书记"的风范，同群众建立了深厚感情。"想起当年天天和同志们在一起，一起聊、一起想、一起干，对乡亲们的喜怒哀乐都有直接的了解和感受，"习近平同志说，"触景生情、浮想联翩，在正定的往事像电影一样历历在目。"他放低姿态，扑下身子，把自己当作一名普通的农民，与农民拉家常，拉近与农民群众的感情，从小事做起，真正将自己融入到农村中，融入到村事中，让农民看到、让群众明白，自己是真诚为他们服务的，这是共产党人多么可贵的品格。

密切党群、干群关系，保持同人民群众的血肉联系，始终是我们党立于不败之地的根基。一个政党，一个政权，其前途和命运最终取决于人心向背。如果我们脱离群众、失去人民拥护和支持，最终也会走向失败。这是习近平同志在十八届中共中央政治局第一次集体学习时讲的话。

近些年，仍然有些人，不知道自己是谁，从哪里来，为谁服务，不懂得群众是"上帝"、是"铜墙铁壁"、是真正的英雄，显得幼稚可笑，不懂得起码的知识。有的对群众的意见和建议，该直接回应的，却"兜圈子"或"泥牛入海无消息"；有的在群众面前胡言"你是替党说话，还是替人民说话"，有的抛出"没有强拆，就没有新中国"，如此等等。高高在上，妄自尊大，沾染官僚习气和市侩作风，把自己看作群众的主人，看作高踞于"下等人"头上的贵族，无视"水能载舟，亦能覆舟"，那么，恪守党的宗旨就会成为一句空话，到头来只能失掉民心，让群众寒心。

习近平同志在十八届中央纪委二次全会上发表重要讲话强调，工作作风上的问题绝对不是小事，如果不坚决纠正不良风气，任其发展下去，就会像一座无形的墙把我们党和人民群众隔开，我们党就会失去根基、失去血脉、失去力量。

人民群众是我们的生存之本，是我们的力量之源，离开了人民群众，我们将一无所有，一事无成。习近平同志高度重视作风建设和群众路线，他认为群众路线是党的一切工作的根本路线和生命线，而群众路线教育活动强调"为民、务实、清廉"，这是总书记对毛泽东群众路线的丰富和发展。

群众工作是我们党的传家宝。我们党97年的历史反复证明，什么时候认真贯彻执行党的群众路线，自觉定位人民公仆的角色，保持同人民群众的血肉联系，党的事业就能走向成功、走向胜利；反之，什么时候背离党的群众路线，党的事业就会走弯路，就会给革命和建设事业带来不可挽回的损失。

党和人民群众的关系，就是鱼和水的关系。党的思想路线、政治路线和组织路线形成和发展的基础，都是人民群众的实践。党的思想路线、政治路线和组织路线，必须充分体现人民的意志和利益。如果离开了群众路线这条党的生命线，离开了一切依靠人民群众、一切为了人民群众这样一个基本点，党就不可能有正确的思想路线、政治路线和组织路线。十九大新《党章》指出："党在自己的工作中实行群众路线，一切为了群众，一切依靠群众，从群众中来，到群众中去，把党的正确主张变为群众的自觉行动。"

习近平同志指出：坚持群众路线，就要坚持全心全意为人民服务的根本宗旨；在任何时候任何情况下，与人民同呼吸共命运的立场不能变，全心全意为人民服务的宗旨不能忘，群众是真正英雄的历史唯物主义观点不能丢。习近平同志强调，"心无百姓莫为'官'"。"离开了人民，我们将一无所有、一事无成；背离了人民的利益，我们这些公仆就会被历史所淘汰"，这些朴实的字句间洋溢着对人民群众的深厚情感。

《福建日报》刊发的《群众的赞许最甘甜》一文回忆了习近平在闽工作期间，身体力行践行群众路线，倡导推动"四下基层"等事件的经过。

文中提到，在闽东，他曾披荆斩棘步行两个多小时，深入寿宁县下党乡，现场解决发展难题，为下党乡注入致富源动力。习近平主政浙江期间，浙江省曾专门为四套领导班子配备律师顾问团，陪同下乡接访。

一名曾多次陪同习近平同志下乡的杭州律师回忆了与他一起"钻矛盾窝"的经历。2006年8月16日，习近平赶到衢州市衢江区工贸职校。当天设立了土地拆迁、劳动和社会保障、基层组织建设及反腐败、涉法涉诉等15个来访接待室。由于事先已通过当地新闻媒体播报并张贴了公告，当天赶来的民众几乎挤满了临时设立的接待室。无论是从40多公里外赶来的山民还是老干部，习近平同志都亲自接待。"仅当天上午，习书记和整个接访团就接待了300多人次来访群众，当场解决了70多个问题。"

习近平同志担任浙江省委书记后，他的一些举措给人留下深刻印象。他提出"下访"。他在福建宁德任地委书记时，曾主张变民众上访为领导下访，主动到基层解决问题，化解矛盾。他将这项制度带到了浙江，提出到群众中去、到基层去，到当地去开门办公，直接跟老百姓沟通、接触、互动。如果是当场能够解决得了的问题，就当场解决；如果当场解决不了的问题，就记下来。

习近平同志《干在实处 走在前列——推进浙江新发展的思考与实践》有言："我们的方针再正确，如果不被群众理解，也难以贯彻施行。如果群众不听，你就先跟着群众走，群众跳火坑，你也跟着跳下去。群众觉悟了，从火坑里爬出来，最终还是要跟你走。群众跳，你不跳，干群关系就疏远了。你一起跳，感情上拉近了，工作就好做了。"（2005年1月13日《人民日报》"声音"专栏）

2013年4月19日，中央政治局召开会议，决定从2013年下半年开始，用一年左右时间，开展党的群众路线教育实践活动。习近平同志在党的群众路线教育实践活动工作会议上发表重要讲话时强调，我们必须看到，面对世情、国情、党情的深刻变化，精神懈怠危险、能力不足危险、脱离群众危险、消极腐败危险更加尖锐地摆在全党面前，党内脱离群众的现象大量存在，集中表现在形式主义、官僚主义、享乐主义和奢靡之风这"四风"

上。我们要对作风之弊、行为之垢来一次大排查、大检修、大扫除。

从6月18日起,按照"照镜子、正衣冠、洗洗澡、治治病"的总要求,党的群众路线教育实践活动在全党全国深入展开。2013年6月22日至25日,中共中央政治局召开专门会议,对照检查落实中央八项规定情况,带头查摆"四风"问题,率先开展批评和自我批评。教育实践活动中,七名中央常委两个批次分别选择一个省区和一个县作为联系点,亲自指导,为全党教育实践活动作出示范。各地区各部门各单位以整风精神开展批评和自我批评,对准焦距,抓住要害,深刻剖析和检查自己,开展诚恳的相互批评,集中解决形式主义、官僚主义、享乐主义和奢靡之风"四风"问题。"广大党员、干部深入查摆问题,深挖问题根源,自我剖析触及了痛处。上下级之间不顾忌身份、不隐瞒观点,提意见开诚布公。领导班子成员脱去'隐身衣',捅破'窗户纸',相互批评不留情面。专题民主生活会和组织生活会敢于揭短亮丑、真刀真枪、见筋见骨,点准了穴位,戳到了麻骨,开出了辣味,起到了脸红心跳、出汗排毒、治病救人、加油鼓劲的作用。"

各地区各部门各单位以此为契机,大力推进领导联系群众制度,完善干部选拔任用制度、干部考评制度、行政问责制度、民意表达制度等制度,从落实制度上保障群众路线的落实,向实处使劲,往细处用力,从严处较真,在党的建设史上写下重要一笔。

力倡"马上就办"

明朝刘元卿《贤奕编》载,一人见雁飞来,准备弯弓去射,一边自语:"射下来煮吃。"一旁的弟弟急忙说:"鹅煮了好吃,飞翔的雁烤了吃好。"这人就放下弓箭,与弟弟争论起来。两人争无结论,就去请社伯评理。长者建议把大雁分成两半,一半煮一半烤,两人都同意了,随后兄弟俩再去找天上的飞雁,飞雁早已飞走了。这个故事耐人品味。

电视剧《亮剑》里,李云龙同赵刚商量搞一个特别小队,挑选会武功的战士。赵刚说:"那好,这事你尽快去办!"李云龙说:"不用尽快,我马上就去办。"西点军校二十二条校规中,极重要的一条就是"立即行动"。

"马上就办"是马克思主义发展观、实践观、群众观的有机统一,是我们认识新事物、适应新常态、解决新问题的有效方法。马上就办,体现了一种鲜明的时代特色,它是问题导向下产生的一种创造性的执政理念,展现出好事快办、实事办好的工作态度,让问题迎刃而解,展示人民公仆的良好形象。对群众的事"马上就办",体现了责任当前敢于担当作为、努力奋斗的精神风貌,彰显了亲民为民爱民情怀,密切了党同人民群众的血肉联系,夯实了执政基石,提升了人民群众的获得感和幸福感。

"马上就办"的重要思想,生动体现了雷厉风行、真抓实干的执政理念和永恒的时代价值。机遇面前不"马上",错失机遇可能就更难办;"天时地利人和"时不知道"趁势",拖延行动可能就会事倍功半。一位市委书记认为,要运用"搬石头"工作法抓落实:当开车途中遇有石头挡路,就要下车把石头搬走,自己搬不动就请人或用机械,实在搬不动就绕道走。假如不下车不动手不求助,坐等石头风化,等到地老天荒也不能前行。我们无时无刻不遇到各种阻碍发展的"拦路石",要拿出逢山开路、遇水搭桥的劲头,千方百计搬走"石头",打通前进道路。

有个报道认为,"搞盆景"不是真正地干事,是违背实干精神的。习近平指出:"不办实事,老百姓的信任感就会降低。我当了7年农民,最大体会就是老百姓看干部就看实在不实在,老百姓就怕空洞无物、不干实事。"

我们的权力是人民赋予的,必须真正把它用来全心全意、诚心诚意为人民办实事,待人讲真情,办事要认真,敢于担当,雷厉风行,办就办成。习近平同志从基层走来,深知民生疾苦。在福州工作时,他对百姓的事时时放心不下,坚持从人民的需要出发"马上就办",为群众办了许多实事好事。"马上就办"是针对拖拉扯皮、明日复明日,针对敷衍了事、当一天和尚撞一天钟,针对不负责任、官僚主义而提出的。"我们要办的事很多,要为改革开放提供一个良好环境,这就需要提倡一种满负荷的精神,反对拖拉扯皮和人浮于事,提高办事效率,做到今日事今日毕。"(《实干才能梦想成真——习近平同志在福州工作期间倡导践行"马上就办"纪实》,《秘书工作》2015年第2期,第5页。)习近平同志当年对一些机关工作人员办事提出的要求,至今仍有指导意义。

1991年1月14日,《福州晚报》上刊登了一则消息——《我们也需要一本"市民办事指南"》,反映了群众对提高机关服务水平的呼声。习近平同志当即指示市委政研室着手编写,并第一时间在报纸上发布消息向群众反馈,前后只用了50个小时。

1991年2月20日,在福州市委工作会议上,习近平同志第一次向全市干部明确提出,"要大力提倡'马上就办'的工作精神,讲求工作时效,提高办事效率,使少讲空话、狠抓落实在全市进一步形成风气、形成习惯、形成规矩。"围绕"马上就办"这四个字,一系列重效率、务实干的政策措施不断推出。从点滴做起,重落实;从效率抓起,拼速度。短短一年多的时间,"马上就办"成为福州的一句流行语。讲效率、抓落实,成为福州各级干部的行动指南。"马上就办、真抓实干",这八个大字写在市委礼堂的外墙上,更写进了福州人的心里。

"马上就办"加上"真抓实干",我们就能切实转变作风,把工作落到实处,开创新局面。习近平同志在倡导推行"马上就办"过程中,坚持抓发展与改作风相统一、讲效率与讲科学相结合、惠眼下与利长远相协调,注重点面结合,创新方式方法,把各级各部门和党员干部落实"马上就办"要求中所迸发出来的热情、干劲和合力,有效引导到推动落实、破解难题、加快发展上来。后来,不少惠民举措推向了全国,让更多群众、更多家庭受益。

近几年,许多单位抓机关的作风建设,增强了服务意识,见到一些成效。抓作风建设不是花拳绣腿、空喊口号,不要马虎凑合不在乎,而是要有真功夫。要有真抓的实劲、常抓的韧劲,做到抓铁有痕、踏石留印。

在一些机关部门和单位,程度不同地存在着门好进了、脸好看了、话好听了,但"只微笑不办事",办事拖沓、效率低下,该做的事不做、该办的事不办,任你急得"团团转",他却让你"等等看",让群众碰"软钉子";服务承诺、行为规范"写在纸上、挂在墙上、显示在电子屏幕上",就是不照着去做,互相推诿慢作为,漫不经心缓作为;有的手续繁杂,虽然笑脸相迎,却以材料不全、领导不在、没有惯例等理由故意拖延,让群众和企业来回折腾,看似态度和蔼可亲,但办事效率很低,群众对此极为反感。

应力倡"马上就办"的工作理念,督促机关人员提高服务意识,提高办事效率。"马上就办"的关键,是抓好督查,要"回头看"。只有督促检查,才能真抓实干,否则就是"稻草人"。对基层反映的事情,马上就办,是各级机关为基层服务的应有之义,是履行职责的应有之举,拓展了优良党风作风的内涵和外延。马上就办,要怀着真情办,不漠然视之。

马上就办,归根结底体现的是全心全意为人民服务的宗旨,来自于对群众高度负责的感情。要常思"我是谁,为了谁",练就过硬本领,做到想干事、能干事、干成事。摈弃开会、表态挺好,落实的时候却不能主动担当作为,将群众诉求、工作难点视作"麻烦事",能躲则躲、能避则避、推推动动、不推不动的工作状态,时刻牢记宗旨意识,充满激情、怀着热情、饱含真情为基层、为群众办好事、办实事,不断将"心中有民"付诸行动,工作抓不出成效不回头,问题不解决不撒手。

以"马上就办"的精神抓落实,就要强化督查、盯紧抓实。努力让"马上就办"成为一种自觉,确保件件有着落、事事有回音。抓落实是"马上就办"的核心要义。党员干部要有雷厉风行的工作作风,对工作部署马上做出反应、及时布置,说干就干,不滞后、不拖延,确保工作掷地有声。对今天要办好的事情,要抓紧落实;一事当前,立刻去做,毫不犹豫,发扬钉钉子的精神,一锤一锤接着敲,直到把钉子钉实钉牢,决不拖到明天;对有时限要求的工作,正常时间完不成的,要加班加点,坚决按时完成任务;对那些时限要求宽松一点的工作,也要快节奏进行,以争取主动,要有踏石留印、抓铁有痕的劲头,善始善终,善做善成。

马上就办，应担起责任办，不马虎应付。在其位就要谋其政，破除"懒政""怠政"思维。践行"马上就办"的工作作风，消除"中梗阻"，对群众的要求迎难而上、尽心尽力、履职尽责。为官要为民做主，须有强烈的责任担当。没有责任感就是失职，就失去了党员干部的本色和责任，就辜负了组织的信任和重托，就会让群众失望。

提倡马上就办、今日事今日毕，也是培养一种良好习惯。许多人遇事往往马虎、凑合、不在乎，在大事上紧张不起来，在关键时刻"掉链子"，心有余而力不足，大多是因为平时处理小事不够精心。应当做到，越是不急的事情，越是抓紧时间办，早办完早静心、早见成效、早办完早解脱出来。要严格要求自己努力做到：信息不在我手里梗塞，文件不在我手里积压，事情不在我手里拖延，工作不在我手里耽误。

新时代是需要体现高效执行力的时代，是奋斗者的时代。担负历史赋予的光荣使命，必须坚持马上就办、真抓实干的精神状态和优良作风，这是时代的呼唤、人民的期盼。承诺"马上就办"不难，做到、做好并不容易，坚持更不简单，需要每个党员、干部把事业扛在肩上，把群众放在心里。"马上就办"，关键是要讲效率，力戒拖拉，着力点是"办"，办成和办好事情。以"马上就办"的精神抓落实，要有勇于担当的意识、严谨细致的作风、无私奉献的精神。对艰巨任务，挺身而出，不能推给别人，这样才能形成良好的示范。

群众是最好的老师

"入于泽而问牧童，入于水而问渔师。"相对来说，经过选拔上来的领导干部，有较高的文化水平、较多的工作经验，但也不可能尽知天下事，总有些知识不晓得，总有些经验不具备。智慧从哪里来？来自向别人请教、咨询。孔子曰："三人行，必有我师。"切莫不知以为知。不耻下问之时，就是增添智慧之日。

唐代的李相有一次读《春秋》,中间念错了一个字,站在旁边的小吏皱了一下眉头,李相看到了就问他,小吏委婉地回答:"我的老师教我读这本书时,我读错了一个字,今天听您一念我就明白怎么读了。"李相听出了话外音,就说:"不对。我没有受到老师的指点,如果错了,一定是我不是你。"说完,他就向小吏虚心请教,那个小吏就被李相称为"一字师"。

实践是认识的源泉,一切知识都是从实践发源的。人民群众是一切实践活动的主体,基层是工作实践的大课堂、干事创业的大舞台。群众是最好的老师。向实践学习,从实践中总结经验,实质上就是向人民群众学习,总结人民群众的实践经验。从群众中来,就是做群众的学生,向群众学习。毛泽东说,在人民中间,有成千上万的诸葛亮,我们要有承认自己无知的勇气,下决心向他们学习。"群众是真正的英雄,而我们自己则往往是幼稚可笑的,不了解这一点,就不能得到起码的知识。"

在《〈农村调查〉的序言和跋》中,毛泽东指出,调查研究"没有满腔热情,没有眼睛向下的决心,没有求知的渴望,没有放下臭架子、甘当小学生的精神,是一定不能做,也一定做不好的"。毛泽东在1957年3月20日南京党员干部会议上要求与会同志,与群众"打成一片,不摆老爷架子、不摆官僚架子,把架子收起来,跟人民见面,跟下级见面"。消除官僚主义的方法,就是不可轻视"臭皮匠",到基层调研,多到困难和矛盾集中、群众意见多的地方去,深入了解真实情况,向群众学习,倾听群众呼声,了解他们的所思、所盼、所苦,真诚地向他们寻计问策。

每天打开电脑、手机,可以看到好多信息,而且领导干部可以靠部下收集信息、综合材料。即使这样,还是要抽出大量时间跑基层,作深入细致的调查研究。许多时候,只有真正跟人去谈、平等对话,才会获得真实有用的信息。不到基层,不深入实际,就得不到这样的信息。经常跑跑基层,到群众中间去,拜群众为师,与群众多些零距离接触、面对面交流,就能了解真实情况,获得真经、找到答案,博采众长,才能提高自己的能力和素质,增强服务群众的本领。毛泽东说:"中国人民中间,实在有成千成万的诸葛亮,每个乡村,每个市镇,都有那里的诸葛亮。我们应该走到群众中间去,向群众学习",并表示要"和全党同志共同一起向群众学习,继续当一个小学生"。

党的思想路线跟群众路线实际上是统一的。从实践中来,就要求从群众中来。脱离群众,必然也会脱离实际。这需要拜群众为师。同时,要将群众分散的智慧集中起来,上升到更高层次。基层群众最聪明,民间语言最生动,基层课堂最精彩,基层经验最丰富。群众当中人才济济,每个人都各有所长。领导干部深入群众,博采众长,就能提升灵性、充实自己,将群众的智慧集于一身。

近些年,一些领导干部把我们党长期坚持的深入基层、服务群众、面对面做好群众工作的好传统丢掉了,不深入群众调查研究,缺少对普通群众生活的切身体验,习惯于用电话、网络与群众沟通,只闻其声,不见其人,工作拍脑袋、想当然,丢弃了向基层群众学习的好机会。一定要摒弃官僚主义,以小学生的姿态,虚怀若谷、真心实意地向群众学习请教,倾听群众呼声,态度真诚,开诚布公,推心置腹,这样才能听到真言,听得入耳入心。如果高高在上、盛气凌人、颐指气使,就不会去倾听群众呼声,也听不到真言。党员干部要躬下身子、放下架子,积极向人民群众学习,自觉拜人民群众为师,主动走进群众、融入群众,虚心问需,诚恳问计,听得进群众的心里话、大实话、刺耳的话,了解群众的所思所急所盼,感受群众监督批评带来的正能量,体会群众的首创精神,把向群众学习求教当作一项长期的必修课,做到持之以恒。

向群众学习,是一项长期的必修课,必须做到持之以恒,不应"毕其功于一役"。工作中遇到问题,应多向群众请教,先问问群众怎么看、怎么干。拜群众为师,关键是经常走出机关楼,深入实际,下到基层,融入群众,培养感情,虚心请教,取得真经,增长智慧,同时及时总结基层鲜活的经验。

我们要坚持把听取群众意见、集中群众智慧贯穿始终,坚持问政于民、问需于民、问计于民,努力提高各项工作科学化水平。我们应当创造鼓励群众敢于直言批评、敢提意见的条件和环境，让他们在一种心理安全以至心理相容的气氛中推心置腹，畅所欲言。

补充情商"短板"

《红楼梦》里有句妙语："世事洞明皆学问，人情练达即文章。"其意是告诉世人，洞悉人间世态，了解社会生活，处处有学问；熟悉人情世故，掌握处世之道，就是好文章。练达者，亦即阅历多多而熟悉人情世故。把练达人情与写文章放在同等重要的地位，可见人情练达多么重要。

2013年5月14日，习近平同志到天津考察工作，在和高校毕业生、失业人员等座谈时，问村官杨代显："情商重要还是智商重要？"杨代显回答："都重要。"总书记亲切地与大家交流，强调："做实际工作情商很重要，更多需要的是做群众工作和解决问题的能力，也就是适应社会能力。老话说，万贯家财不如薄技在身，情商当然要与专业知识和技能结合。"总书记这番话被媒体报道后，引起热烈反响。许多党员干部评论说，"做实际工作情商很重要"的论断，贴近实际，尤为实用。这番话对所有"做实际工作"的党员干部，都具有指导意义。

"情商"，主要是指人在情绪、情感、意志、耐受挫折等方面的品质。情商就是情绪商数，情绪智力，情绪智能，情绪智慧，是调适人际关系的技巧，转化不利因素的能力，洞察人生风云的悟性。心理学家认为，情商是有志向、有纪律、有原则和有健康情感的程度或比重。从实质意义上讲，情商也是一种能力，是区别于智力的另一种能力，是一种做人的能力，也是一种生存能力与技巧。

美国"石油大王"洛克菲勒说："如果与人交往的能力，就如同糖和咖啡一样也是可以购买的话，为了得到那种能力，我愿意付出更多的酬劳。因为，和世界上其他的东西相比，它所带来的价值是不可预估的。"智商再高，情商不高，不一定能成功，不一定能持续地成功；情商低，会使你做不好任何事情。一个人智商不太高，但情商较高、世事洞明、人情练达，胜过在社交中穿着最佳服饰，成功的概率大。由此观之，情商的高低关系到事业的成败，甚至会决定人生的命运。

一言一行，一举一动，体现着情商的高低。有的党员干部由于日常工作繁忙，有时产生急躁情绪。应学会补充"情商短板"，在与干部群众"打成一片"中推动工作。保持从容镇定，心境平和，保持微笑，举重若轻，学会"每临大事有静气"，不随意发脾气。遇事先思考，站在不同角度思考问题，话在说出口前停一停想一想。把不想做的事做好，把想不通的事想通，把咽不下气的咽下。完善情商，切莫凭借一时冲动或个人喜好来决策。个人喜恶的情绪，绝对代替不了实际情况。如果事实不清，或者在对事实的了解和认识中掺杂了个人偏见，决策必然会脱离实际。

情商也称为情绪智力，是一个人后天形成的自我情绪认知、他人情绪认知、自我情绪管理、他人情绪管理能力的总和。情商主要反映一个人感受、理解、运用、表达、控制和调节自己情感的能力，以及处理自己与他人之间的情感关系的能力。

情商亦即把握自己情感的能力。其重要组成部分是正面情绪。情商亦即情绪商数、情绪智力、情绪智能、情绪智慧，是调适人际关系的技巧，转化不利因素的能力，洞察人生风云的悟性。在一个人成功因素中，智商（IQ）只占20%，而情商（EQ）（包括逆商）则占80%。因此，在很大程度上，取得成功的最关键的因素不是高智商，而是高情商。哈佛大学的一项研究显示，成功、成就、升迁等原因的85%是因为我们的正确情绪，而15%是由于我们的专门技术。可见控制情绪之重要。

由此观之，情商的高低关系到事业的成败，甚至会决定人生的命运。

情商主宰人生，情商的高低决定着领导者素质的优劣。美国成功学大师戴尔·卡耐基（1888-1955年），通过长期的研究和对自己经验的总结，得出了这样一个结论："专业知识在一个人成功中的作用只占15%，而其余的85%则取决于人际关系。"他开创的"人际关系训练班"遍布世界各地。

美国心理学家韦克斯勒曾对 40 位获得诺贝尔奖的科学家做过考察，发现其中大多数人的智商处于中等或中等偏上，他们取得巨大成就的重要因素来自非智力因素，即情商，有效控制"喜""怒""忧""思""悲""恐""惊"等情绪，树立积极乐观向上的情感，尤其是要在工作中寻找快乐，达到工作着并快乐着。正如马克思所言："一种美好的心情，比十服良药更能解除心理上的疲惫和痛苦。"

高情商的人，善于做情绪的主人，能拥有和谐的内心和融洽的人际关系，对每个人处世、治学、从业、交友都很重要。少数智商高、能力强的领导干部，常常因为缺乏足够的情商而难以取得较多的成功，或者因为不善于认知他人情绪和管好自身情绪而导致人际关系紧张，或者骄傲自满、目空一切而使工作受到挫折。

情商包括五大要素，即了解自己、反省认知自己情绪的能力；学会调节、积极培养、控制自己不良情绪的能力；以热情、信心、意志力激励自己的能力；揣摩、移情、感知、了解别人情绪的能力；以沟通协调、化解冲突、爱心亲和、责任承担来维系融洽人际关系的能力。

高情商的人让好的情绪伴随每一天：不抱怨、不埋怨，不指责别人，对生活、工作和感情保持热情、有激情；看到别人优点，发自内心的赞美；善于沟通与交流，且坦诚对待，真诚有礼貌；善于聆听，仔细听别人说什么，多听多看；做人做事不斤斤计较，有一颗包容和宽容的心；敢做敢承担，不推卸责任，遇到问题，分析问题，解决问题；记住别人的名字，你会有越来越多的朋友。

许多事例证明，情商左右了人们的决定和行为。"大喜易失言，大怒易失礼，大惊易失态，大乐易失察，大惧易失节，大醉易失德，大话易失信，大欲易失命。"领导者必须把握好、调节好自身情绪，不因情绪失控而影响自己的形象，情绪不稳而给组织带来损失。

低情商主要表现为：自我意识差，没有自信；无确定的目标，也不打算付诸实践，严重依赖他人；说话和做事时从不考虑别人的感受，经常发脾气；处理不好人际关系；应对焦虑能力差，生活无序，爱抱怨；为失败找借口，推卸责任；做事怕困难，胆量小；心理承受能力差，受不了一点打击，经常想不开，对生活悲观绝望。

完善情商，切莫凭借一时冲动或个人喜好来决策。个人喜恶的情绪，绝对代替不了实际情况。如果事实不清，或者在对事实的了解和认识中掺杂了个人偏见，决策必然会脱离实际。

应保持清醒的头脑和辩证的思维，有些决定比较延缓，看起来时间长一点，但比轻率作出的决定效果要好得多。有些决策快速，可是经不起时间的检验，过后要付出几倍的成本来修正，得不偿失。

避免失败的关键之一，是在日常工作、生活中，不对他人有怨恨之心，以诚待人，以德报怨，保持积极、乐观、向上的心态。应培养"光明思维"，亦即在认识事物或者看问题时，尽量选择积极有利的一面，忽略消极不利的一面。简单说就是自我安慰，自我解嘲，有些类似于阿Q精神。

拙诚胜于巧伪

真诚是万美之根，生命之神，人生的通行证。真诚是初春的青草，雨后的彩虹，靓丽的风景线。清代雍正说："立身以至诚为本，读书以明理为先。"蒙古族谚语说："心诚能感动卧牛石。"一个人可以挡住不容易挡住的诱惑，却挡不住感人肺腑的真诚之莅临。

诚信待人，是刘备招揽人才的一个突出特点。他在早年与关羽、张飞结成亲密伙伴后，"寝则同床，恩若兄弟"，不避艰险。刘备对一般人士，也同席而坐，同桌同食，不分彼此。因此众多贤士猛将归附。

赵云能够死心塌地追随刘备，也是因为刘备之德，诚信待他。刘备寄托荆州时，曹操南下，刘备弃妻子南逃，有人说赵云已北投曹操。刘备说："子龙必不弃我也。"不久，赵云果然保护甘夫人和刘禅回到刘备的身边。正是因为蜀汉君臣上下一心，当时较弱的蜀汉才能鼎足近半个世纪之久。

唐朝时，云南一少数民族的首领，为了表示对唐王朝的拥戴，派特使缅伯高向太宗送礼，礼物是一只天鹅。这位老兄途经沔阳时想让天鹅"干净干净"，便把天鹅放到沔阳湖中去洗个澡，哪知，一时不慎竟让天鹅跑了。缅伯高急忙伸手去捉，只扯得几根鹅毛。缅伯高急得顿足捶胸，号啕大哭。随从们劝他说："天鹅已经飞走了，哭也没有用，还是想想补救的方法吧。"缅伯高一想，也只能这样了。

到了长安，缅伯高拜见唐太宗，并献上礼物。唐太宗见是一个精致的绸缎小包，便令人打开，一看是几根鹅毛和一首小诗。诗曰："天鹅贡唐朝，山高路途遥。沔湖失天鹅，倒地哭号啕。上复唐天子，可饶缅伯高。礼轻情意重，千里送鹅毛。"皇上被他的真情感动了，不仅没有杀他，还拿酒招待了他。

据明朝刘基《郁离子》载，古济水南一商人，渡河船翻，大呼救命。一渔人欲救，商人大呼："吾乃富翁，酬谢一百银！"渔人救其上岸，却酬十两银，且曰："打鱼一天十两足矣！"渔人沮丧去。不日，商人船又沉，渔人又在附近。问："为何不救？"答："许金不酬！"商人淹死了。由此观之，做人要讲诚信，否则终会害己。

一百多年前，人们在亚马孙河两岸砍伐树木时，发现一种奇怪的现象：在电锯的轰鸣声中，所有的动物都逃离了，惟有一种叫作树虎的动物没有走。树虎是非常怕人的，为什么不走呢？工人们深感奇怪。

他们找来动物学家桑普。他说一定有一只树虎被树胶粘在树上了，所以其他的树虎才不走。大家仔细搜寻，果然发现树干上有一只树虎。原来，一千只树虎里，总会有一只被胶粘在树上，从此再也不能动弹。让人感动的是，一动不动的树虎仍然可以活很多年。因为周围的树虎都会轮番去喂它。伐木工人听了十分感动，他们将整棵树移到树林深处。于是，所有的树虎也都跟着迁移了。

诚则生信，无诚则无信。真正的道德行为出于真诚，有真诚方有德、善。真诚乃是形成和谐团队的内在保证。哲学家程颐说过："以诚感人者，人亦诚而应。"此乃人际关系中的一般规律。

宋朝的鲁宗道任谕德时，宋真宗曾召见他，使者到他家去通知，他不在。过了些时间，他才从酒店喝酒回来。使者将真宗召见一事告诉他，与他相约说："皇上怪罪先生迟到时，应该找一个什么理由回答呢？"鲁宗道："只用实情相告。"使者说："这样恐怕要受到惩罚。"鲁宗道说："喝酒乃人之常情，而欺君却是为臣之大罪啊！"

中使回到宫中，如实禀告了真宗。真宗听后便问鲁宗道："为什么私自去酒店喝酒？"鲁宗道回答说："臣家境贫寒，没有酒具，而酒店里全有。正赶上有乡亲从家乡来，便邀请他们去喝酒。我已换了衣服，市上的人没有认出我的。"真宗笑着说："你为官臣，恐怕要被御史弹劾。"从此真宗认为他忠诚可靠，可以重用。

真宗去世，刘太后临朝，欲独揽国政，几次试探臣下的意见。鲁宗道不顾自身安危，仗义执言，打消了太后的野心，避免了国家在政权交接期间出现动乱。仁宗时，枢密使曹利用居功自傲，欺压下属，蔑视同僚，又是鲁宗道依理直言，多次指斥，使当时贵戚权臣不敢嚣张。

对人讲诚信是一种美好的品格，是"立人之本"，是做人的第一要义，是公民的第二个"身份证"。一个人的口碑好不好，很大程度上是以诚信度高不高来决定的。一个人不讲诚信就无法在世间立足。孔子说："人而无信，不知其可也。"如果一个人不讲诚信，说了不算，不知哪句是真、哪句是假，这样的人没办法共事。

南汉王刘在自己国中时，喜欢用毒酒害臣下，归宋以后，跟从皇上到讲武池，皇上斟一杯酒赐刘，刘怀疑有毒，捧着酒杯哭着说："臣有罪，不可赦免，陛下既然以不死之恩待臣下，我情愿做汴梁城（今河南开封）的平民百姓，观览这太平盛世，却不敢喝这杯酒。"皇上笑着对他说："我把一片赤心推到别人腹中，怎么肯干那种事呢？"便端过刘的酒自己喝了，另斟一杯赐给他。

君子修身最重要的是做到心诚，心诚就是时时刻刻都以仁义为持身之本，如此便能彰显自己的德行，便能明扬事理、教化万民。人怀着一颗诚心，恪守仁义之道，整个天下都会仰慕他，被他教化，更何况区区几个欺诈、暴戾、邪曲的小人呢？李嘉诚说过："你必须以诚待人，别人才会以诚相报。"创业之初，李嘉诚想从一位外商那里订货，但外商提出需要富裕的厂商作保。李嘉诚努力跑了好几天，仍一无着落，但他没有捏造事实，也没有含糊其辞，一切据实以告。那位外商被他的诚信深深感动，对他说："从阁下言谈中看出，您是一位诚实的人，不必其他厂商担保，我相信你。"

真诚感人至深，令人难以忘怀，如数家珍！周恩来于1953年、1956年、1960年、1962年4次来鞍钢视察，给鞍钢人留下美好印象。

1953年12月，周恩来来到炼铁厂8高炉操纵室，询问值班长小孟叫什么名字，籍贯何地，等等。当小孟回答叫孟庆辉时，他笑着说："哦，那你是孟夫子的后代喽！"他又问小孟："有没有对象，结婚没有？"小孟害羞地说："没有。""在鞍钢找对象是不是有困难？"小孟说："有点。"周恩来浓眉舒展，笑着说："有点，有点！"大家都欢畅地笑起来。周恩来风趣地对晨光说："小孟还没有对象呢，你党委书记要负责哟！"小孟顿时热泪盈眶。

契约属于市场经济活动的操作规范，而诚信是契约的道德理念支撑，是契约化社会经济运行的生命所在。美国有句俗语："美国人的钱装在犹太人的口袋里。"犹太商人之所以富甲天下，一个重要原因是犹太人特别注重诚信。美国爱默生说过："人生最美丽的补偿之一，就是人们真诚地帮助别人之后，同时也帮助了自己。"富兰克林有言："诚实与勤勉应该成为你永久的伙伴。"

林肯十几岁时当过村里杂货店的店员。有一次，一个顾客多付了几分钱，他为了退这几分钱，跑了十几里路。还有一次，他发现少给了顾客二两茶叶，就跑了几里路，把茶叶送到那人家中。

在美国陷入困境的那段日子里，罗斯福的"炉边谈话"，与民众见面了。他说："我敢向大家保证，把钱存在重新开业的银行里，比放在褥子底下安全。"他还巧妙地告诉人们只要把钱存入有偿付能力的银行，就是一种爱国之举。

6000万人凝神倾听着罗斯福的讲话，就好像与总统面对面聊着家常，互诉衷肠。人们显然是被罗斯福的坦诚和亲切打动了。第二天（1933年3月13日）是星期一，无数的美国人排起了长龙，急切地要把钱重新存回银行。而关闭了一周多的纽约证券交易所也重新开市了，当天股价上涨了15%，创造了半个多世纪以来单日最大涨幅。

据《百万富翁的智慧》载，对美国1300个成功人士调查，没有一个人认为其成就来自才华，多数人认为"成功的秘诀在于诚实，有自我约束力"。有人曾向一位诺贝尔奖得主提问："您在哪所大学学到了您认为最为重要的东西？"这位诺贝尔奖得主回答道："在幼稚园里！"——在幼稚园里学到了把自己的东西分给小伙伴，不属于自己的东西不能拿，借东西一定要还。

要用真诚之心对待别人，用仁义之举善待别人。当发现他人有忧愁、痛苦、烦恼、难处时，应主动、迅速、无私地去帮助而不图回报；当看到他人有毛病时，应主动予以提醒和开导，而不在背后看"笑话"、发议论；对别人做了对不起你的事情，要以善良之心回敬对方，而不耿耿于怀，更不必打击报复。

党员干部应做到高度坦诚，心地洁净，心口、表里、名实如一，暗处明处如一。对待各个层次的人，包括对待亲近自己的"熟人"，有点影响的"名人"，处于重要位置的"要人"，都应真诚平等相待、一视同仁，融洽相处，决不让真诚的纯真被世俗的风尘玷染。

"君子修身，莫善于诚信。"诚信之"诚"是诚心诚意，忠诚不二；诚信之"信"是说话算数和信守诺言。发现别人不信服你，产生厌倦感，你应首先反躬自问：我是否对人不够真诚，不讲信用？在处理人际关系时，应该忠厚老实，心口如一，不藏奸，不耍滑，不要在人生舞台上披铠甲，戴面具，去"演戏"。做人为政都要坦诚，莫做伪君子，要有一点侠骨柔肠。

诚信是祖先留给我们的宝贵精神财富。《菜根谭》中多次提出"真诚为人""信人己诚，疑人己诈"。人与人之间的交往与沟通，应该相互信任、坦诚相待，可以消除人与人之间的猜疑、戒备心理。当好党员干部，就应恪守官德，就应对人诚信、坦率、宽容。

容得下谔谔语

2018年春晚小品《提意见》有句台词:"公司要想改变现状,就需要像他这样敢提意见、敢说真话、敢说实话的人。领导要改变作风,大家也要转变观念。群众就是一面镜子,什么时候照得我们脸红了,出汗了,我们才能真正地脱胎换骨,我们的事业才能大有希望。"

党员、干部切不可自恃职务比别人高,就唯我独尊、盛气凌人、颐指气使、讳疾忌医、刚愎自用,一听到逆耳之言、揭短之词、反对之声、质疑之论,就摆脸色、跳起来,甚至给人"小鞋"穿。兼听要有耐心,没有耐心则听不到真言。兼听,是工作中颇为高深的艺术,也体现一个人的修养和品德。毛泽东对淮海战役的正确决策,离不开粟裕的大胆直言。党中央决策三峡工程,听取了不同的意见。

兼听民意,察纳雅言,容纳不同的声音,是尊重对方、沟通协调的桥梁,是博采众长、补己之短板的良方,是办好事情、避免失误的法宝。常听到"是",听不到"不",不一定都是好事。殊不知,"君子所以明者,兼听也;所以暗者,偏信也"。只有多听谔谔之言,才能广开言路,择善而从。共产党员尤其是领导干部一定要善听"谔谔之言",高价征收批评,正确对待和吸纳各方面的批评意见。应把批评意见作为一面镜子,对照检查自己的思想和工作。

几千年来,明君常常喜欢听取各种意见,如轩辕黄帝设纳谏"明台",尧帝竖谏诤之木(天安门华表前身)……敢于直谏和纠弹官员不法的英杰们,数以千计,灿若群星。他们这种先忧其君、先忧天下之风范,可以说是仰无愧于先人,俯不负于后人。耳边常有谔谔之言,可以清醒头脑、警钟长鸣、防微杜渐。做人为官,要有自己独特的本色。如果一味喜欢听奉承话,认为耿直的人讨人烦,不愿听谔谔之言,身边溜须拍马的人就会多起来。

古往今来，敢于冒着生命的危险犯颜劝谏而不退让的朝臣，令人景仰。晏婴生活在春秋后期，对齐景公的劝谏可以说是无时不有，无处不有，无奇不有，不仅没有被杀头，还能得以善终。

晏婴认为，君臣关系应该是"和而不同"。"和"不是盲从附和，不是不分是非，不是无原则的苟同，"和"的要义是"异中之同"，亦即对立和差异的两个事物之间的统一，就是臣与君在观点、才性、爱好方面有所不一样。朝廷的重大决策，必须充分讨论，在对立意见的辩论中加以完善。要做到这一点，国君周围必须有不同见解的人，以各自的头脑做多角度、多层次的思考。晏子认为，人君应该广开言路，虚心纳谏。臣子属下的话，虽不能每句都听，但绝不能拒之不理。治理天下当然不能靠一个人。对正确意见拒而不受，就会亡国。

司马迁对晏子一生坚持犯颜直谏、从不阿谀逢迎的人品极为赞赏，称他是一位"进思尽忠，退思补过"的人，并说："假令晏子而在，余虽为之执鞭，所忻慕焉。"假使晏子还活着，我就算是给他拿着马鞭赶车，也是高兴钦慕的。由此可见他对晏子推崇备至。

《史记·商君列传》中有句名言："千人之诺诺，不如一士之谔谔。"意思是，有许多人说顺从奉承的话，不如有一个人直言不讳。在决策领域，有一种"不可行性论证"，就是听不到反对意见不决策。

延安时期，毛泽东同志有两次"挨骂"的经历。对于第一次"挨骂"，保卫部门闻讯，要逮捕这个"竟敢如此咒骂毛主席"的农民，并要公开处理，以一儆百。毛泽东说："群众发牢骚，有意见，说明我们的政策和工作有毛病。不要一听到群众有议论，尤其是尖锐一点的议论，就去追查，就要立案，进行打击压制。这种做法实际上是软弱的表现，是神经衰弱的表现。"

第二次"挨骂"是在1941年，陕北大旱，庄稼歉收。延安有个村民叫伍兰花，男人有病，全家6口人靠她一人劳动来负担，日子过得紧巴巴，遇到这大旱之年就更艰难。有一天，她为征缴公粮的事，与村干部争吵起来。

性急之中，伍兰花骂了一句："你们拿走我的救命粮，我一家人怎么活啊！晌午打雷，老天爷怎么不把毛主席劈死哩！"村干部和几个民兵把伍兰花抓起来，问题逐级上报，直到中央保卫部。

毛泽东听说有个乡下妇女骂他，心想其中必有缘故，便让人把伍兰花带到枣园住处。毛泽东拿过一张木椅，让伍兰花坐下，风趣地说："国民党要我的脑壳，用枪用炮；你倒好，要用雷打。要我死嘛，很简单，可你总得说出一个道理嘛！"说罢，倒了一杯水给伍兰花。伍兰花见毛泽东没有生她的气，就把她缴不上公粮和村里百姓负担过重的情况说了一遍。毛泽东心情沉重，对带伍兰花来的保卫处长说："她是好人，敢讲真话，是给我们提意见的。"又说："马上护送她回家，告诉地方政府，生活上要照顾她。她家的生活是很苦的。"

伍兰花走后，毛泽东深入调查延安地区群众的负担问题和生活状况，发现"确实公粮太多"，"加重了人民的负担"，于是决定当年征收公粮指标由20万担减到16万担（每担300斤）。不久，向边区党、政、军发出了"自己动手、丰衣足食"的号召，展开了轰轰烈烈的大生产运动。

伍兰花回到村里，成了生产带头人。她带领村里的妇女们，白天种地，晚上纺纱织布。1943年春节，伍兰花把自己生产的粮食送给边区政府，当年被评为陕甘宁边区一等劳动模范。毛泽东得知当初骂他的农妇当上了劳动模范，就很高兴地请伍兰花一块看春节秧歌表演。

1951年，伍兰花作为劳动模范，从陕北的小山村来到北京，参加建国两周年观礼。在天安门城楼上，她第三次见到毛主席。伍兰花握着毛泽东的大手，幸福的泪花落在胸前的奖章上。

要重视听取反面意见。相同的意见谁都敢讲，容易听得到；不同的意见、尤其是反面意见，常常由于领导人不虚心，人家不敢讲，你就不容易听到。为了得到比较全面的情况，做出正确的决策，就必须听取各种不同的、反面的意见，经过头脑的思考和分析，把它综合起来，防止思路朝着一个方向想得太多而产生片面性，防止因有了一得之见而匆忙决策。

毛泽东讲到刘备、曹操、袁绍时说，袁绍那个人就是武断，武断就要失败。如果高高在上，武断独断、权力任性，违规违纪的事就会出现，被查被纠也就不远了。谷俊山等腐败分子身上，有一个共性，就是追求"一呼百应"，搞个人绝对权威。

1978年，广东惠州地区检察院的机关干部麦子灿，给时任省委第二书记习仲勋写来一封批评信，向他提出两条意见：一是爱听汇报，爱听漂亮话；二是处理群众来信来访不及时。对这封措辞用语尖锐、深刻的批评信，习仲勋给予充分肯定，亲自写了回信，还与来信一起转发全省。他说："麦子灿同志对我的批评，是对我们党内至今还严重存在的不实事求是、脱离群众等坏作风的有力针砭，应该使我们出一身冷汗，警醒过来。"这种容得下尖锐批评、闻过则喜的境界，彰显了习仲勋同志虚怀若谷的胸襟和从善如流的智慧。

下属和群众的某些不同意见，往往蕴藏着真知灼见。听到问题反映和批评建议时，要让人把话讲完，不要立即顶回去，不宜抢先定调，更不要强词夺理、堵塞言路；讨论、争论问题要心平气和、多一点换位思考，有则改之，无则加勉。

最好的领导的成熟和睿智，在于放下身段，博采众议。善于汇集别人闪光点的人，他的身上就增添了光辉。谨记偏信则暗。应有善纳忠言的勇气和虚怀若谷的胸襟，化他人批评为自我认同，对提出批评意见的包括提了错误意见的同志，宽容待之。

无论是适合领导者的"胃口"的委婉的提醒和劝说，还是问题属实的反映和批评，都应该接受。若能善于倾听下属和基层同志的意见，透过别人的眼睛看世界，尊重多数人的意见，虚怀兼听，察纳雅言，多求谔谔之言，允许不同声音存在，融汇众人智慧，才能了解掌握各方面的情况，做出理性判断和正确决策，使我们的事业兴旺发达。

让从谏如流常态化

采集众人智慧、察纳雅言、从善如流，是卓越的领导者优化思维能力的应有之义，是领导者获得和珍惜众多之人追随、服从和支持的重要标志。广开言路，多听别人意见，有利于集思广益，而且对协调上下级关系也具有重要意义。

一些领导者很聪明，知道的东西比别人多，就容易觉得自己比别人强，于是往往听不进谏言，或者只把纳谏挂在嘴上，只是掬着"礼贤下士""从谏如流"的笑脸，但无任何听取直言批评的实际行动，久而久之就没人愿提、无人敢提意见，结果会变成孤家寡人。历史的经验和教训值得汲取。

毛泽东欣赏的一代君主唐太宗李世民，能思己过，鼓励纳谏。他提出"三镜说"："人欲自照，必须明镜，主欲知过，必藉忠臣。""以铜为镜，可以正衣冠；以古为镜，可以知兴替；以人为镜，可以明得失。"李世民之所以成为明君、圣主，恐怕与他重视、采纳、褒奖魏徵的直言劝谏有关。如果魏徵遇到的是一位"一贯正确"的领导者，一位听到逆耳之言就反感的上级，或是一个不爱江山也不爱贤才的昏君，恐怕就很难促成"贞观之治"。

唐太宗修洛阳宫以备巡幸。给事中张玄素上书谏，以为"陛下役疮痍之人，袭亡隋之弊，恐又甚于炀帝矣"。唐太宗问玄素："卿谓我不如炀帝，何如桀、纣？"玄素答曰："若此役不息，亦同归于乱耳！"李世民没有发怒，采纳了这么尖锐的批评，立即下令停工，而且奖励张玄素彩二百匹。由于唐太宗虚怀若谷，从谏如流，政治清明，人民安居乐业，国家日益富强。

宋朝开国的时候，群臣之所以敢对宋太祖赵匡胤直言进谏，说明了宋太祖做事并非刚愎自用,一意孤行,不讲道理。不论什么事,只要他真正明白应当怎样做,就会立即放弃原来不正确的态度,按照他人的建议去做。更为可贵的是,他会马上改变原来的态度,毫不考虑是否损伤自己的尊严,而且还会表现出很高兴的样子。

宋太祖是个特别聪明的开国皇帝,一位非常大气的政治家,显示出一种有官德魅力、在历代帝王中罕见的王者风范。难怪后人把他的名字与汉武帝、唐太宗等明君铭刻在一起。

励精图治之君,繁荣昌盛之世,无不竭诚待下,从谏如流;无不直臣盈庭,竞献其策。多方面听取不同意见才能辩明是非得失。正如马克思所言:"真理通过论战而确立,历史事实从矛盾的陈述中清理出来。"如果只听一方面的意见,就容易偏信,作出错误判断。

纵观历史上偏听偏信者,结局往往都不好:有的因一事偏听偏信,对关键问题的判别上出了差错,甚而造成决策错误,遭到惨败;有的因刚愎自用,自以为是,不愿听取不同的意见,排斥不同的观点,排挤耿直的下属,偏听偏信成了痼疾,被小人利用。

《关于新形势下党内政治生活的若干准则》指出:"领导干部特别是高级干部必须带头从谏如流、敢于直言,以批评和自我批评的示范行动引导党员、干部打消自我批评怕丢面子、批评上级怕穿小鞋、批评同级怕伤和气、批评下级怕丢选票等思想顾虑。"

有的领导同志往往喜欢百依百顺、唯命是从的人,而工作能力强的人一般都有主见,不那么"唯上",不那么注重"关系",遇事敢于发表自己的见解,指出领导者工作中的不足之处,"纠正"领导者的不妥之言,往往使领导者丢面子。于是认为跟自己疏远的"耿介之士"毛病多,因而因瑕弃玉。许多事实说明,器重跟自己"疏远"的人,方能成就事业。作为领导干部,千万不要冷漠和排斥经常诚恳地指出你的缺点与错误的人,而应视这样的同志为对自己最有帮助、最可爱的人,不断培养自己从谏如流的美德。《处世经典》中说:"耳中常闻逆耳之言,心中常有拂心之事,才是进德修行的砥石。"——耳中常听到那些不中听的话,心中常存些不如意的事，对于提高修养、陶冶情操来说，是有益的磨炼。

习近平同志于2013年2月6日，与党外人士座谈时说，对中国共产党而言，要容得下尖锐批评，做到有则改之、无则加勉；对党外人士而言，要敢于讲真话，敢于讲逆耳之言，真实反映群众心声，做到知无不言、言无不尽。他的讲话体现了我党善纳群言、广聚群智、闻过则喜、求同存异的胸怀，体现了我党光明磊落的底气。

为政者是否有民主作风，从善如流、闻过则喜，容得下不同意见、容得下尖锐批评，直接关系着一个国家、一个地区的治乱与兴衰，不可不深思，不可不重视！周恩来说过："领导威信不是从掩饰错误中而是从改正错误中提高起来的；不是从自吹自擂中而是从埋头苦干中培养起来的。"我们每个人也是如此，谁也不可能完美无缺，不犯一点错误，一旦遇到有的人"拿着棒槌当真（针）"地揭你的秃疮疤，指出你的问题，就应及时改正，切莫听不进逆耳之言。要虚心地诚恳地接受批评，把人家的善意批评当作纠正过错、改进工作的"催化剂"。如同习近平同志所言："对批评意见，要本着有则改之、无则加勉的态度，决不能用'批评'抵制批评，搞无原则的纷争。"

解决好这个问题，就应当而且必须倾听不同意见，丰富自己的思维，完善决策的思路。如果听不得不同意见，刚愎自用，一触即跳，动不动就训人，让人望而生畏，即使决策在短时间看没问题，但经不起时间的检验。

党员干部要以虚怀若谷的谦逊态度、闻过则喜的坦荡胸襟来对待批评。闻过则喜，过而改之，是一种素质和能力，是一种胸怀和境界，必须口言之，力行之。"闻过则喜，改过不惮"（陆九渊）。——听到别人讲自己的过错就高兴，了解自己的过错不忌讳，改正自己的错误不畏惧。能听别人的批评，是认识和改正自己的缺点、错误的第一步，而能做到"闻过则喜"，就进入了较高的思想层次，体现了一个人较高的修养水平。

虚心听取不同意见、与自己完全相反的意见，并使得出以公心反对自己的人得到重用，你的领导地位会稳固，威信会提高，会受到更多人的拥护。据资料载,通用汽车公司前总裁斯隆作决策从来不靠"直觉",总是强调必须用事实来检验看法,懂得良好的决策必须是建立在各种不同意见相互争议基础之上的。他曾在一次重要会议上说:"诸位先生,在我看来,我们对这项决策已经有了完全一致的看法了。"出席会议的委员们都点头表示同意。但是他接着说:"现在,我宣布会议结束,这一问题推迟到下次开会时再行讨论。我希望下次开会时能听到相反的意见,只有这样,我们才能得到对这项决策的真正了解。"

领导者听取谏言和高见,不会有损于能力和尊严,有助于思考问题、正确决策。要用欣赏的眼光和宽广的胸襟对待各类意见,"高价征收"不同意见,鼓励人们讲真话、实话、心里话,虚心听群众的"牢骚话",从别人的角度看问题,透过别人的眼睛看世界,把这些宝贵的意见研究清楚,从赞扬之声中增添动力,从谔谔之言中理清思路,从建议之语中举一反三,才能不出或少出纰漏。

积极稳妥处理突发事件

古人云:"安而不忘危,存而不忘亡,治而不忘乱""居安思危,思则有备,有备无患",给我们以宝贵的启示。如何果断而巧妙地应对、处置突发性事件,做好应急管理,不仅是维护稳定的需要,也是检验领导能力的重要标志。

要有危机预测能力。几乎每次危机的发生都有预兆性。危机管理的重点在于预防危机。唐代诗人杜荀鹤《泾溪》诗:"泾溪石险人兢慎,终岁不闻倾覆人。却是平流无石处,时时闻说有沉沦"。突发性事件往往时间紧,影响面大,处理难度高。突发性事件决不是"空穴来风",必然会表现出一些不易被人察觉的迹象,都是由小到大、由简单到复杂的。如果领导干部在危机发生之前居安思危,有敏锐的洞察力,能根据日常收集到的各方面信息，对可能面临的危机进行预测，未雨绸缪，做好预警工作，并采取有效的防范措施，就可以避免危机发生或把危机造成的损害和影响减少。因此，要敏锐地捕捉那些初露端倪的现象，掌握真实的信息，超前地预测事态发展趋势，做到早发现、早警觉，及时采取预防和控制的措施，把矛盾和问题化解在萌芽状态，避免事态的扩大。

要有预警预控能力。预测和预警是迥然不同的事情：前者说明的是将要发生什么，后者则是一种行动建议。在应急管理中，预警主要是指危险因素尚没有转变为突发事件之前，将有关风险的信息及时告知潜在的受影响者，使其采取必要的行动，做好相应的准备，避免事件影响的最坏结果。

《重大突发事件应急机制研究》一书记载，2004年印度洋大海啸中，孟加拉国海边的渔民对海啸毫无防范意识。当海啸把大量鱼虾卷到岸上时，他们争先恐后地前去捡拾，结果被海水无情地吞没。相反，在泰国海滩上，一个来此度假的英国小姑娘凭借在小学地理课本上的知识，看到海水倒抽后判断：海啸将来了，她向周围的人传递了这一消息，结果挽救了整个海滩上的人们。

突发事件往往由矛盾长期积累和激化引起。因此，要构建有效的突发事件预防预警机制，通过先进的监测技术对危险要素进行监测和持续的跟踪，将有关的精确数据和信息传输给风险管理者。风险管理者分析、评估风险等级，清晰、简洁、有效地发出警报，避免适用冗长、晦涩的专业性语言，促使可能受到突发事件影响地区的公众采取行动规避风险。建立突发事件的信息沟通机制等，置危机管理于常态管理之中，减少突发事件的发生。

要有组织协调能力。对突发事件的处置，需要统观全局，周密思考，防止急于求成，避免顾此失彼、贻误全局的现象的发生。能短时间内聚合各种要素，把各方面的人力、物力、财力在第一时间内集聚到位，不同的职能部门之间协调运作，优化整合各种社会资源，发挥其整体功效。与专家做好沟通咨询工作。与人民群众充分沟通，争取人民大众的理解和协作。与媒体及时沟通，借助媒体的力量安抚人心。应对突发事件，以理性的、柔性的、开放的方式，处理好突发事件；能够统一指挥，有条不紊地开展工作，各个部门相互协调，最大程度地发挥其效能；能优化调控手段，避免组织拖延、调控不当。通过综合协调，防止在事件处理过程中组织内部冲突，增强组织内部的向心力，提高决策方案的适应力和决策方案的执行力。

在处置突发性事件时，要始终把立足点放在解决群众反映的问题上。凡群众正当、合理的要求都要尽可能予以满足，有条件解决的要迅速解决，能创造条件解决的要积极解决，对一时不能解决的要讲清道理，决不能敷衍搪塞。

要有快速决策能力。突发事件来势猛，发展快。处置突发性事件争取时间极为重要，如果该决断的时候还在犹豫不决，优柔寡断，便会形成小事闹大、规模扩大、难度增大的局面。因此，领导者面对突如其来的场面，要保持清醒的头脑，有处变不惊、敢担风险的精神，有胆有识，火速处理，巧妙安排，抓住时机出奇制胜。对事件的起因、事态程度、发展趋势、社会影响等情况进行深入调查摸底，掌握实情，潜心分析和认识各种现象之间的因果联系，通过对现象进行去粗取精，去伪存真，由此及彼，由表及里，从而认准制约整个事件的根本矛盾，透过事物的现象，把握事物的本质，针对性地制定解决问题的策略和办法。注意做好通信联络、现场保护、灾情报告、原因调查等工作。在控制事态时，行政领导者应该行事果断，不能贻误时机；争取时间上的主动，根据事件的不同起因和性质，采取针对性的措施手段，尤其要时刻注意事件的动向，不断地应对调整。要依靠群众出主意，集思广益，在集聚各方智慧的基础上择善而从，迅速做出初步部署，并使之立即付诸实施，迅速平息事态。同时，要讲清道理，进行正面宣传。如果随便训人、整人，盲目抓人、关人，就会把事情办糟，激发新的矛盾。只有在万不得已的情况下，才能依照党纪国法予以处置，使事件得以平息。要镇静自若，有条不紊地做好工作，以高度的自信心和果敢的作风稳住阵脚，这样才能增加下属的信心，使事情向好的方向转化。

要有与媒体合作的能力。领导干部要研究突发事件处理与媒体互动规律，主动与媒体保持联系，提升与媒体合作能力，充分发挥媒体在突发事件应急管理中的积极作用，努力把政府要说的、媒体感兴趣的、公众关心的结合起来，做到三者有机统一。

在2011年3月发生的日本大地震、海啸、核辐射等一系列危机中，有一位日本官员引起了日本公众的尊重和爱戴，这就是日本官房长官枝野幸男。这位官员一天面对5场以上的新闻发布会，把最新情况通报给媒体和公众，连续105个小时没有睡觉。日本网民在网上发起呼吁"枝野长官，你睡觉吧"的活动，可见获得公众的信任，不是一个技术问题，而是一个态度和情感的问题。

危机出现了，就必须承认，必须正视，坦诚相待，坦然向媒体提供真实的、尽可能完整的事实材料，让媒体准确地掌握并全面地报道出去。在危机处理过程中努力做到掌握宣传报道的主动权，通过召开新闻发布会以及使用互联网、电话传真等多种媒介，向社会公众和其他利益相关人及时、具体、准确地告知危机发生的时间、地点、原因、现状，采取的应对措施等相关的可以公开的信息；设立24小时危机处理信息中心，随时接受媒体和公众访问，保证信息通畅。领导干部要正确对待媒体的舆论监督，善于通过媒体监督来发现问题、改进工作、树立形象。

▶ 经典故事 ▶

先天下而后个人

孟子在答齐宣王时，曾对曰："乐以天下，忧以天下，然而不王者，未之有也。"能与天下同忧乐者，必能得到民心，得民心者即可得天下。孟子认为君王最大的快乐，不是个人声色犬马之乐，而是与民同乐。"乐民之乐者，民亦乐其乐；忧民之忧者，民亦忧其忧。"北宋的范仲淹口碑特别好，是历代儒宦中为官清廉、心忧天下的典型，为后人树立了榜样。

范仲淹（公元989—1052年），字希文，北宋政治家、军事家和文学家，和包拯同朝，以天下为己任，曾多次上书批评当时的宰相。古书记载范仲淹的相貌：眉浓伏彩，目秀冠形。有一天，相士为他看相，惊奇地告诉他：君眉浓有光彩，两目秀长，鼻子笔直，兰庭辅正，加之为人忠正仁厚，真是绝好之相。

范仲淹为唐朝宰相范履冰之后；父亲范墉，博学多才，但官运并不亨通，只做了宋武宁军节度掌书记便去世了，此时，范仲淹才两岁。父亲去世，母亲谢氏改嫁一户姓朱的人家。之后他过着穷苦的生活，每天以粥和咸菜度日，在附近长山的寺庙中刻苦读书。每到东方欲晓，僧人们都起床了，他才和衣而卧。

有一次，他在寺内见一只白鼠入穴，惊奇之下便掘穴探看，偶然发现埋藏一坛白银。范仲淹面对意外不明之财而分文未取，又不声不响地埋回原处。几十年后，他当了大官，僧众请他募捐修寺。范仲淹写信将前情相告，僧人们见银坛原封未动，对他十分钦佩。

清廉如水的范仲淹幼年家贫。他的曾祖、祖父及父辈，均是博学而有作为的人物。范仲淹从辉煌的族谱那里看到了先祖的遗风，亦即立志苦学、自强不息的精神。这是他后来成为杰出政治家的重要原因之一。

范仲淹在应天府书院读书5年，每天学习至深夜，竟没有脱过衣服睡觉，每当倦怠思睡时，就用冷水浇脸。由于学识渊博，他27岁一举中进士。据《败鉴》载，清贫的身世和苦学的经历，磨炼出范仲淹真诚、倔强的性格。范仲淹当时任掌管盐税的小官，却胸怀天下，有敢言之名。他给皇上《奏上时务书》，批评时政，提出敦厚风俗、整顿军备、广开言路、举用贤才等主张。可惜奏书如石沉大海。

母亲去世后，范仲淹辞官居丧期间，冒哀上书致宰相和参知政事，即洋洋万言的《上执政书》，提出6项改革措施，自谓"不以一心之戚，而忘天下之忧"。上书虽未受采纳，却博得了宰相王曾的赏识。

不久，范仲淹又以更大的勇气屡次上疏直谏，说皇帝"春秋已盛"，皇太后理当还政。这番不计较个人得失、无所顾忌的赤诚，给宋仁宗留下深刻印象。太后死后，宋仁宗亲政，原来被贬斥的官员均被平反升迁，范仲淹被升任为右司谏，专门负责上书谏言。

当时的宰相吕夷简，任亲嫉贤，培植私党。范仲淹把京官晋升情况绘制成《百官图》呈送宋仁宗，图中一一附以说明，哪些人是按规定升迁的，哪些是宰相以私人关系提拔的。不久又进《帝王好尚论》《选贤任能论》等四论，直言宰相专权谋私，是国家之祸患。吕夷简以私结朋党、离间君臣的罪名诬陷范仲淹，将范仲淹贬到饶州。

范仲淹一生最重要的政绩，是协助宋仁宗进行改革。庆历三年，他出任参知政事（副宰相）。他对当时朝政的弊病极为痛心，提出"十事疏"，主张建立严密的仕官制度，他在上交的奏折《答手诏条陈十事》中，指出"历代之政，久皆有弊，弊而不救，祸乱必生"。他提出定期考核官吏和按政绩好坏提拔或降职、改革科举制度、培养人才、发展生产、整顿武备、推行法制、减轻徭役等改革主张。宋仁宗采纳他的建议，领导了北宋中期轰轰烈烈的"庆历新政"，一时吏风大变。

范仲淹当参知政事时办过这样一件事：他挑选了一批精干的官员到各地去检查官吏善恶，看看那里的官员是否称职，不称职的就在名册上画一个圈。有一次，范仲淹发现报上来的一份监司名单里，有庸碌无能的"不才"者，还有一些人有贪赃枉法行为。于是对这些庸吏贪官，范仲淹毫不留情地提起笔来把他们的名字一一勾掉，准备撤换。

这时，同他一起负责审查名单的大臣富弼，知道被画圈的人会被免职，就劝范仲淹："这一笔下去，他的一家人都要哭了。"范仲淹说："一家人哭，总比千家万户哭要好吧！"在范仲淹的心目中，如果不让这一家子哭，听任贪官污吏留在台上作威作福，百姓必然遭殃，那就害了一路的百姓都要痛哭了。他决不会因为虑及某"一家哭"而让那些庸官滥竽充数、尸位素餐，更不允许贪官污吏滥施权力、中饱私囊，害得一路百姓不得安宁，所以他对那些"带病官员"全部罢免，一个不留。

党员领导干部的道德境界，应该比封建士大夫要高得多。泰戈尔说："人的永恒的幸福不在于得到任何的东西，而在于献身于比自己更伟大的事业。"一心为公、为民用权，蕴涵着党员干部为人民谋利益的深刻内涵，体现了共产党人无私奉献的肺腑之言。群众在我们心里的分量有多重，我们在群众心里的分量就有多重。

如何用权的问题，就是权为谁用的问题。树立正确的权力观，是领导干部为政之德的根本体现。要立志做大事，不要立志做大官，不要把升官晋爵作为人生终极目标，而要将为人民多做好事、实事作为第一追求，决不做坏事，体现出先进性和纯洁性，让人民满意。

第七章
展示战略思维韬略

做好新时代的答卷人
领导干部克服本领恐慌八项修炼

> 领航空间

培养高强的前瞻力

"中国特色社会主义不是从天上掉下来的""时代是出卷人，我们是答卷人，人民是阅卷人"……讲话中，习近平提出很多精彩的重要论述，并提出了明确要求。领导干部要有丰富的学识，而且要有开放的思维。新时代是日新月异、蓬勃发展的，大千世界是相互联系、不断变化的。只有以开放的理念、崭新的思想、宽阔的视野、敏锐的眼光观察和处理问题，才能不断适应新情况、认识新事物、解决新问题，使自己永葆与时俱进。在工作中不因循守旧，不故步自封，敢想别人想不出的新思路，敢于闯出新路，敢于做别人做不到的事情，敢于担当，不怕出错，不怕挨批，善于总结和运用规律，在分析问题中豁然开朗，在解决问题中游刃有余。

战略思维，是指从全局视角和长远眼光把握事物发展总体趋势和方向、客观辩证地思考和处理问题的科学思维方法。战略思维，是一种能使领导者统御全局、增长才干的思维方式，是衡量领导者的总体能力和水平的根本标志。习近平同志指出："战略问题是一个政党、一个国家的根本性问题。战略上判断得准确，战略上谋划得科学，战略上赢得主动，党和人民事业就大有希望。"培养战略思维品质是提升领导力的前提和条件，是开创新局的迫切要求。卓越的领导者要有战略眼光、大局意识，站得高、看得远，深谋远虑，根据形势和任务要求全面掌握局势，探索事物发展的趋势和方向，站在未来的角度研究现在的发展。

领导者如果没有展望未来的眼光，就没有资格当别人的组织者和指挥者。他们必须认清潮流的方向，预知环境的变化，并想好应采取的对策。王安石诗云："飞来山上千寻塔，闻说鸡鸣见日升。不畏浮云遮望眼，自缘身在最高层。"站得高，才能看得远。因为身在最高层，所以不畏浮云遮目。当年，陈云在谈到领导方法时说过："要拿出一定的时间'踱方步'，考虑战略性问题。"邓小平也曾经要求领导干部要"踱方步、想大事"。所谓"踱方步"，是指沉下心来冷静思考和谋划事关全局的战略问题。一个人高瞻远瞩，韬略在胸，才能导演出许多有声有色的威武雄壮的活剧来。

首先要超前谋，就是登高望远，具有远见卓识，从长计议。要求在工作中有前瞻性，审时度势，以远看近，未雨绸缪。了解过去，立足现在，面向未来，照顾好当前与长远的关系。应站在全局的层次上思考和把握问题，着眼于长远利益，着眼于未来，不被眼前局部的东西束缚眼界，不搞短期行为。"自古不谋万世者，不足谋一时。"谋深计远，需要认识和掌握事物发展变化的可能和趋势，事先采取相应措施，遇到危险时能够"软着陆"。

战国时期最彻底的改革是秦国的商鞅变法。商鞅是一位很有前瞻力的人。他废除分封制，以"功劳行田宅"；经济上不实行土地国有制，土地可以买卖；发展农业生产，以农养战；奖励农业生产突出和打仗有功的人。商鞅变法的成功，为秦始皇统一中国奠定了基础。

"英风犹想入关初，相国功勋世莫知。"萧何的不同寻常之处在于，能知人所不知，见人所未见，看到事物存在状态和未来走势。公元前206年10月，刘邦的军队攻占了秦朝的都城咸阳，宣告了秦王朝的灭亡。其部属争先恐后抢掠金帛财宝，只有萧何看到事物发展的趋势，面对金银财宝、宫室美女不动心，首先入秦宫，把秦朝的律令、地图、书籍收藏。萧何得到了这些宝贵资料，对秦朝的法律制度、关河要塞、郡县人口、强弱之处、经济发展状况了如指掌，为刘邦得天下、治天下，提供了非常有力的帮助。

司马懿与诸葛亮斗智，虽长处于下风，凡陷绝境，都能老老实实承认，诸葛亮才智比自己高。然而，孔明也有不明处，其失策给蜀汉的覆亡埋下隐患。一个国家能不能对外战争，要取决多方面的因素，最重要的是综合国力。据《三国志》记载，当时魏国有443.28万人，吴国230万，蜀国只有区区 94 万人,不足魏国人口的四分之一,能养得起 10 万军队已实属不易。诸葛亮"六出祁山"的总兵力加起来都没有 30 万人,每次都不超过 5 万,最多的一次也仅 6 万,最少的一次仅万余。而魏国的西线防御常规兵力在 20 万人左右。实力悬殊。诸葛亮不听朝中大臣的反对和劝告,执迷不悟,一再率偏师深入,确实有一些"奋其私智而不师古"的嫌疑,结果是劳民伤财而一无所获。五丈原的一夜秋风,终其了一生,并留下杜甫"出师未捷身先死,长使英雄泪满襟"的千古慨叹。

卓越的领导者有很强的前瞻力。前瞻力与他的预见能力密切相关。要有站在高山之巅极目远眺的眼力,能够看到凡人看不到的眼前利害以外的事情,想在前面,走在前面。尼克松在《领袖们》一书中写道:"领袖人物一定能够看到凡人看不到的眼前利害以外的事情。他们需要有站在高山之巅极目远眺的眼力。"不能只看当前,遇到什么才办什么,见到什么才解决什么。正如斯大林所讲的:"掌着舵,睁着眼,但是当某种灾难临头之前,竟什么也看不到——这不能算是领导。"要站得高、看得远,有宽广的视野,有对外界事物的独立见解,有足够的想象力,直到模糊的远景变为清晰的现实。

预见性是战略思维的一个重要特征,科学预见是战略思维的一个基本要求。具有战略思维的领导者,就像一个下棋的高手,他每下一步棋,想的都是后面几步的棋。科学预见,就是妙算于未发、决策于未始、防患于未然。毛泽东曾指出:"没有预见,就没有领导,没有领导就没有胜利。因此,可以说没有预见就没有一切。"毛泽东在党的七大上说过:"预见就是预先看到前途趋向,如果没有预见,叫不叫领导?我说不叫领导。""坐在指挥台上,只看见地平线上已经出现的大量普通的东西,那是平平常常的,也不叫领导。只有当着还没有出现大量的明显的东西的时候,当桅杆顶刚露出的时候,就能看出这是要发展成为大量的普遍的东西,并能掌握住它,这才叫领导。"如果要等到某一重大战略问题表现得很突出时才去热切关注,而在其酝酿期、潜伏期、初始期没有充分的准备,一般是无法掌握主动权的。

应未雨绸缪，引领方向，在筹划未来时能越过眼前看得更远。要预见事物发展的总趋势，正确确立行动目标。《高层领导枕边书》写道："身居高位的领导，面对的是大问题，掌控的是大局面，必须有大胸怀、大眼光、大智慧。能见他人所不能见，想他人所不能想，行他人所未行。"要提高自己的预见能力，必须努力掌握辩证唯物主义和历史唯物主义的基本理论，运用它推知未来事物的发展趋势。必须学习新知识，熟悉和掌握现代预测理论和方法，看问题高屋建瓴，直指核心，预见事物发展过程的阶段性，具体实践发展的多种可能性，做决策平衡得失，抓大放小，有步骤分阶段地推进战略举措的落实。

大处谋，就是着眼全局，高瞻远瞩，韬略在胸，善于从宏观上谋划，在把握全局中运筹局部。"不谋全局者，不足谋一域。"要作出战略决策，谋全局重于谋局部，在复杂的局面中始终把握大局，把握关乎全局的战略性、政策性、倾向性问题。

朱元璋（公元1328-1398年），元末农民起义领袖，明朝的开国皇帝，是一位充满传奇色彩的人物。他接受了谋士朱升的建议："高筑墙、广积粮、缓称王"，意谓要想夺取天下，首先必须建立牢固的根据地，尽快壮大军队，使自己立于不易被击败之地，站稳脚跟，由点成面，不断扩张，步步为营地消灭敌人；其次要轻徭薄赋，爱护百姓，广积粮食作后盾，才能打胜仗；然后是在义军蜂起、群雄并立的形势下，不急于称王。这一点非常关键。过早称王，会树大招风，为自己招致许多敌人，因此讳露锋芒，勿早树敌，免得其他军阀眼红嫉妒，成为众矢之的，进而逐步巩固和发展根据地，兵壮粮多，壮大实力，积蓄力量，在众人眼皮底下暗度陈仓。

"高筑墙、广积粮、缓称王"，成为朱元璋夺取政权的战略方针，一直坚定不移地贯彻着，终于成就了一番伟业。对于朱元璋这一决策，毛泽东赞赏有加："朱洪武是个放牛娃出身，人倒也不蠢。他有个谋士叫朱升，很有见识。朱洪武听了朱升的话，'广积粮、高筑墙、缓称王'，最后取得民心，得了天下。"

毛泽东大半生在马背上度过。在中国新民主主义革命的艰难历程中，毛泽东以他超乎常人的特有智慧和远见卓识，指出了中国革命发展的必由之路。当1927年蒋介石背叛革命，中国大地血雨腥风，共产党人几乎处于绝境的紧急关头，是毛泽东带领队伍走上井冈山，开辟革命根据地，高瞻远瞩地提出了"枪杆子里面出政权"的理论，创造性地提出农村包围城市的革命之路，临危制变，席卷千军，中国的革命一步步走向胜利。"如果没有毛泽东同志多次从危机中挽救中国革命，如果没有以他为首的党中央给全党、全国各族人民和人民军队指明坚定正确的政治方向，我们党和人民可能还要在黑暗中摸索更长时间。"（《中国共产党中央委员会关于建国以来党的若干历史问题的决议》）电视纪录片《走近毛泽东》中有两句解说词让人震撼："他不会拿枪，他却是军事家；他不当元帅，他却缔造了共和国。"

红军时期，林彪的部下缴获了一把白银做的女式袖珍手枪，非常精致，不知是哪国造的，红军官兵非常喜欢，爱不释手，但不敢私藏，层层上交，把枪交给林彪。林彪也非常喜欢，却没有留下，又层层上交，送给了毛泽东。毛泽东看也不看，把枪扔在地上说，到我用得着这把枪的时候，咱们红军就完蛋了！毛泽东"扔枪"的故事说明他知道自己的主要职责是统筹全局进行战略指挥，而不是持枪打仗。因此说，毛泽东的主要精力和时间都用在统筹全局上。

所谓大局观，有些事从局部看可行，从大局看不可行；有些事从局部看不可行，从大局看可行。归根结底要顾全大局。不谋全局者，不足谋域。要求在工作中总揽全局、驾驭全局、把握全局，从大处着眼，高瞻远瞩、运筹帷幄，不拘泥于一城一池、一子一目、一胜一负。总是着眼宏观，志在高远。局部服从全局，以全局带动局部，才可能"在重重迷雾中认清方向，在众说纷纭中坚定立场，在大政方针中把握精髓，在领导工作中开拓创新"。为全局甚至不惜牺牲和舍弃局部。有时虽然局部蒙受了损失，但从全局着眼，局部的舍弃正是换来全局的胜利。毛泽东曾深刻地阐述："没有好的全战役计划，绝不可能有真正好的第一仗，这就是说，即使初战打了一个胜仗，若这个仗不但不于全战役有利，反而有害时，则这个仗虽胜也只算败了。"

毛泽东在几十年的征战生涯中，非常注重谋划运筹，把奇谋妙计发挥到极致，总是能够创造以少胜多、以弱胜强的奇迹，在危急关头都能化险为夷。当谈到毛泽东时，中国人无不对他神奇的用兵谋略叹为观止。抗日战争刚刚爆发，毛泽东就在他的《论持久战》中预言，抗日战争将是"防御、相持、反攻"三阶段，精辟地提出了在各个阶段中我军应采取的战略方针和对策，使我军创造了许多以少胜多、以劣胜优、以弱胜强的战术，节节胜利，捷报频传，使中国革命从胜利走向胜利。

党的十八大以来，基于对未来中国改革开放和发展稳定大势的全面深入思考和系统谋划，习近平同志亲自提出和推动了许多全新的战略构想和战略举措，以坚毅的战略定力与驾驭全局的智慧，引领大国经济。他强调，领导工作必须"善于观大势、谋大事"，"事物都是不断发展、相互联系的，只有眼界非常宽阔，正确认识和积极顺应中国和世界发展大势，正确认识和妥善处理党和国家面临的大事，才能把握工作主动权，跟上时代前进步伐，推动事业顺利发展。"要集中精力研究重大问题，坚持抓方向、议大事、管全局，善于统筹协调各方面力量，深入研究事关经济社会全面发展、长远发展和关系群众切身利益的重大问题，努力从战略上把握发展走向，从战略上破解发展难题。

习近平同志注重以全局的视野、长远的眼光看问题，从整体上把握事物的发展趋向，处理好全局与局部的关系；注重以联系的、发展的观点看问题，综合考虑各方面因素，把握问题的关联性、协调性。他在治国理政上突出强调，改革开放是决定当代中国命运的关键一招，也是决定实现"两个一百年"奋斗目标、实现中华民族伟大复兴的关键一招；改革开放是当代中国最鲜明的特色，是我们党最鲜明的旗帜；全面深化改革是关系党和国家事业发展全局的重大战略部署，不是某个领域某个方面的单项改革，必须加强顶层设计、整体谋划，增强各项改革的系统性、整体性和协同性。处理改革上要超前思维、提前谋局，要上下联动、综合施策。改革是深水攻坚，要啃硬骨头，要勇于攻坚克难。

胸有谋略展大为

有想干事、真干事的自觉，又有会干事、干成事的本领，是新时代党员干部的必备素质。不管是古代还是现代，谋略和思路都具有重要意义。在新时代，领导干部肩负着重大的领导责任。对工作怎么"领"、对群众怎么"导"，目标怎么定、路子怎么走，是不容忽视的大问题。毛泽东同志讲过，领导者的责任，归结起来就是出主意、用干部。

"谋略"二字是一个颇具神秘色彩的字眼，有着丰富、深邃的内涵，它是传统文化中的最能体现东方智慧的奇葩。一部人类文明史，就是一部人类谋略史。中华民族是崇尚谋略、讲究用智（智慧、智巧）的民族，其谋略思想的发展源远流长，传承不辍。一计竟可安天下，妙策方能建奇功。许多谋略家用不同的方法表明自己的谋略见解，导演过一幕幕令人叫绝的奇谋妙计。

在历史长河中，有一些英雄豪杰，因一时目光短浅，眼界狭隘，致使前功尽弃，饮恨苍天。当年项羽从24岁起兵，在中国历史上只驰骋6年多，却是无比辉煌耀眼的6年。项羽具有很高的军事素养，能够发挥自己最大潜能，勇猛善战，叱咤风云，打过许多大胜仗，为推翻秦王朝建立了巨大功绩，但英雄不等于政治家。那么项羽失败的教训是什么呢？灭秦以后，短于战略运筹，没有建立稳固的根据地；战略决策连续失误，导致诸侯起兵；残暴凌虐、滥杀无辜、不得人心；夺下的城池、掠下的珍宝，不肯轻易赏人；一心想称王称侯，衣锦还乡，目光短浅，企图恢复春秋、战国时代的封建贵族政治，没有"志在四方"的深远谋略；在最关键的时刻，项羽有勇无谋。

不超前谋划长远利益，就不能够考虑好当前的问题。只有具备超越常人的战略眼光，才能抢占先机、抓住机遇，同时，能未雨绸缪，规避现实中的风险和危机。李自成是个平民英雄，与明朝斗争了17年，又同清朝斗争了14年。李自成由大胜转为大败的一个重要原因，是缺乏战略眼光，驾驭全局的视野过于狭窄，不具有政治家的深谋远虑和综合才智，没有得天下、治天下的文韬武略，在政权建设、军队建设、建国方面拿不出方略。刘宗敏、牛金星等文臣武将，也只有"井窥之智"，远不如张良、刘基。

李岩是李自成打天下的谋士。李岩的作用就像朱元璋拥有刘基一样。他主张进京后整肃军纪、笼络旧官、稳定人心。后来李岩向李自成提出建议：大局未定，登基之事，享乐之事，应在清除外患后再议；追赃影响军纪，必须停止；乘胜追击，稳定阵脚；山海关城战略地位非常重要，应以招抚为主，防止明室反扑。可惜李自成没有采纳，丧失了良机。

有些失败者、失意者，办事情捉襟见肘，逊色于人，甚至一塌糊涂，除外因条件不利之外，重要原因是缺少韬略上的研究，缺少谋算的本领，在实践中没有把信息、知识、智慧转为谋略，不足以驰骋人生之大志。

"滚滚长江东逝水，浪花淘尽英雄"，但大浪淘不尽的是金子般的智慧和谋略。历史上有不少谋略大师擅长策划，真可谓一策方能转危局，一谋而见退千军，一计稳观平骚乱。诸葛亮说："谋，自料知他也。"谋略就是了解双方的情况，预见到事物发展的趋势和结局。即知其变而用兵，则用兵如神；知其变而料事，则料事如神；知其人变而用人，则料人如神。孙子《兵法·谋攻篇》说："知己知彼，百战不殆；不知彼而知己，一胜一负；不知彼，不知己，每战必殆。"

刘邦和朱元璋，是老粗皇帝，很了不起。毛泽东认为，"书读多了，就做不好皇帝"（《晚年毛泽东》，第258页）。赵匡胤一脸福相，少识诗书，也是一位老粗皇帝，曾当过士兵，足智多谋，屡立战功。在历代封建帝王中，善于取得权力和巩固政权的，恐怕非赵匡胤莫属。统一全国，没有太多的征战杀伐，结束了五代十国长达50余年的混战局面，让老百姓脱离战乱的苦海。宋祖安邦有远谋。刚刚创建宋朝政权，百废待兴。作为军人出身的赵匡胤很懂得天下由马上得之，却不能以马上守之的道理。

当年朱元璋的势力，不如陈友亮、张士诚。朱元璋采纳了朱升的建议和刘伯温的妙计,战胜了陈张,得了民心,得了天下。

"掌上千秋史,胸中百万兵。眼底六洲风雨,笔下有雷声。"毛泽东雄姿英发,文韬武略,胆识过人,是不背枪的统帅。毛泽东大半生在马背上度过。他是"枪杆子里面出政权"的理论首创者,对笔杆子也情有独钟。长征途中,贺子珍为他特制了一个可以装好笔墨纸砚的挎包。他开玩笑说,我要用文房四宝打败国民党的四大家族。

毛泽东身在军旅,手不释卷,汲取中华谋略的精髓。在中国现代战争史上,毛泽东指挥的诸多战事,在新的思维制高点上吸纳并综合了李世民"以弱胜强"、朱元璋"次第经略"的思想,形成"集中优势兵力,各个歼灭敌人"的战略原则。人类的智慧和想象力是在继承中逐步提升的。朱元璋的成功经验,让毛泽东领略到不同战略阶段分清主次、逐步拓展的极端重要性,其"不要四面出击""不打无把握之仗"等思想均有深厚的民族历史渊源。

毛泽东创造性地提出农村包围城市的革命之路,临危制变,席卷千军,长征领路旌旗烨,窑洞研伸马列魂。惟有工农是主宰,居然小米胜强军。中国的革命一步步走向胜利,中国人民从此站了起来。

学习谋略,能够使人汲取前人的谋略精华,提升一个人的智能和灵性,在事件的萌芽状态能够推测出事物未来发展的走势,在纷繁复杂的事物变化过程中找到问题的"命门",从而一击中的。

放在大局去摆布

"将相和"的历史故事,人们耳熟能详。廉颇是战国时赵国的一员大将,多次打败秦国的侵犯,屡立战功,声震诸侯,名气很大。廉颇认为蔺相如不过是个门客,出身低微,凭借三寸不烂之舌,立了点功,就得到了比我还高的官职,心里不服,十分恼怒、嫉妒,扬言要当众羞辱蔺相如。

强秦铁腕难夺璧，老将廉颇愧负荆。廉颇得知相如之所以退让，是因为他以国家大局为重，怕双方发生矛盾对赵国的安全不利，觉得很惭愧，自己目光短浅，把个人的名誉和地位看得过重了。于是这位曾出生入死的大将军光着上身，背着荆条，到蔺相如家去赔礼道歉。他一见相如，马上跪倒在地，说："我是个粗鲁的人，见识少，气量窄，对您很不尊重，想不到相国竟如此宽容大度。您就用荆条打我吧！"

相如见廉颇负荆请罪，急忙起身上前扶起老将军。说道："大丈夫在世，要先国家而后私仇。我们都是赵国的文武重臣，最重要的是保卫赵国，使赵国不受别国欺凌。至于私人之间的一些小事情是算不了什么的。"从此以后，廉颇和蔺相如互敬互让，成为生死之交。赵国由于有两根擎天柱——"文有相如，武有廉颇"，由于"将相和"，秦国在整整10年时间未敢出兵侵犯赵国。

凡事要从大局着眼，从整体角度考虑问题，在事关大局和自身利益的问题上，能以宽广的眼界审时度势，以长远的眼光权衡利弊得失，自觉做到从大局出发，以整体利益为重，局部利益服从整体利益，自我服从全局，眼前利益服从长远利益。

"桃李不言，下自成蹊"，是司马迁对李广将军的赞扬。"秦时明月汉时关，万里长征人未还。但使龙城飞将在，不教胡马度阴山。""飞将"指的是李广，意思是只要有李广将军在，匈奴人就过不了阴山。

李广一生跟匈奴打过七十多次仗，战功卓著，而且品德高尚。汉武帝派大将卫青北伐匈奴，李广已经年过六十，即使靠着老本也能够安享晚年，但是他仍然请缨出战，随卫青出征。在与匈奴作战时，李广顾全大局，不顾自己年老，把自己的生死置之度外，主动承担诱敌深入的重任。这种顾全大局的精神令人敬佩。

领导干部只有胸中有全局，着眼于全局，善于站在全局的高度观察局部、分析问题，才能在千头万绪的工作和错综复杂的矛盾中有效推动工作。全局利益是最高利益，全局搞好了，从根本上和长远上说有利于局部。有些事情，今天看来是可以做的，但从长远来看是不行的，这样的事不能做；

有些事情，今天看来是可做可不做的，但从长远来看是有益的，这样的事情要坚决做好。

必须在把握全局中运筹局部。从一定意义上来说，把握了重点就把握了全局，丢掉了重点就丢掉了全局。荀子有言："主好要则百事详，主好详则百事荒。"所谓重点，就是有决定意义的问题。一般来说，重点有三类：一是主要矛盾和中心任务，它决定战略主攻方向，对全局的发展起主要的决定作用；二是重大矛盾和战略布局；三是关键环节和工作的着力点。

毛泽东在《中国革命战争的战略问题》中指出："指挥全局的人，最要紧的，是把自己的注意力摆在照顾战争的全局上面。""任何一级的首长，应当把自己的注意重心，放在那些对于他所指挥的全局说来最重要最有决定意义的问题或动作上，而不应当放在其他的问题或动作上。"战略思维的切入点是从大看小。大是全局、系统，小是局部、要素。从大看小就是要放眼全局，站在全局的高度去看待全局与局部、局部与局部的关系。

领导干部着眼全局，就是要求把观察和处理问题的出发点和落脚点放在全局上，把局部问题放在整体之中予以思考。以全局利益为标准作出决策，不应仅仅考虑自己的"一亩三分地"。2016年1月，在中央政治局会议上，习近平指出，领导干部增强大局意识，就要时刻做到正确认识大局，自觉服从大局，坚决维护大局，确保中央决策部署落地生根。

大局观不仅是一种思维、一种战略观，还是一个人修养的体现。在实际工作中，我们有的党员干部并不缺乏大局观，懂得不谋全局者，不能谋一域，却会做出不顾大局的事情。为什么会这样呢？是因为他们的修养、品格不足：有的过于追逐名利，明知一些事情不可为，但为了个人私利还是不顾大局，做出急功近利之举；有的心胸狭窄，处理人际矛盾时不能自我克制，而是斤斤计较，容易冲动做出不理智的事情。由此观之，若缺乏合格的政治素养，就容易各自为政，不顾大局。

应用大局来统一思想、协调行动、处理矛盾。做领导工作光有认真、务实的品格是不够的，还必须增强大局意识，做到着眼大局，首先必须胸怀广阔。从大局看问题，放眼世界，放眼未来，放眼一切方面，也放眼当前，处理好全局与局部的关系。须以党和国家的工作全局为重，从党和国家根本利益的大局出发，从改革和发展的大局出发，处理好局部与全局、眼前与长远的关系，自觉地在顾全大局的前提下做好本职工作，局部利益服从全局利益。当局部利益与全局利益发生矛盾时，要坚决服从全局利益，必要时还要暂时牺牲局部利益，以保证全局利益的实现。

习近平同志强调："必须牢固树立高度自觉的大局意识，自觉从大局看问题，把工作放到大局中去思考、定位、摆布，做到正确认识大局、自觉服从大局、坚决维护大局。"要有全局意识，关心全局，顾全大局，善于把本地区、本单位、本部门的工作放在大局中去思考、去谋划、去落实，坚决摒弃那些单纯追求个人政绩，而放弃原则、不听招呼、不顾全局，做出损害集体利益的行为。有时为了大局还要甘愿做出必要的牺牲。如果只管解决眼前的、局部的次要问题，而根本不管是否会妨害长远的、全局的主要方面，这种就事论事、简单粗暴的工作方法，就会给领导工作带来重大损失。

以全局的意识带动班子，不可囿于局部和一时，不可一叶障目不见泰山。对班子成员之间存在的不利于团结的苗头尽快消除。以民主的作风团结班子，以人格的力量影响班子，大事讲原则，小事讲风格，公道正派，淡泊名利，宽以待人，推功揽过。为了顾全大局，有时还要委曲求全。从为实现"中国梦"的努力奋斗、不懈奋斗中，使整体的利益最大化。

待时不如乘势

有实力又能乘势的人，才能获取成功的桂冠。"审时"即审察时机；"度势"即全面衡量形势。审时度势，即顺应时代的发展趋势，依据客观实际发展变化的内在要求，获得事业成功的重要条件。"审度时宜，虑定而动，天下无不可为之事"（明代张居正）。人的才智再多，如果不趁着时势运趋行动，恐怕不会有什么大作为，甚至面临着被淘汰的危险。

成功者和失败者不同点在于是否抓住机遇。晋文公采纳子犯的主张而称霸。刘邦、叔孙通因审时度势而成功。《隆中对》乃顺乎时势之范文。聪明的人见机则借机，事半功倍。领导干部必须审时度势，以宽广眼界观察世界和未来；必须把握大局，保持清醒头脑，辩证地透过表面现象发现本质和关键，遵循客观规律，追求卓越，走向成功。

有些人往往有这种情况：他很走运，但难得的机遇失之交臂。成功者和失败者的不同之点，就在于前者能够及时抓住呈现在面前的施展才华抱负的机遇，而后者则忽略和错过这种时机。顺应时势，因势利导，能成大事。《汉书·昭帝纪》载："光知时务之要，轻徭薄赋，与民休息。"《三国志·蜀国·诸葛亮传》裴松之注引《襄阳记》："儒生俗士，岂识时务？识时务者在乎俊杰。"

一切事物依据一定的条件发展变化，没有一成不变的事物，主客观条件也是不断变换着的。做任何事情，都应依时间、地点和条件为转移。《吕氏春秋》和《伊索寓言》讲的故事有异曲同工之妙，耐人寻味。《吕氏春秋·察今》说：楚国有一个渡江的人，他的剑从船上掉到水里去了。他急忙用刀在船上刻个记号，说："这里是我的剑掉下去的地方。"船停了，他从刻记号的地方跳到水里去找剑。船已经移动了，而剑却没有移动，像这样找剑，不是很糊涂吗？

此时和彼时的情况不同，此时的办法不一定适合彼时。刻舟求剑者糊涂在于不识时务，以固定不变的眼光，以僵化的思维，去看待已变化的新情况。正如古希腊哲学家赫拉克利特所说："人不可能两次走进同一条河流中去。"原因就在于，当你第二次走进河时，水已经流动过了。

《伊索寓言》中讲述了一头驴子听见蝉在歌唱，很是羡慕，听说蝉是吃了露水才发出这样的美音，它就等着喝水，因饥饿而死了。另一头驴子背了盐第一次跌到河里，盐溶化了，它站起来时轻了许多；后来背了海绵到河边，便故意地滑倒在河里，不料海绵吸收了水，站不起来，便淹死在河里。

做任何事情，都应依时间、地点和条件为转移。清代胡雪岩通过对战争形势的分析，认为太平军是不会持久的，早晚要败于清军之手。最好的选择就是帮助清军赢得战争。胡雪岩曾说："做事情要如中国一句成语说的，'与其待时，不如乘势'……"审时度势，是指依据客观事物的纷纭变化，权衡利弊，把握住最有利的条件和机会，选择最恰当的方式，使矛盾的双方向有利的方面转化而不是激化。

趁着时势趋势行动，做事有度，处事有方，而不能单凭自己的实力硬闯。培养这种能力，需要平时多留心、多观察、多思考。聪明的人见机则借机，事半功倍。当事情正在发生变化，可能会有利于己时，就需要找到变化的关键点，拿出对策。当人心向背正在发生变化，就要找到其中对自己有利的转变点，拿出制胜的办法。

叔孙通是秦始皇时征召的儒经博士。司马迁在《叔孙通传》中赞叹道：叔孙通善于随机应变，度量事务，制定礼仪法规或取或舍，随着时势来变化，最终成为汉代儒家的宗师。"最正直的好似弯曲，事理本来就是曲折向前的"，大概说的就是这类事情吧？班固在《汉书》传末的赞语中说："叔孙通舍枹鼓而立一王之仪，遇其时也。"

审时度势是科学决策的基础。人生的行动，要依时势而进退，正如航行一样，当涨潮时，船只进出港口一定来去自如，如果错过时机，便有搁浅的危险。正如孟子所言："虽有智慧，不如乘势；虽有镃基，不如待时。"虽有聪明才智，不如趁有利形势；虽有锄头，不如等待农时。诸葛亮在敌方大兵压城、岌岌可危的情况下，敢于大开城门，唱起了"空城"计，致使司马懿望而却步。这种胆识是建立在审时度势基础之上的。

审时度势要从偶然的、表面的、零碎的现象中明察秋毫；于一瞬间见微知宏，观落叶而知秋，窥一斑见全豹，迅速做出反应和对策；从稍纵即逝的现象中察微知著，看到客观态势某一方面进展的趋势，把握时机，因势利导，顺势而为，乘势而上。

顺势而谋、而为，是科学的行为准则，方为大智慧，必有大作为。有些事情看起来棘手、难办，"大凡士人出处，不可苟且，须审时度势，必可以得行其志，方可一出"（清代褚人获《隋唐演义》）。在不违反客观规律的前提下，通过主观努力，创造有利于"势"形成的物质条件和精神条件，进而驾驭规律、利用规律，达到出奇制胜。由于审时度势，事情办得顺利、漂亮，事半功倍。有实力又能乘势的人，才能获取成功。

毛泽东认为，审时度势中的"时"和"势"属于客观实际，"审"和"度"属于战争指导者的主观认识。在军事上要打胜仗，少打败仗，关键是要正确审时度势，把"主观和客观二者之间要好好地符合起来"。毛泽东先后发表《中国社会各阶级的分析》和《湖南农民运动考察报告》，明确提出依靠农民革命斗争。第一次大革命失败之际发起大规模武装起义之后，毛泽东创造性地提出"工农武装割据"，"建立巩固的革命根据地"的战略，并建立第一支工农革命军，创建井冈山革命根据地，独创出农村包围城市、武装夺取政权的道路。

科学思维纵横谈

事物本是复杂多样的，因而应从多种角度去观察、去探索，才有可能获得全面、正确的认识。考虑问题如果局限于一个点、一条线、一个面上，不会换个角度思考，不愿多想几种可能性，就会于事无补。如果习惯于只求一个所谓唯一正确答案，就会常常与鲜为人知的创造性答案擦肩而过。法国哲学家埃米尔·查蒂尔说："如果我们只有一个主意，那么没有比这主意更危险的东西了。"

习近平同志在党的十九大报告中指出："增强政治领导本领，坚持战略思维、创新思维、辩证思维、法治思维、底线思维，科学制定和坚决执行党的路线方针政策，把党总揽全局、协调各方落到实处。"提高自己科学思维的能力，就应当在日常工作和生活中，一切从实际出发，紧密联系本单位工作实际，勤于思考，多想问题，不务虚名、不放空炮、不搞花架子、不做表面文章、不盲从，创造性地贯彻上级指示和要求，不唯上、不唯书、只唯实，在实践中有所发现、有所发明、有所创造。

我国著名语言文字学家、教育家黎锦熙说："民国头十年间，我在湖南办报，当时有三位青年学生常常帮我们抄写文稿。第一位是不管文稿内容，什么都抄，就连文稿中的技术性错误也照抄下来；第二位是见到文稿中的问题就会提出来，并能够主动润色修饰；第三位则与众不同，看到他不同意的文稿，干脆就不代抄，更不屑于在技术问题上纠缠。这三位青年后来的前程大不一样。第一位终身是个小职员，在历史上默默无闻；第二位后来成为我国著名的作家、戏剧家，他就是田汉；第三位则在历史上成就了一番大事业，他就是毛泽东。"

思维的灵活性，重在新的构思，即能在事物发展中审时度势，根据变化了的情况对问题做出及时而恰当的处理，而不是把自己囚在困惑之中。当人们陷入某种盲目性之后，就像进入"八阵图"一样走不出来，不妨换换观察、思维的角度，或者经人指点，变单向思维为多向思维，多视角、多侧面、多层次地思维，则会产生新的思路，进入新的境界。思维不灵活，会导致"山重水复疑无路"；思维转转弯，会出现"柳暗花明又一村"。

有一次周恩来应邀访问苏联。批评赫鲁晓夫全面推行修正主义政策。狡猾的赫鲁晓夫说："你批评得很好，但是你应该同意，出身于工人阶级的是我，而你却是出身于资产阶级。"言外之意是指总理站在资产阶级立场说话。周恩来平静地回答："是的，赫鲁晓夫同志，但至少我们两个人有一个共同点，那就是我们都背叛了我们各自的阶级。"此言一出，立即在各共产党国家传为美谈。

思维的广阔性，表现在思路宽广，善于联想，能举一反三，触类旁通，运用日常积累不同领域、不同侧面的知识、经验，通过推测、想象，沿着各种不同的方向，或从不同角度进行有效的思维。建立这种多维多向的思维方式，使思维像舞上旋转的球形彩灯一般，急骤发散，开阔认识视野，校正考虑问题角度，对思维灵感的出现能起到"催产"的作用。同一件事情，不同的思维方式，会有不同的结果；同一个岗位，不同的思维方式，则会产生新的思路，进入新的境界，会有不同的业绩。

想象是思维品质的组成部分，是指在感性形象的基础之上，在自己脑中创造出新形象的心理过程。想象是联想的继续和深入。提高想象力的重要方法是捕捉某一事物特征，抓住这个特征的某一点生发开去，找到维系其他事物的中介，从而产生创造性思路。锻炼想象力，要尽量扩大对自然界和人类社会各种形象的储备；借用"朦胧"想象——人在散漫的心理状态下，容易展开形象思维；练习比喻、类比、联想；想象与判断相结合——合理的想象只有跟深锐的判断力一道才能发挥作用；不要束缚自己的想象力——"宁可如野马，不可如塞驴"。

开阔思维，破除那种只防出错、不求创新和只求保险、不担风险的思维定式，克服那种唯书唯上、崇洋崇古、照搬照套的行为习惯，要鼓励敢冒风险、宽容失败、敢于独立思想、敢于冲破陈规陋习。思维开阔的人把每一个困难都当成一次成功的机会。美国谚语说："大胆的尝试等于成功的一半。"要善于把上级的指示精神和本单位的实际情况结合起来，进行理性思维、理性概括，使之成为独具特色的思想观点和方法，用来协调和指导工作。要把学习的内容加以概括，讲出思想来；分析形势，能抽象出几条有指导作用的意见来。

辩证思维是一种能使领导者产生智慧、增长才干的思维方式，是衡量领导者的总体能力和水平的根本标志。唯物辩证法的范畴、观点、规律完全适用于辩证思维。对立统一规律、质量互变规律和否定之否定规律是唯物辩证法的基本规律，也是辩证思维的基本规律。辩证思维是指立足于客观事物的辩证性而展开的思维。辩证思维要求以普遍联系、变化发展和对立统一的视角观察问题，分析工作中遇到的复杂矛盾问题，解决问题，避免就事论事、只见树木不见森林。培养辩证思维品质是提升领导能力的前提和条件。恩格斯有句名言："蔑视辩证法是不能不受惩罚的。"一些领导干部的"本领恐慌"，首先就是"哲学的贫困"。陈云说："如果对辩证唯物主义一窍不通，就总是要犯错误。"坚持辩证思维有利于克服工作中的片面化、极端化的习性，有利于解决"十个指头弹钢琴"的问题。

习近平同志指出:"辩证思维能力,就是承认矛盾、分析矛盾、解决矛盾,善于抓住关键、找准重点、洞察事物发展规律的能力。"对领导者来说,所谓的辩证思维,是指要辩证地看问题,坚持"两点论"和"两分法",一分为二地看问题,善于从劣势中看到优势,从危机中看到机遇,从成绩中看到不足,从差距中看到潜力。要把辩证思维贯彻到工作各个方面。任何时候都不钻牛角尖,都不片面、静止、孤立地看问题,承认矛盾、分析矛盾、解决矛盾,善于抓住关键、找准重点、洞察事物的发展规律,解决领导过程中的疑难问题。领导工作千头万绪,必须分清主次,不应眉毛胡子一起抓,坚持抓主要矛盾和矛盾的主要方面,分清大小难易,明确轻重缓急,厘清左邻右舍,牵住"牛鼻子",找准突破口。要虚功实做、鼓舞士气,不能只忙"务实"不忙"务虚"。不能只忙照明不忙充电,而要学习提高、增长才干。要善用"减法",有所为有所不为,"加法"也要运用得恰当。要善于统筹协调各个方面、各个环节、各个领域的工作。

把辩证思维贯彻到干部考察、推荐、选拔、任用的全过程,不宜光看干部的一时一事、一次投的信任票多少,不可光听几次汇报、看几个"盆景"完事,必须看干部的多岗位业绩,看干部的一贯表现,看干部的群众口碑,看干部的道德品行。绝不凭个人关系的好坏选用干部,也要防止形式上按程序办事,实际上还是个人说了算。实行组织考察与群众评议相结合,多数群众不同意的干部不能提拔。用好一个,激励一片;提错一个,挫伤一群。重用一个实干型的干部,必将影响、带动一批干部实干。要处理好低调做人与高标做事的关系。二者缺一不可。如果不是低调做人,而是张扬、骄狂,即使再有才华,也会走下坡路。如果不去高标准做事,而是在其位不谋其政,群众不欢迎不作为的干部。

领导者要综合运用辩证思维方法。应看到事物的正面、反面、侧面,看到它的现在、过去、将来。亦即对同一事物从不同角度、不同方面去思考,从寻探根源上思考,寻求解决问题的多种途径,对熟悉的难题,需用不熟悉的方式去解决。换位思考,多视角观察,采取应对之策。

创新是第一动力

创新思维能力首先表现在富有锐意进取、勇于创新的精神上,具有"敢闯、敢冒"的精神,敢创新,敢争先,找准突破口,使本职工作的业绩最大化。提高创新思维能力,就是要有敢为人先的锐气,打破迷信经验、迷信本本、迷信权威的惯性思维,摒弃不合时宜的旧观念,以思想认识的新飞跃打开工作的新局面。

一个有作为的、富有创新能力的领导干部,必须具有强烈的创新争先意识。培养、锻炼和提高自己的创新思维能力、具有创造能力的人,首先就要表现出敢闯、敢担风险的精神和气魄。习近平同志多次强调,大到一个国家在世界舞台上站稳脚跟,小到一个地方、一个企业,创新都是引领发展的第一动力。没有这种精神,就难以有创造性工作的热情和干劲,不会有创造性工作的成果。2016年3月5日,习近平同志强调,创新发展理念是方向,是钥匙,首要的是创新。"志士惜年,贤人惜日,圣人惜时。"寸金难买寸光阴,要抓住时机,瞄准世界科技前沿,全面提升自主创新能力,力争在基础科技领域做出大的创新、在关键核心领域取得大的突破。

2018年3月7日,习近平同志在广东代表团参加审议。他强调:"发展是第一要务,人才是第一资源,创新是第一动力。中国如果不走创新驱动发展道路,新旧动能不能顺利转换,就不能真正强大起来。强起来要靠创新,创新要靠人才。"

旧的思维定式很容易束缚人的思想,影响人的思维的灵活性和创造性。因此,领导干部提高自己的思维能力,要培养良好的心理素质,突破旧的思维定式,克服僵化的思维走势,不刻舟求剑,不落窠臼,思维时能够独立地提出问题、判断问题和解决问题,不为陈旧观念和模式所左右,不照抄照搬,不迷信权威,不轻信盲从,敢于质疑否定,敢于冲破旧习惯的束缚，从实际出发执行上级指示，并有所发明、有所创造。能够对变化的情况做出敏捷的反应和抉择，能从细微的迹象看出形势的变化，由现象或部分推知本质或全体，如同"绿叶忽低知鸟立，青萍微动觉鱼行"。同时还要注意培养良好的心理素质，克服不健康的心理因素对思维的消极影响，保持清醒的头脑，为正确思维创造良好的条件。

有个国王在巡察中磕疼了脚，便下令将路面铺设牛皮。大臣们很为难。幸好有个聪明人献策：用两小片牛皮裹住脚，于是皮鞋诞生了。在认识和处理问题时，要尽力进行全方位的观察思考。"条条道路通罗马。"当一个思路行不通时，可换一种思路，学会用熟悉的眼光看陌生的事物，用陌生的眼光看熟悉的事物，新的创意就能产生出来。勇于突破一般思维常规，从新的角度思考别人认为完美无缺的结论，找出其缺点和不足，加以补充或扬弃。勇于跳出旧俗，冲破束缚，坚持以创新为导向，既抓班子建设，又抓学习研究，更抓工作创新，另辟蹊径，去想别人所未想、求别人所未求、做别人所未做的事情。

我们应在实际工作中培养和扶植有胆有识这种心理素质和精神状态，勇于探索，披荆斩棘。鲁迅说过："地上本没有路。走的人多了，也便成了路。"积极开动脑筋，主动探索别人还没有涉及和认识的领域，提出和认识问题有独到的见解，解决问题有新的途径和方法。工作中要有新意见和新办法，有新的思路，富于创造性。要主动、积极地研究新情况，解决新问题，使自己的思维跟上时代的步伐。要在实际工作中创造性地贯彻上级指示和要求，不唯上，不唯书，只唯实，表现出敢闯、敢担风险的精神和气魄。善于创造性地学习和借鉴别人的成功经验，发现所要借鉴的经验与自己面临的实际的相似处和共同点，站在理性的高度去认识经验，认识和抓住新经验中最本质的东西，解决面临的问题。

在创新过程中，出现一些挫折和失误是难免的。不能因为遭受种种非议和磨难而退缩，不能因为有风险、没有百分之百把握就不敢做。不干事、无所作为，倒是不会出什么纰漏，但"在其位不谋其政"本身，就是一个错误。因此，应当说，有错误的勇士仍然是勇士，没错误的庸人还是庸人。

怕树叶掉下来砸破脑袋的不是优秀干部。

"失败和创新是一对孪生姐妹。"宽容失败,有助于鼓励创新。要造成鼓励探索创造的环境,改变"干的不如看的"的氛围。搞"创造性"的东西,需要广开视野,另辟蹊径,是别人没做过的,没有成型经验,弄不好就要碰壁、跌跤,但应予以肯定和鼓励,既有苦劳,也有功劳;而在一成不变的思维方式和工作格局中毫无创造性和科学性的没有效率的繁忙,恐怕只有"苦劳",没有"功劳"。应当在党员干部队伍中大力弘扬创新精神,鼓励创新实践,宽容失败,当好创新者的"保护伞"。要形成"鼓励创新、宽容失败"的环境和氛围,建立起"失败后还有明天"的思维定式,做支持创新的促进派、促进创新的实干家、推进创新的践行者。新时代是革故鼎新、开拓创新的时代,是打破常规、富于创造的时代。领导干部必须带头以积极的创新精神、进取精神,大胆改革,兴利除弊,开创新局。

韬光养晦乃俊英

韬光养晦,是指暂时敛藏才能,不露真心,隐匿踪迹,以拙愚示人,蓄势待发,这样才有肩鸿任臣之力。此乃不利环境下的一种计谋。这种计谋有两个基本点:一是韬晦,即收敛锋芒,隐蔽自己的本来面目和真实意图;二是待机,知难而退,强而避之,等待时机,以图东山再起,一展个人宏图。

圣人韬光,能者晦迹,收敛锋芒,这一直是成大事者的必定策略。"俗人昭昭,我独昏昏。"(《老子·道经二十》)——世俗的人都自我夸耀,唯独我不显示自己。"虎豹之文来射,猿狖之捷来乍"(《淮南子·说山训》)。虎豹因花纹而招来利箭,猿猴因敏捷而招来捆缚。

炎帝时黄帝行韬晦之计,"三战然后得其志",算是使用这种策略的最早记录了。羽翼未丰,不可高飞;剑戟不锋,不可断割。《易经》中的"潜龙在渊",就是指君子要善于保存自己,待时而动,循序渐进,不可轻举妄动,贸然前进。南朝梁人萧统《靖节先生传序》有"圣人韬光,贤人遁世"之说。《隋书·薛道衡传》则提出"韬神晦迹则紫云腾天"。

遇到有利于自己发展的机会时,及时主动出击,以便获取大胜;当环境与形势不利于自己的时候,保持沉默,以柔弱示之,积蓄力量,等待有利时机,以再展雄风。

文王善于识才,拜姜子牙为军师,励精图治,苦心经营,使周具备了较强的实力。姜子牙是西周的开国功臣,齐国的始祖,开发山东地区的历史伟人,多谋善断,长于用兵,工于奇计,被后世人奉为谋略家的开山祖师。《六韬》以姜太公与周文王、周武王对话的形式,分文韬、武韬、龙韬、虎韬、豹韬、犬韬,对国家治理、对敌策略、指挥布阵等进行精辟阐述。

李白《沐浴子》云:"沐芳莫弹冠,浴兰莫振衣。处世忌太洁,至人贵藏晖。"《菜根谭》中说:"君子之才华,玉韫珠藏,不可使人易知。"此乃强化自己的学识才能、养精蓄锐、从容应对不测之变的过程。没有取胜的把握,不去四处张扬,放弃个人的虚荣心,踏踏实实走好人生。

"大丈夫能屈能伸",是从老子委曲之道中演绎而来的。这是总结人生从遇到挫折到走向成功得出来的经验之谈。"屈"是"伸"的准备和积蓄的阶段。蠖在幼虫时,行动总是先蜷曲后伸展。明代王世侦云:"尺蠖欲求伸,卑污须自屈。"能屈能伸与韬光养晦,有异曲同工之效。人贵能屈能伸。若想做"人中之龙",就不要做好冲动的莽龙,而要做安然而有智慧的潜龙。

当环境与形势不利于自己的时候,不拿鸡蛋碰石头,不让自己成为别人攻击的靶子,采取韬光养晦的行事方式:隐蔽自己的意图,收敛自己的锋芒,藏好自己的棱角,保持沉默,敛藏才能,以柔弱、拙愚示之,能忍人所不能忍,镇静持重,积蓄力量,等待时机,以图东山再起,再展个人宏图,成人所不能成之功。

第七章 展示战略思维韬略

韬晦术作为历代有谋之士的枕箱秘笈，有明确的目的性和极强的进取性，虽然在表面上有许多退却忍让，却更显示人的韧劲与忍辱负重的内在力量。有时虽有失正道的嫌疑，在大义上却又不失为正，这是由于心中的本意是正直的缘故。

毛泽东在井冈山时期，曾被错误传达为开除党籍（实际是被开除政治局）；在几个人鼓动下，将其师政委通过"选举"选了下来。在四次反围剿后，被剥夺军事指挥权。对这些错误处理，毛泽东都能以宽广的胸怀忍耐待机。如果当时激化矛盾，红军相互残杀，后果不堪设想。逆境厄运为了保身，无故加之必须忍住，有时还要承认"错误"。

1958年大跃进年代，周恩来对反冒进的"错误"，一再检讨以至提出辞职，应该是周恩来以退为进的策略。

谁使华夏重睁目，一代天骄敞国门。邓小平三落三起，韬光养晦，大获成功。长征前被"左"倾路线错误批判并被解除领导职务，但他没有不计后果地进行对抗，而是跟着走完了长征。等到"左"倾路线的错误统治结束后，承担了更为重要的领导工作，成为人民共和国的开创者之一。

1945年7月，杜鲁门在一次会议上，向斯大林暗示美国已有了原子弹。斯大林继续谈着其他的话题，使杜鲁门的核恫吓未能奏效，又没有暴露前苏联自己研制原子弹的计划。

我们处在一个复杂的空间里，思想、经济、文化等都不是纯而又纯的，各种各样的不利因素混杂其间。有的领导据单位为私有，视群众为"子民"，最怕的是下属超过自己，怕夺走自己的"乌纱帽"。有时你勤于发挥自己的特长，做出了骄人的业绩，走到哪里都如众星捧月一般，都会使他不开心，总是猜疑、戒备、限制和束缚，甚至不惜栽赃陷害，排斥打击。在这种情况下，欲想免受侵害，伸张正义，懂得一点韬晦术，遇事不怒或含怒不激、不屈于辱而又忍辱负重，收敛锋芒，适当沉默，假装糊涂，避免嫌疑，耐心等待，加强学习，总结经验，增强竞争能力，不是没有益处的。正如老子所说："无为而无不为。"只有不做，才能无所不做；唯有不为，才能无所不为。

由于领导班子内的微妙关系和利益博弈而受领导的冷落，被置于英雄无用武之地的弱势处境，并不意味着你的一生都失去了发展的机会。若想到这一点，可否"不以物喜，不以己悲"，为迎接这种机遇而做好充分准备，而最好的准备莫过于充实自己、增长才干。

　　而有的时候，你不能得到信任，或许是你的能力欠佳、个性偏弱、缺少雄心；或许是你凡事明哲保身，尽管人缘很好，但自身的领导职权容易被上级截留、被同级蚕食、被下级挪借，导致职权流失，不能完成领导分派的工作；或许是你不能与领导形成"心有灵犀一点通"的合作关系。此时，你就更应该补补课了。

　　在受人冷遇的日子里，你可以从繁忙的工作担负中解脱出来，不处于权力体系的核心，这既是劣势，又是优势。因为你拥有一片闲适的自由空间，可以搞一些"自选动作"：去进修班学习，去享受读读史书的"奢侈"生活，去完成一项你思虑已久却没空去做的任务。

　　没有事干和不能干事不是一个概念。只要是金子，什么时候都会发光。只要自己素质上不是低能，行为上没有过失，就不必在乎别人难看的冷脸和冷淡的眼神。只要你不看轻自己，不落魄失态，不颓废堕落，用心去做，就会把失落、失败转化为成功，收获意想不到的、令人欣慰的东西。美国前总统尼克松曾两次竞选失败，但他不灰心、不气馁，积极展开政治交往活动，终于登上总统的宝座。

　　有许多时候，领导冷落某一个下属，是因为他不大了解这个人，或者产生一些误会，或者对下属的忠诚没有把握。下属应该主动与领导沟通和接触，有意识地寻找与领导交流的机会：请教一个问题、提出一个建议，与领导聊聊天……注意提高自己的知名度，不妨在某一领域一显身手，如打球、游泳、唱歌、书法、赋诗、写作，引起领导的关注。通过增加在领导面前出现的频率，来增加他对你的印象和兴趣，从而为交流奠定某种心理基础。

　　退是为了进，退一步为的是进两步。老子认为，以退为进是处世哲学的最高明的方法之一，因为先退一步为日后进一步留下了回旋余地。通过退让而寻找进的机会，积累进的力量。《易经》说："尺蠖之屈，以求伸也；龙蛇之蛰，以存身也。"人们用这句话比喻为了前进而暂时后退，为了成功而暂时忍屈受辱。

高明的领导有时要弱化自己，摈弃在授权过程中明授暗不授、易授难不授的愚蠢做法，更不要恃才恃权恃财而咄咄逼人，"只从波平浪静处安身，莫向掀天揭地处着想"，免得招惹是非。

《领导者必须保留的 16 张底牌》一书认为，身居领导岗位的人，最忌别人一看你的脸色、一听你的言辞就知阴晴寒暑、雨雪风霜；喜怒哀乐不形于色，不让人一眼看出你的深浅。领导者在与下属相处的过程中，不宜在下属面前流露自己的喜好，以避免下属顺藤摸瓜，投其所好，迷惑你的虚荣心。在公司日常运行过程中，看不到领导者那挥舞的手指、命令的口气和怀疑的眼神，而企业又在其管理下照常有序运行的时候，领导者便已达到管理的最高境界。

▶ 经典故事

沧桑南国出伟男

屈原的一生，时刻关心祖国的命运。为了给祖国开辟富强的道路，他自愿"乘骐骥以驰骋兮，来吾道夫先路"。他主张整顿朝纲，厉行法治，任用贤人，联齐抗秦，坚持同贵族群小做斗争。

屈原忠君思想表现最充分的时候，是在自己不为国君理解的时候。屈原的忠君不是愚忠。他在《离骚》中，抒发自己竭尽智慧，忠于君主和国家，却反遭奸佞小人诽谤，以至楚怀王偏听偏信、任凭奸邪之辈陷害贤良而报国无门的悲愤情怀。

屈原远离郢都,脸色憔悴,形容枯槁,胸中塞满了悲愤,在江湖间踯躅、游荡,吟诵着自己所作的悲愤诗歌。江边有个渔夫认出了他,便问道:"你不是三闾大夫屈原吗?何故而至此?"屈原愤愤不平地说:"举世都混浊,只有我清白,众人都喝醉了酒,只有我才清醒,因而被流放到这里!"

渔夫劝说道:"你又何必这样,自命清高,为什么不随波逐流呢?既然众人都沉醉不醒,您为什么就不能哺其糟而啜其醨?何必非要怀瑾握瑜,抗俗危身,遭到流放之祸呢?"

屈原明知渔父的劝说出于关心,但事关人生立命之大节,他实在不能同意渔父所指点的迷津:"我听说过,刚洗过头的人要弹去帽子上的尘土;刚洗过澡的人,要抖净衣服上的泥灰。我宁愿投身湘水,葬身鱼腹,也不愿与那些奸佞同流合污,糟蹋楚国!"

渔夫莞然而笑,看来屈大夫屡遭祸难,却依然风骨凛凛,不减当年,真叫人肃然起敬!他拍打着船板离屈原而去,口中唱道:"沧浪之水清兮,可以濯吾缨;沧浪之水浊兮,可以濯吾足。"——沧浪江的水清洁啊,可以用来洗我帽子的丝带;沧浪江之水浑浊啊,可以用来洗我的双脚……

对屈原来说,遭到流放意味着耻辱。对楚国来说,流放屈原意味着更大的耻辱。楚国政事从此日渐衰微,以至于公元前278年首都郢城被秦国占领。屈原身心交瘁,以生取义。滔滔洞庭汨罗江,久久回响着屈原的悲怆之声:"宁溘死而流亡兮,恐祸殃之有再,不毕辞而赴渊兮,惜壅君之不识!"

一个如此挚爱祖国的人,却得不到国君和权臣的喜欢;一个如此热爱真理与正义的人,竟得不到真理与正义的庇护;一个那么有才、那么难得的大才子,却被免官、流放到偏远的沅湘流域。当黄钟被毁弃之日,便是瓦釜雷鸣之时。在屈原遇难的一周年之际,为了祭祀这位为国捐躯的烈士,老百姓又划船到江心,将竹筒里的米抛掷江中,不让鱼虾伤害他。

痛吟肺腑踏波去,龙舟千载唤斯人。司马迁说,当我到长沙时,特地去看了屈原投江自沉的地方，不禁掉了眼泪，更加想念他的为人。两千多年来，民间百姓们每年都不忘在端午节这一天，将划小船演变为赛龙舟，把盛在竹筒里的米演变为包粽子，来纪念屈原，表达热爱和敬仰之情。

"万顷重湖悲去国，一江千古属斯人。"屈原的一生是个大悲剧。他没有实现自己的政治抱负，他在政治斗争中失败了，但他作为爱国主义诗人，获得了巨大成功。他一生留下了《离骚》《九歌》《九章》《招魂》《天问》等二十余篇作品，被鲁迅评为"逸响伟辞，卓绝一世"。他忠贞为国、赤诚爱民之心，他坚持真理、反对邪恶的伟大精神，惟天地可昭，日月同鉴！

第八章
锤炼文字表达技能

做好新时代的答卷人
领导干部克服本领恐慌八项修炼

第八章 锤炼文字表达技能

> 领航空间

撰写文稿须准确

领导干部要通过信件、文件、文章等文字材料表达自己的意图,实施自己的任务。因此文字能力也是领导者不可缺少的能力。有些干部文化水平不高,文字表达能力差,工作离不开秘书,这就不能算称职的领导。

党员干部不仅要做普通的文章写手,还要争取成为写文章的高手。邓小平曾提出:"拿笔杆是实行领导的主要方法。领导同志要学会拿笔杆。"写作之道,靠的不仅是文字,而且是智慧;练的不仅是文笔,而且是思维。党员干部练好笔杆子,是为了提高文字综合能力和文化素质,推进领导工作,也是一项关乎治国理政基础的必修内功。

写作本领是党员干部的核心能力、看家本领,需要许多年的历练。孙中山先生强调,一支笔胜于三千毛瑟枪。写作使人勤勉和精细,使人严谨和深刻,使人卓尔不群。如果没有一定的写作能力,很难成为机关的骨干。

"经过写,思想就提炼了,比较周密。所以用笔领导是领导的主要方法,这是毛主席告诉我们的,凡不会写的要学会写,能写而不精的要慢慢地精。"写作能力不仅仅是文字水平,体现了综合素质,包括理论素养、实践经验、文字功底。党员干部写作能力强,说明他综合素质高。理论水平和认识能力上不去,文稿质量就不会高。

公文和其他文体写作,要用准确、精当的语言来反映客观事实。公文的选词、用词非常严格,需要"咬文嚼字",甚至到了苛刻的地步。因此,必须在选词、用句上狠下功夫。毛泽东以中央名义起草的《关于西北战场的作战方针》这篇指示,语言精练严密且又生动活泼。例如"敌现已相当疲劳,尚未十分疲劳;敌粮已相当困难,尚未极端困难"这句话,不仅充满了辩证法，而且两个"相当"、一个"十分"、一个"极端"那么严峻精确、恰到好处。公文的用词就应该做到这样炉火纯青的地步。

公文中的内容要与中央的精神相符合，引用的材料必须准确，用语应恰当、通顺、完整，要符合事物的本质规定，能恰如其分地说明情况和阐述做法。否则就会令人费解、不知所云、贻误工作。

公文写作用语要恰当，必须合乎逻辑，包括概念、判断、推理的运用，都必须符合逻辑规律，以保证公文内容的准确表达。要防止褒贬失当，既不要使用过头的形容词，慎用"极"词，如"最""第一""首创"等，也不能使用模棱两可的双关语言。人名、地名、机关名称、数字、计量单位、标点符号等要规范使用，度量衡单位要使用国家法定计量单位，如公斤、公顷、千瓦时，不能使用斤、亩、度等。涉及政治、经济、文化等方面的用词，要注意与国家标准的表述相一致，避免因用词不准确而产生政出多门的现象；也不要使用尚未被群众普遍接受的新名词、新提法。

例句：3日内蒙古人民共和国有暴风雪。本来，在"3日内"后边应当有一个逗号，如此，其语义会十分明确。但缺少了这样一个逗号之后，只因念读时的停顿有可能发生一点点改变就使语句的意思表示大变，歧义产生，而且带来严重的政治性错误。

一位作家说：要表明一个事物，只有一个名词是最准确的；要描绘一种状态，只有一个形容词是最准确的；要说明一个动作，只有一个动词是最准确的。写作的主要工作之一，就是找到这个最准确的名词、形容词、动词，力避似是而非、模棱两可、含糊其辞。为了做到准确，一定要有古人"吟安一个字，捻断数根须""为求一字稳，耐得半宵寒"的精神，决不能模棱两可，含混隐讳，让人难以捉摸，力求词不虚设，表意准确。

"作"和"做"都有"从事"义。涉及具体的事物，习惯写"做"，涉及抽象的事物，习惯写"作"。变本加利应为变本加厉。璀灿应为璀璨。飞扬拔扈应为飞扬跋扈。关健应为关键。关怀倍至应为关怀备至。好高骛远应为好高鹜远。汗流颊背应为汗流浃背。克敌致胜应为克敌制胜。

字形笔画相似的字容易出错。现在用五笔打字处理的文稿，容易造成这种差错。像扬与杨、抢与枪、技与枝、凤与风、签与鉴、拔与拨、己与已、目与日、观与现、搞与稿等，即使有错，往往在校对中容易滑过去。在收文审查、发文审核中，炼就"火眼金睛"，不放过一个词、一个字甚至一个标点，确保经得起实践和时间的检验。

周恩来对公文处理，总是"严要求、高标准"。周恩来审改公文，要求严格，注重规范，精益求精。曾任他秘书的赵东科回忆，周总理对于公文内容与细节特别注重，不仅会从政策、方针方面进行反复的考虑，就连用语、分寸，也会仔细斟酌，每一个标点符号都力求准确。他既审查主题、内容、字句、数字，也注意标点符号、文件格式，包括文件中的附注。凡是经过他审核或批发的文件，无一不准确、规范，具有权威性、指导性。

他经常教育身边的秘书人员说，在写公文时，一定要有科学的态度、实事求是的精神，不能使用"大概""可能是""差不多"等混淆不清的概念，用词方面一定要力求准确，对于自己不清楚的问题，一定要调查清楚再写入公文之中。

1952年8月，周恩来总理率领中国政府代表团访问苏联，主要任务是就我国第一个五年计划草案向苏联方面征询意见，并争取苏联的援助。在莫斯科期间，周恩来审阅一份文件稿，发现其中一组数字错了。于是，他找来代表团中起草文件的两位同志，严肃地问："你们说说，49加3等于多少？"两位同志立即查找原因，最终发现，他们在统计数字的时候重复计算了一个人头，正确的数字应该是52，而不是53。周恩来批评这两位同志说："不能马虎，文件一旦送出，连算数都有误，人家岂不笑话。"

1983年6月，邓小平为学习朱伯儒题词："向朱伯儒同志学习，做一个名符其实的共产党员。"写后，他特意嘱咐办公室工作人员不要急于发表，先请语言学家看看"名符"两字是否规范。语言学家王力看过后说："'符合'的'符'字目前也有不少人用，但这样使用显得不大规范，最好改成'副'字。"邓小平得知此建议后很高兴，马上提笔说："再重写一张，用字不规范，这样不好。"国家大事那么繁重，他老人家还不忘记一字一句斟酌准确。

要注意辨析表面上看差别不明显的文种，如公告、通告、通知等。文种的错用是实际运用中错误最多、最常见，也最影响公文制发效果的问题。如《××公司关于申请建造冷库的请示报告》，这个公文没有弄清报告主要是向上级机关汇报工作、反映情况、提出建议，上级机关可以不作答复。鉴于该文是需要领导批准解决建造冷库的款项问题，故应划掉"报告"二字。

《××县人民政府办公室关于商请办理直通运输车辆有关牌证的请示》，两个县是属于互不隶属的同级机关，此文用"请示"显然是没有理解函和请示的适用范围，也没有搞清它们之间的行文关系，误把该用"函"错用为"请示"。有一篇公文的标题为《××市司法局关于拨付法制教育经费的请示》，主送机关是"××市财政局"。市司法局与市财政局是平级关系，不是相隶属的上下级关系，完全符合函的适用规定。因此，该文标题文种"请示"应改为"函"。

在某个城市，公告用得比较滥，如某公路旁广告牌写着"国美新年降价公告"，某大型图书馆里有"图书馆公告"。公告宣布的是重大事项和法定事项，发文的权力被限制在高层行政机关及其职能部门的范围之内，而且公告的题材必须是能在国际国内产生一定影响的重要事项，所以，该公园绝对不能用公告这一文种，只能用通告。

公文的准确性还表现为必须遵守语法。必要的主语、谓语、宾语必须完备无误，否则，就会导致句意不明。如《××中学关于进一步搞活校办集体企业有关政策的试行办法》，动词"搞活"与宾语"有关政策"就搭配不当。有的公文修饰语同中心语搭配不当。如"对于国营企业兴办的集体企业，一定要严格实行独立核算，自负盈亏。"缺少必要的修饰成分，使意思表达不周严，说"国营企业兴办的集体企业"，容易造成两种不同经济成分的企业性质混淆，应改为"对于国营企业扶持兴办的集体企业"。有的公文相同、相近词语的重复。如"现在到年末仅仅只有一个月的时间了，我们必须抓紧这项工作。""仅仅"和"只有"是相近词语的重复，应删掉一个。

起草公文中，常出现用字不准确的现象。有一位副市长，在下级部门的请示上签批的意见（也就是我们通常所说的领导批示）："请某某同志认真办理，结果呈我"。这一个"呈"字，本应是下级呈上级提出意见的提请动词，是自下而上使用的恭用语，是现代应用汉语从古汉语中继承的精华，准确的使用会令工作增色。但这位副市长在自上而下的批示中却错用了下级表示谦逊的恭用语而让人贻笑大方，暴露了他规范性语言应用知识的缺失。用字要防错，数字要精确，以保证机关公文不出现错漏现象。

前不久，在起草某领导讲话稿中有一句，"借此机会，我谨向长期奋战在审计战线上的同志们表示亲切问候"。领导在讲话时，将其改为"借此机会，我谨向审计战线上的同志们表示亲切问候"，删去了"长期奋战在"这5个字，避免了把年轻同志、新进单位同志排除在"亲切问候"的范围之外，确实改得有必要。

事实表述要准确，要求对有关事件或情况的叙述，必须从实际出发，实事求是。这与文学作品的写作是有区别的。公文反映的是公务活动中的客观事实，它涉及的人物、事件、时间、地点等必须绝对准确，任何一个细节都不允许失真，否则就会给我们的工作带来不可想象的损失。

思想观点是文稿的灵魂和统帅。因此，要检查公文的思想内容方面，是否符合党和国家的方针政策以及上级机关的指示精神，所要说明和解决的问题是否清楚，是否切合本单位、本部门的实际，要反复推敲，精心审核。还要特别注意文稿本身的观点应始终如一，不能自相矛盾。

文稿并非无情物

文稿并非无情物。文稿写作语言的合情性，就是指文稿同其他文章一样，总要在字里行间渗透着作者的思想感情。例如，讲话稿生动才能使人爱听，才有吸引力。领导者无论在什么场合下，都需要使用易被对方接受、鲜明生动的语言,而忌讳那种干涩难懂、空泛乏味的说教,厌烦净是老掉牙的话语。我们起草公文,目的是给人看的,提倡什么、反对什么,都要有感情。看有感情的材料,让人感到春风扑面,容易接受,受到感染和激励。

毛泽东指出:"文章和文件都应当具有这样三种性质:准确性、鲜明性和生动性"(《工作方法六十条》)。胡乔木说过:"写文件要生动,不生动人家不愿意看"(《在写文件方法座谈会上的讲话》)。他强调,公文"要引人看……要有吸引人的力量","要能吸引人、打动人"。他还指出,写文件就是要用道理说服人,不但说服人,还要能打动人,说服着重在理智方面,打动人除了理智方面还带有一点感情,使看的人真正被你动员起来。

公文写作达到生动性的要求,除应具备新颖的观点和典型的材料两个基本要素外,还必须在语言运用上"脱俗"出新。为此,可以极大地增强公文的表现力,使行文新鲜活泼,生动感人。从实践来看,除双关、象征等少数"辞格"外,绝大多数艺术修辞手法诸如比喻、排比、层递、借代、引用、设问、拟人、夸张、衬托、惯用语等修辞手法,描绘、渲染事物的特征,使语言生动形象,均可在公文领域登堂入室,并显现出独特的风采,给读者以深刻明了的印象。

在公文写作中,比喻用得好,可以使说理变得浅显易懂,使语言生动有趣,可昭然提示文章主旨,强调主题,以引起人们的高度重视和注意,便于读者理解和掌握。在写作中,使用排比,可使文章逻辑更严密,层次更加清晰,气势更恢宏。使用对仗,可使语言更整洁,易于传颂。使用短句,更能使文章富有节奏和韵律感。

构成比喻内容有三个要素:一是思想的对象,即本意;二是另外的事物,喻意;三是两事物的类似点。如《××县非公有制经济发展情况的调查及思考》中,对非公有制经济发展存在问题的论述中,就用了形象生动的比喻:部分地方、部门对非公有制经济发展的观念转变滞后,对发展非公有经济的地方法规条款不完善,有重大轻小、重外轻内、重多轻精的现象,宠爱"上门婿",冷落"亲生儿",在优惠政策上薄一厚二,挫伤了一些地方非公经济人士的积极性。文中将外来企业比喻成"上门婿",将本土企业比喻成"亲生儿",由于两者之间具有类似之处,将非公有制经济中存在的问题形象的比喻出来。

比喻,能更好地说明事理、描述事物、刻画人物。如某单位在思想政治工作经验交流会上,有个材料中写道:"我们遇到问题不能推,而要深入挖掘,找到问题的根源",后修改为"遇到问题我们不能当推土机,而要当挖掘机,深挖到底,找到问题的根源"。用"推土机""挖掘机"形象地说明我们遇到问题的态度,让人印象更加深刻。比如文秘工作中,常以"身边人""左右手""参谋""智囊"等来比喻任劳任怨、默默无闻、无私奉献的文秘人员,把本体和喻体的关系结合得很密切,有时干脆说成是相等的,突出两者相似的地方,给人留下明朗、深刻的印象。

使用一些历史典故、成语等,使文章语言精练,含意深刻,概括性强。引用历史典故是为了说明观点,应紧扣话题,不能泛泛而谈,不能喧宾夺主;要抓住历史典故的核心与本质,在不违背原意的基础上,进行高度提炼概括,省略不必要的重复和陪衬,使之既短小精悍,又说明问题。

适当地描绘形象,使语言具有立体感。毛泽东、邓小平的文章,有许多鲜活的民间俗语和群众语言。像毛泽东常用的"高手""书生气""门外汉""打开天窗说亮话""英雄难过美人关""一个篱笆三个桩,一个好汉三个帮""老虎屁股摸不得""八仙过海,各显神通""金玉其外,败絮其中""东方不亮西方亮""星星之火,可以燎原"等;邓小平常用的"不够格""老祖宗""旧瓶装新酒""摸着石头过河""天不会塌下来"都很生动形象,为文稿添彩。习近平同志的讲话风格,善于讲故事、举事例、摆事实,旁征博引,娓娓道来,掷地有声,具有亲和力和感召力。

"言而无文,行之不远。"从事机关常用文体写作,一定要在语言上下功夫,给深刻的思想穿上闪光的衣衫。要对各种语言加以精选和加工提炼。多种语言成分的合理运用,如成语、谚语、格言、人民群众的口头语等,可以增强语言的幽默感和新鲜感,使语言表达生动而富于情趣。另一方面要通过向群众,向古人学习,用群众口语、成语、古语、格言等来丰富我们的语言。同时，也要学习外来语，洋为中用。

有些公文如命令、指示、决议等指令性、法规性很强的文件，语言讲求庄重严肃，一般不能使用口语，只能按照现代汉语的规范化的书面语言，否则会破坏公文的这种语言风格。如"改革开放后，农民的钱包一年比一年胀，日子越过越好，就像吃甘蔗由尾吃到头越吃越甜"，要把这样的意思写入公文，就得改为："改革开放后，农民的收入年年增加，日子越过越幸福。"

诗词名句具有深刻的哲理和特定的含义，其正确性是被无数事实证明和后人所公认的。在讲话中适当引用诗词名句，能增强讲话的哲理性和感染力。

怎样写会议报告

会议报告的语言应朴实无华而又生动形象。可以通过生动的比喻或引经据典来议论事物、说明观点，以使报告更富有感染力和表现力。叙述情况简洁明了、重点突出，阐述观点准确中肯、画龙点睛，具有高屋建瓴之势，给收听（看）报告者以启发与指导。适当引用脍炙人口的格言、警句，以增强报告的说服力和感染力。

会议报告，是指党政机关、团体和企事业单位领导同志在会议上向代表们所作的报告。会议报告应用比较广泛，它虽然不属于公文，但是一经会议通过或以正式文件下达，就具有了约束力和重要的指导作用，同样成为进行工作或检查工作的基本依据。

会议报告的特点，一是全面性。一般都要分成几个大的部分，从不同侧面、不同角度对工作进行汇报和部署，篇幅一般比较长。二是集体意志性。从初步构思到修改定稿，都要经过集体讨论，并要在领导班子的会议上获得通过之后，才能到大会上宣读。三是思想指导性。会议工作报告要评价以往的工作，明确当前的形势和任务，提出今后的任务和奋斗目标。

会议报告的标题，通常由正副两个标题构成，正标题写"××（内容）工作报告"，副标题写报告的时间、会议名称，另附报告人的职务及名称。有的会议报告标题，直接写成"×××同志在×××工作会议上的报告"。有的标题写体现会议主要精神，如"当前的经济形势和今后的经济建设方针"。标题的下行写报告的时间，再下一行写报告人的姓名。

会议报告的正文，由开头语、主体及结束语三部分组成。会议报告开头的写法多种多样。有的开门见山，揭示题旨；有的提出问题，巧设悬念；有的交代背景，介绍情况；有的讲述一个故事，吸引听众。不管采用哪种写法，总的要求是要开门见山，接触正题，提出全文的中心论点或主要议题，说明报告的意图，以便听众抓住要领，并造成一种气氛，控制住听众的情绪。

主体是会议报告的核心部分，它要分析问题、解决问题，即回顾总结过去的工作，分析当前面临的形势，进而提出今后工作的意见或建议。

会议报告的主体部分具体讲什么，怎么讲，讲到什么程度，要根据会议的性质和任务来确定，应当紧扣开头语提出的议题或主旨，展开具体的阐述、分析、论证。既要有深刻的理论分析，又要有典型具体的事例，从多方面、多角度，透辟地阐明报告的主旨。应该像元代乔梦符所说，一篇文章应像"凤头、猪肚、豹尾"那样。主题部分就是"猪肚"了，应该饱满充实。

一般常见的会议报告有两种，一种是总结、布置工作的报告，比较常见的结构大体是：首先，分析工作形势，总结经验教训；其次，明确今后任务；第三，阐明完成任务的方针、政策；最后，对下级或者干部、群众提出要求。

另一种是专业会议或者全面工作会议上的专门问题的报告，与上一种报告在结构上有相同之处，一般都在开头部分分析形势，然后讲清任务，交待方针、政策，不同之处在于它议题集中，几个部分紧紧围绕一个问题阐述。结构形式确定下来以后，应首先编写一个报告提纲。

结束语一般是与开头相呼应，对与会者提出希望或发出号召，用以鼓舞人们按照会议提出的要求去做。

写好会议报告，一是"吃透上头"。撰写会议报告要结合本地区、部门、系统的工作实际，把上级精神同本地实际情况结合起来，避免空话连篇、言之无物；要有较强的政策思想水平，能够准确地提出问题、精辟地分析问题、中肯地解决问题；要通观全局、把握重点，避免一般化。必须反复学习、理解、消化上级的指示精神。

写好会议报告，二是"摸清下头"。深入基层，调查研究，全面、具体地掌握情况。一篇带有指导性的会议报告，总要提出问题、分析问题、解决问题。这就要求起草者要了解在有关问题上上级有什么指示，自己这里的情况怎样，有什么成绩、经验，有哪些缺点、教训，只有把这些情况搞清了，才能动手起草会议报告。

三是要有"问题意识"。在起草会议报告过程中，在总结工作之后，深入查找分析存在的问题，要盯住问题存在的根本性症结、关键性因素。

四是语言要生动活泼、言之有文。用一些短句或成语、四字格词组，讲究运用比喻、排比、对比、借代等修辞手法，以增强语言的形象化与节奏感。

五是厚积薄发。所谓"厚积"，是指占有材料要多。撰写会议报告等文字材料，事先必须多占有材料，起草时候注意对占有的材料进行筛选，把那些具有代表性、说明问题本质的材料精选出来，写进报告中，拿出有分量的报告来。

怎样写讲话稿

在近百种常用文体写作中，撰写会议报告和讲话稿难度较大。写好讲话稿要靠思想和真理奠基，尽量用最少的语言、最少的时间达到效果。讲话稿要有一点文采，用一些生动活泼、有表现力的语言，把古诗、名句、格言、俚语、民谚等应用在讲话中，能增加讲话的文化内涵，还能使讲话具有丰富的知识性，收到妙趣横生、令人警醒的效果。要动之以情，情感的表达必须真诚、实在、朴实，不能虚假、做作、华而不实，应当恰如其分，有感染力，启人心智，发人深省，催人奋进。

讲话稿是在重大的会议中或在较隆重的场合发表讲话内容的文稿。讲话稿是宣传贯彻党和国家方针政策的重要媒介，是实施领导、指挥、管理的重要工具，也是衡量一个单位领导水平之重要标志。特别是领导者在重要会议上的讲话，一般都是郑重地代表一级组织，具有很强的权威性和指导性。

讲话稿的特点，一是主旨鲜明，重点突出。自始至终要注意围绕中心话题来写，不要有任何脱离或偏离"中心"的内容。写讲话稿如果没有中心，就容易面面俱到，重点不突出，主次不分，文章显得"散""乱"。二是语言生动，讲出新意。八股腔调不能有，枯燥的说教不能有，要使用生动活泼的语言，富有新意，是对一篇成功讲话稿的基本要求。所谓"新意"，既要讲出新情况、新观点、新见解，也能从崭新的视角谈一个老问题。三是台上台下，双向交流。讲话不是单向性的，而是跟听众的相互交流。为此，撰写讲话稿时必须心中有听众，要预测听众可能出现的反应，力求与听众形成共鸣。

讲话稿的写作要领，标题有两种写法。一是单标题。由讲话人姓名、会议名称、文种组成，如《邓小平同志在党的理论工作务虚会上的讲话》。也可以省略讲话人姓名。二是双标题。将主要内容或中心思想概括为一句话作主标题，再由会议名称、文种组成副标题。将讲话当天的日期用汉字书写，加括号置于标题下方中央。

讲话稿写作的开头，可以直截了当地提出问题，将讲话者的意图和盘托出，可以从人们熟悉的某件日常事情谈起，也可以概括揭示讲话的内容或主要观点，能抓住听众的心理，和听众相沟通，收到最佳效果。

正文的写作方法，选择材料、确立主题、选用体裁、安排结构、运用语言等，和常用文体基本一致。不同的地方是，除不署名以外，其他部分的表达方式同书信体文章一样，前面有称呼，开始有问候，最后有祝贺、敬意、勉励的话等。作者这样写作的目的，都是为了收到更好的讲话效果，是为了缩短讲话人同听众之间的距离。

主体部分的层次安排，通常有递进和并列两种方式。递进式结构，以事物发展为序，层层递进，由现象到本质、由表层到深层的层次安排方法，各层意思之间呈现逐层深入的关系。在统一思想的会议上，较多采用这种讲话方式。

并列式结构，把总论点分成几个分论点，每一部分阐述一个分论点，分论点之间的关系是并列的。在部署工作的会议或总结性的会议上的讲话，这种写法比较常见。

结语应对讲话的主要内容加以概括，常见方式有：一是概括主题，作出结论或表明态度，使整个讲话的主要精神在听众的印象中进一步加深。二是表示祝愿，或提出要求和希望，对前景作一番展望，让人听起来精神振奋，余味无穷。其结尾要求简明扼要，不把话说尽，见好就收，给听众留有回味的余地。

讲话稿写作，一是达到丰满厚实有分量。回顾工作的来龙去脉，增强纵深感，注意分析过程的逻辑性，所举例证要恰当，注意分析的步骤和层次，善于引导听众的思路跟着你的分析过程走。引经据典，要敢于亮明观点，敢讲真话，以事说理，注意说理的生动、形象和通俗，多用比喻、对比等方法说理；多举群众熟悉、日常看得见摸得着、感受深刻的具体实例，晓之以理、以理服人。

讲话稿写作，二是合理安排讲话结构。讲话稿的结构的要求不尽相同，有的常用横向展开式，在一个主题下并列讲几个问题，全文有条主线串着；有的常用纵向掘进式，围绕一个主题，分成几个题目，逐一递进；还有的常用一贯到底式，按照要表达的意思将讲话稿分成若干个自然段，一层一层讲下去。这些结构各有所长，但讲话稿的结构不能复杂，一复杂听众就会听乱套，比如，有的领导讲话时讲，"我现在讲第一个大问题的第二个方面"，"第三点要求的第五个事项"，听起来就很乱。

起草讲话稿时，章与章之间、段与段之间、每个层次内部，都要尽量少用数字划分，可以借助承接词、标点符号和字体变化来区分，使人读起来、听起来有一种气贯长虹的气势。

三是要有灵活性，符合讲话人个性。没有个性就难以让人留下深刻印象。领导讲话要注意形成自己的讲话风格；常常要穿插讲话人自身的感受，即写进"我"的所见所闻所感。在不同场合、不同时机，面对不同对象，领导讲话要有不同的特点。

四是语言要有文采，力求生动形象。我们有些领导讲话是"干巴巴说教，死板板总结，响当当口号"，缺乏感染力、感召力，听众有一种厌烦情绪。改变这种状况的重要途径，就是写作中不要有套话、空话，不要味同嚼蜡，尽量使语言有一点文采。短句和词组具有言简意赅、铿锵顿挫、节奏鲜明的特点，应用得当，能够收到很好的听觉效果。林建华校长在2015年毕业典礼上的讲话中，这样的应用比比皆是："未来需要你自己去探索，去适应，去质疑，去挑战，去创造！""在这里，草地、湖水、山石、垂柳，都承载着动人的故事，润泽着一代又一代人的青春梦想。""北大不仅给予你知识、能力，更给予你价值和情怀，能为你带来心灵的平静，帮助你守正创新，走正道、扬正气，成为引领未来的人。"这些短句与长句有机结合，犹如"大珠小珠落玉盘"，增添了语言的形象化，产生了美妙的节奏感，给深刻的思想穿上了闪光的衣裳。

五是善于总结和概括。要在概括中有具体，在具体中有提炼，做到概括而不空洞，具体而不啰嗦。要用那些经过科学分析和提炼加工后得出来的概括的数字；要用那些经过提炼加工、用简短文字反映客观事实的本质的语言。要讲"精"话。讲什么都要经过推敲，不能信口开河，不能依赖现场发挥，有所准备的讲话出彩的概率更大。

怎样写演讲稿

演讲稿是在大会上或公开场合口头表达自己的思想情感、观点、主张及意见的文稿，具有督促性、口语性、临场性等特点。

一个新颖、生动、恰当的题目，往往能吸引听众的注意。力争在一开始就抓住听众的心，引起他们往下听的欲望。题目具有明确指向性的感情色彩，这样容易引起听众的共鸣。同时要注意：题目不应太长，要短小精练；不要深奥，让人摸不着头脑；不要太过宽泛。

在标题之下另起一行顶格书写对听众的称呼。常用"尊敬的各位领导、女士们、先生们、朋友们"；有的场合有明确的主持人，则一般先以"尊敬的××先生（或女士、小姐）"，来称呼主持人，再称呼其他在场的人前面可以加上"尊敬的"等敬语；也有的场合稍显随意一些，则可以"各位朋友"这样来称呼。称谓应当自然、亲切、得体，以拉近与听众的感情距离。

一个特别新颖、不落俗套、意味隽永的开头，往往是全文成功的一半。你一开口，就要让听众注意对你的说明产生兴趣。好的开场白，有开门见山式，直截了当地提出演讲的意图和主题；有的开场白一开始就应进入故事的核心，置身故事之中；有的开场白叙述一个故事或典故、寓言，启人心扉，然后进行有机联系，引起听众的兴趣；有的开场白设置一个悬念，引起思索，激起大家的好奇心，多用设问句，站在听众的角度去揣测听众的心理。

演讲稿主体部分的写作，一是叙述式演讲，主要是通过对客观事实真实的叙述，诉诸听众的情感，使听众在事件的娓娓叙述中受到潜移默化的感染。主题突出，线索清楚，把人物的事迹或事件的详细过程叙述明白，要求叙述明晰、详略得当、层次分明。

二是议论式演讲，主要是通过摆事实、讲道理，运用分析与综合的手法论证所要阐述的中心观点。议论式演讲要紧扣主题，所有的素材紧紧围绕论点，无论使用几个材料，都围绕一个主题服务，既有事实材料，又有逻辑推断。

三是说明式演讲，主要是向听众介绍某件事、某个人或某产品的情况。

演讲稿要有个好的结尾。结尾或归纳、或升华、或希望、或号召，方式很多。好的结尾应收拢全篇，卒意显志，干脆利落。要用最有力量的语言，抓住听众，给人以鼓舞。好的结尾，要总结论点，概括主题；首尾呼应，收拢全面；鼓起激情，激发高潮。

写好演讲稿，一是紧紧围绕中心来写，切忌东一下西一下。应主题鲜明、层次清晰，这样才能在有限的时间内讲得简短有力，主旨突出，给听众留下深刻的印象。

二是选材要注意精选鲜活的案例，使人听了感到耳目一新，容易产生兴趣，即使用的是老事例，也要力求从中生发出新意，给人以新鲜感。

三是要把说理和抒情结合起来，字里行间洋溢着真情实感，虽抒一己之情，却引起听众共鸣。

四是简短精练，多用短句，少用长句，不用倒装句，努力做到字字珠玑，句句有力。演讲还是短一些为好。如果本来就没有多少话可说，却喋喋不休，便会让人生厌。演讲的内容很充实，如果太长，也会让听众受不了。有的同志的讲话，以为越"长"分量越重，往往把最重要的、最有价值的东西淹没在平淡的叙述之中，使人听了不得要领，很难抓住实质性东西。演讲稿的语言要生动活泼，要体现出抑扬顿挫。有时如涓涓细流，有时如行云流水，有时如排山倒海，把听众带入一个新天地。

怎样写典型经验材料

要努力寻找、挖掘典型的、鲜活的、有特点的素材。抓有典型意义的"故事"，寻找那些能够给人打下烙印的典型事例。抓有特点的具体细节。细节往往最生动、最感人，也最能给人留下深刻印象。细节可以小中见大，反映出典型的思想、精神、品格、本质。挑有特点的闪光思想。深刻的思想，能给人以启迪、教育和感化。

典型经验，是专门用来介绍工作经验和先进事迹的一种文字材料。经验介绍不是正式文件，但是也有一定的指导作用，是一种参考性文件。有时它是会议文件的一部分，有时它被作为"报告"送给上级，有时上级机关在它上面加上批语或按语，变成批示、通报。经验介绍对上级来说，具有以点代面反映工作进度与深度的作用；对下边来说，具有引路、示范和统一思想的作用。

典型事例中深刻的思想，能给人以启迪、教育和感化。一种是事例本身就有思想性，典型人物做这些事的时候有很强的动机和指向性；另一种是有些事例很具体很平常，但它反映和折射出了典型的精神追求、思想品德。这就需要我们把蕴含其中的思想性概括、提炼出来。

各种典型经验材料的写作要领，既有其共同的要求，又有其不同之处。这里着重介绍两种最主要的典型经验材料的基本写法，以窥其写作之一斑。

在写作这类集体典型经验材料时，要掌握以下几个要点：第一，确实有典型意义。在写作集体典型经验之前，首先要考虑为什么要介绍这个集体典型、它的经验是什么、这个经验有没有典型意义，这是写好集体典型经验材料的关键。一般来说，集体典型经验都应有高人一筹的做法，能提出一些给人以启示的思路，能给人一些真正解决实际问题的经验，这是在写作集体典型经验材料中首先应该注意的问题。第二，要有过硬的事例。集体典型经验材料不仅要提出好的思想、有效的做法和新鲜的经验，还应该有过硬的事例来加以衬托。第三，要有好的、令人信服的效果。好经验应有好效果作为佐证。介绍一个集体典型经验，尽管说得头头是道，如果没有好的效果，还是不能说服人，这就必然会降低经验的可信程度。

写作集体典型经验材料的三点要求对于写作个人典型经验材料来说，也是适用的，这是两种典型经验材料写作要求的共同点。但是，个人典型经验材料的写作还有一些特殊的要求，主要是两个方面：第一，要抓住最突出的事迹或最突出的经验。在综合性的会议或表彰会上介绍个人典型时，对先进人物的事迹介绍要有所侧重，有自己的特色。不然，势必冲淡最突出的事迹或经验，不利于写好个人典型经验材料。第二，在写作先进个人典型经验材料时，要注意把先进的事迹和先进的思想结合起来。只有写出了先进思想，才能使先进人物的形象丰满，才能更深刻地感染人，使人从中得到启发和教育。

写作典型经验材料，一定要实事求是，注意真实。人们对先进典型都是比较注意、重视的，有的人甚至用挑剔的眼光来看待先进典型。这样，在写典型经验时，一定要注意实事求是，写出的材料一定要真实可靠，既不要把有说成无、也不要把无说成有。先进典型在某件事情上所起的作用是多大就说多大，既不要夸大，也不要缩小；先进典型做出的成绩是多少就说多少，既不要添油加醋，也不要把别人做的好事记到先进典型的账上。

写作典型经验材料，一定要掌握好分寸。用语要谦虚，不要用教训人的语言，不要给自己加一些不适当的形容词；不要贬低别人，先进人物自己介绍经验和事迹时，不要去同不如自己的人作对比。

写出的先进典型经验材料不要使人产生高不可攀或者没法学的感觉，应该把典型本身写成既是先进的，又是别人经过努力也能够做到的，这样的先进典型经验才会有普遍学习和推广的基础。

怎样写新闻评论

写作新闻评论，论述要有理有据。应当注意防止只有观点，没有材料，或者材料不够充分有力，使观点缺少必要的证据，成为言之无物的空泛议论；只有材料，没有观点，或者观点不够明确集中，罗列现象、盲目堆砌材料。注意围绕中心论点，进行科学分析，加强观点与材料之间的逻辑联系，尽量把观点阐述得深刻鲜明。

新闻评论是针对某一评论的对象（事物、现象、问题等）发表议论说理及其伦理的一种文体。评论是应用十分广泛的一种文体，要求运用概念、判断、推理和逻辑思维形式，通过严密的分析，阐述道理，揭示事物的本质和规律，达到帮助人们提高认识、指导实践的目的。

新闻评论的特点，一是具有新闻性。新闻言论仅限于针对新近发生的事实，眼下存在的社会问题、思想倾向进行评论，发表主张意见。新闻评论有严格的时限,求快求新,时过境迁,就不再有价值了。二是具有论理性。新闻评论文章主要表达手段、主要内容在于议论说理,运用概念、判断、推理,表明对某新闻事件的观点和态度,进行充分的、有说服力的论证。三是具有群众性。群众性是言论区别于专业性、学术性论文的一个基本特征。这一特征决定了言论必须是针对人民群众关心的社会问题而发;与人民群众站在相同立场上努力维护人民的利益;通俗易懂,形式活泼,为人民群众喜闻乐见。四是具有灵活性。从篇幅上看,新闻评论可长可短,一般都比较短小,但精警有力,分量并不轻。从内容上看,论点比较具体单一,多数专栏言论属于跟踪现实生活中发生的具体事件,抓住其中的是非曲直,确定观点,展开评论。从风格上看,这种评论既可以庄重严肃、朴实无华,也可以幽默轻松、活泼生动。

写新闻评论,观点正确鲜明。评论能够反映客观事物的本质,赞成什么、反对什么,作者的立场决不含含糊糊。作者一定要深入接触实际,学习党的有关方针政策,勤于调查研究,提高认识能力,分析事物的本质,从而确定正确鲜明的观点。评论应表达出比较新颖的、能给读者一点启发的观点。只要动脑筋多想想,深入分析这个问题的各个侧面,写文章就可以从新的角度落墨,对问题的阐发深一层。

写新闻评论,应采用"短平快"的论述节奏。对于评论的事,文字力求简洁明快,不必添加什么铺垫,不需要绕弯子;评论的意见主张开门见山,言简意赅;论证问题简明扼要,点到为止,不必引经据典,长篇大论。

怎样写杂文

杂文是形象思维与逻辑思维融为一体的、短小、活泼、犀利的文学体裁。杂文是散文中以议论为主,融叙事、抒情、说理于一炉的小品。它不同于一般议论文那样展开议论，常常寓庄于谐，"杂"味隽永。简言之，杂文是文艺性的论文。从内容上看，杂文是针对当下的社会现实而发表的言论，因而说它是社会论文。从形式上看，杂文运用是文学的表现手法和语言，所以说它是文艺性的。

杂文的"资历"比较老。早在两千多年前，就有杂文的名篇了。鲁迅无可争辩地是现代杂文集其大成的开山祖。他的一百余万字的杂文，给我们展现了一个广阔的、丰富的艺术天地，以至人们一提起鲁迅，就自然地同杂文联系起来；一提起杂文，常常先想到鲁迅。

杂文是属于文学范畴的一种文体，但与小说、诗歌不同；杂文里面有议论，却与一般的短评、议论文体有异。杂文的特点，一是感应敏锐，委婉批评。二是内容博杂，多有灵活。三是巧妙议论，富有形象。四是小题大做，小中见大。

懂得摄影的人很讲究选择角度，角度不好而入镜头，拍出来的是一帧平平的照片。所以举起照相机首先要抓角度。杂文需要从一点生发、在旁征博引、道古论今中化开、聚拢，那就更加要讲究由头，想个便捷、易成、取巧的点子。杂文的发生，主要体现在化有感为联想，放开眼光，纵横联系，由此及彼，出其不意，触类旁通，节外生枝，阐明道理，一语中的，不落俗套。

杂文写作的要领，一是立意。杂文特别需要智慧，是因为杂文特别难写，其难度大于其他一些文体。杂文的难写，表现在立意、取材、布局、起承、转合、描述和语言等方面。立意亦即确立杂文的主题，通过内文表达出来的总的意图的基本观点。南朝范晔提出"文以意为主"。清朝王夫之有言："无论诗歌与长行文字，俱以意为主。意犹帅也，无帅之兵，谓之乌合。"没有主题的杂文，犹如一个军队没有统帅，乃是乌合之众。立意要求正确、新颖、深刻。

杂文写作的要领，二是题目。"题好一半文"。眼睛是人的心灵的窗户，题目犹如文章的眼睛，要能准确地传情达意，也就是显现内容，揭示主题。有了好的题目，才能"眉目传神"。一个好的杂文题目除具备上述的功能，准确、简洁、鲜明、新颖,还要具有杂文自身的艺术魅力,即充满浓郁的"杂文味"。列宁善于运用口语和典数来做题目。如《带白手套的"革命家"》(《列宁全集》第八卷)、《社会民主主义的宝贝儿》(第九卷)、《论狐狸和鸡窝》(第十八卷)。

杂文的标题应不拘一格,要根据内容体现出特点。常见的杂文标题类型有:一是明确揭示文章主题思想的,如《要为党分忧》《欢迎"杂家"》。二是诙谐连缀,即把表面上看来风马牛不相及的材料巧妙地融合在一起,"纷然杂陈"。如《魏晋风度及文章与药及酒之关系》《马尾巴·蜘蛛·眼泪及其他》,既叙中含讽,又洋溢着浓郁的喜剧气氛,使读者一见而生惊奇,细细品味。三是提出问题,引人思索文中的含意,如《钱是社会的"奖章"吗?》。四是标明写作范围、内容,如《虎皮鹦鹉之死》。五是将成语、俗语和古诗的个别字、词根据言论中的文意,合理地加以替换,赋予其新意,起到传神点睛的作用。如《知"退"近乎勇》,将俗语"知耻近乎勇"中的"耻"替换作"退",给人耳目一新的感觉。六是用比喻的方法进行形象说理,是杂文写作经常使用的重要手段,亦即运用通俗易懂的具体事物去比喻抽象事物,使标题形象化,可以代繁为简,化虚为实,使深奥的道理浅显化。如《希望多些"啄木鸟"》《也谈张果老倒骑驴》。七是用幽默的语气吸引读者,如《杂文可地姓赵》《千里驴也不错》。八是突出矛盾的对立,加强效果,如《对"看破者"的看破》。

本文借鉴邓黔生《杂文创作概论》,介绍几种常见的结构形式。照镜式,用一个或几个古今中外的事例,对照现实中的问题,认事说理,事理结合;说古论今,趣味性、知识性较强。打靶式,将对方错误的论点或论据或漏洞摆出来,抓住其要点有针对性地"射击"。这种方式多适用于批驳性的杂文。对话式,用一问一答,对方交谈或多人讲话的客观描述来表达观点。作者一般正面表达自己的意见。《渔父》是一篇对问式"骚体"杂文,用一种灵活、生动的方式,充分展示了诗人屈原执着顽强、矢志不泯、愤世疾邪、不随流俗、一心报国的思想感情。文中屈原没有说服渔父,渔父也没有说服屈原,最后渔父自己扬长而去。但屈原最后用自己的行动作了一个结论——以生取义自沉汨罗。批点式，仿照古人评点文章、择要点穴的办法，抓住关键加以突出放大，透过现象看本质。引申式，作者从所见所闻的事例中，引起一连串的思索，领悟到能给人教育、启发的道理。切瓜式，将所论事物像切瓜一样，像一截为二，剖析对照，帮助读者分辨是非。剥笋式，犹如剥笋壳，一层进一层地深入，最后使笋肉（即主题）出现，也就是由远到近，由表及里的方式。串球式，以主题为主线，将同类性质的事例、依据有顺序地串联起来，用以论证作者的观点。辐条式，以一件事物为轴心，从各方面列举有关道理（或知识），看似辐条四散，其实都以轴心、毂紧密相连。

杂文创作应注意的问题，一是虚实相生，以事说理。有些杂文从一个新闻事实或一种社会现象入手，然后由事实生发出来思想认识、理论观点，或深入挖掘事实中蕴含的道理。如拙文《从政再提醒——成由勤俭败由奢》中《昏君身陷胭脂井》一文，叙述了陈后主是个"不爱江山爱美人"的反面典型：不理朝政，酷好声色。

当隋军攻入建康城后，陈朝军队乱成一团，兵找不到将，将找不到兵；文武大臣都跑光了，只知迷于歌舞、不懂用兵之道的陈后主，手足无措，急得抱头痛哭，拉着张、孔二妃，跳进后庭景阳殿前的枯井中躲藏，被隋军俘获。由于井口太小，3人一齐挤上，张丽华的胭脂被擦在井口，从此人们把这口枯井叫作"胭脂井"。

"实"处用"叙"，摆出事实，还要深入思考，"就实论虚"，揭示道理：

有人不齿于陈叔宝祸国自取其辱的行为，把它叫作"耻辱井"。正是："仓皇益见多情处，同穴甘心赴井中。"陈后主一时的欢笑变成了永久的哭泣，成为天下人的笑柄。江山已改姓，美人犹在怀。

失去了忧患意识，一味贪图享乐，沉湎于烟柳繁华地、温柔富贵乡，花天酒地、奢侈无度而不改弦更张，不仅是千金散尽不复来，而且使人意志消沉，就会成为败家子倾家荡产，成为社会的大蠹，既能败己、败家也可败国，真是害莫大焉。

摆事实和讲道理不是例子和观点简单地相加，更不是不摆事实光讲空话的道理，二者是有机的统一体。摆出事实主要是为了通过深入地分析，讲明道理。如果离开了具体事实，道理就很难讲得明了、透辟。所以下功夫选好典型的事实，就实论虚，揭示出一个大道理，就会提高杂文的质量。

鲁迅的杂文总是用充分的具体事例或历史事实来说理论证，从来不发空洞抽象的议论，看不到从概念到概念的干瘪文字。鲁迅的杂文立意深远，思想开阔，学识渊博，旁征博引，信手拈来，只要有助于论证自己所要说明的问题的，都能恰到好处地组织在自己文章当中。

杂文的选"实"范围非常广泛，一篇故事，一则寓言，一幅画面，一句警语。大至天下大事，小至日常事务，都可以是杂文的写作材料，关键是"材料"要选得典型，经得起分析和开掘，能使人产生联想和类比。要做到这一步，作者首先对这些事实材料经过由此及彼、由表及里、由浅入深的思考，把它们同现实生活中的某些现象联系起来，抓住了其中能给人以启发和教育的东西。

杂文创作应注意的问题，二是抨击时弊，常取类型。以小说为代表的正宗文学作品塑造艺术形象，要讲究形象的普遍意义，同时还要讲究"个性化"，如同黑格尔所说，写出活生生的"这一个"。杂文不是这样，它所刻画的形象是"类型化"的形象，用鲁迅先生的话说是"砭痼弊常取类型"。因为杂文所讽刺和抨击的对象，并不是哪一个人，它的原形是谁并不重要，而是一种类型化的形象，一些普遍存在的痼弊，如果个性化了，其普遍意义反而会受到损害。

杂文创作应注意的问题，三是巧运曲笔，旁敲侧击。曲笔包括曲折、含蓄之意，委婉的表达手法。以及使用反语、暗喻等言此意彼的手法，从而形成巨大的张力。由于曲笔而有余味，使其产生委婉而浓郁的含蓄效果，增添阅读的兴味和美感。鲁迅曾反复强调过杂文造语"须曲折"的道理，批评过内山完造那些"漫论"的好下"结论"，也不满意有的作者杂文的"太直白""少含蓄"。杂文往往不从正面攻坚，而从侧翼突破，甚至完全可以攻其一点，不必及其余。由于曲笔的由象生情，又由情入理，所说之理已隐含在前面的叙述之中，因而到作品结尾的时候，只须点破即可，不用再发挥议论了，可节省笔墨，而且余味无穷。"一段意思，全在结句，斯为绝妙"，产生不战而屈人之兵的艺术效果。

杂文创作应注意的问题，四是幽默讽刺，寓庄于谐。杂文不是正襟危坐的说教，而是幽默讽刺，通过运用修辞方式，刚柔并用，在善意的微笑或无情的嘲讽中，揭露生活中的弊端和腐朽，即"嬉笑怒骂皆成文章"。

幽默，意即言行生动而含意较深，亦即用轻松、有趣的方法表达自己的思想、感情、见解、想象和机智，奔放的感情常常流露出幽默感。幽默产生于荒谬的真实和真实的荒谬。幽默，是人们在忍俊不禁、意味深长的笑意中，对落后与丑恶的否定，从中获得的启迪。

讽刺，是用含蓄的语言讥刺人。讽刺作为文艺表现手法，是通过夸张、反语、比喻等手法，对落后的事物予以贬斥、否定、揭露或批评。讽刺，常被杂文作者巧手罗织，用来嘲笑、抨击和否定那些落后消极的以及反动的东西。讽刺应具有"真""美"的属性。讽刺常常用反语，字面上似肯定赞成，但实质是否定的、反对的。

杂文创作应注意的问题，五是力求全面，避免片面。要有辩证统一的观点，力求全面性，避免片面性。鲁迅后期的杂文，没有片面性，就是因为他学会了辩证法。我们分析问题时，要注意不搞绝对化，使人乐意读下去，并能以理服人。对领导干部和人民群众是需要批评的，但必须是站在党和人民的立场，而不是把同志当作敌人来对待。

六是有感而发，以情感人。情感是杂文区别于一般评论的重要标志，尤其是思辨性杂文区别于一般评论的主要标志。杂文并非正襟危坐、冷静空洞地进行说理，而是晓之以理，动之以情，以情寓理，理性与感性的融合。冷漠、麻木的人，写不好杂文。感是情之所系，感人赖情真，故情动于中曰"感"。情动于中，自然会有所生发，于是手之舞之，足之蹈之，进而歌之咏之。"感时花溅泪，恨别鸟惊心"，这是因为有感于心，从而有感而发。如果自己一无所感，那就很难感染别人。

在中国现代杂文史上，其实也有不少大家，就其写作技巧而言，也可算得上是炉火纯青，但终究未能像鲁迅的杂文那样震撼人心，一个重要原因，就是他们的爱憎不像鲁迅那样博大，他们的情感不像鲁迅那样深沉。"寄意寒星荃不察，我以我血荐轩辕"。在旧中国豺狼当道、鬼蜮横行的黑暗年代里，鲁迅怀着对祖国命运的深切忧虑和对祖国未来的无限希望，迎着腥风血雨，坚持韧性的战斗，对敌人绝不妥协，绝不屈服，跋涉在挽救祖国和民族危亡的征途上。鲁迅的杂文无论是溢于言表的悲愤激扬，还是沉郁含蓄的抒而不发，无不体现出情感中的理性之美，使文章别具一种逻辑力和感染力。

杂文创作应注意的问题，七是比喻夸张，飞跃联想。比喻，具有形象的说服力，而且又往往和想象、形容、夸张以及歇后语等胶结在一起。没有比喻，语言的形象性要减色，杂文也得相应地失掉一定的光彩。

杂文作者要触类旁通，应该善于比喻。但这里的比喻，常常通过联想，设譬立喻，有助于说明道理，增加文章的风趣和吸引力。一个深奥的道理，由于打个恰当的比方，一下子就变得形象而浅显易懂。秦牧说得好："精彩的譬喻，仿佛是童话里的魔棍似的，它碰到那里，那里就忽然清晰明亮起来。一个精彩的譬喻，你看上一次有时甚至可以终身记住。"

杂文创作应注意的问题，八是善于用典，言简意深。杂文写作不厌用典。运用典故，是杂文写作中常用的写作技巧。要把杂文写得有文采、有力量、有深度，必须恰当地用典故。用典，就是引用历史故事、名人逸闻、寓言、成语、格言、诗句等来加强表现力，帮助说明要表达的道理。典故的内容很广泛，包括成语、寓言、谚语、中外历史故事、格言警语、诗词歌赋、科学术语、遗闻逸事等。作者将丰富多彩、启人心智的典故灵活运用，能使议论谈笑风生，左右逢源，起到思想引导、知识启迪的作用，体现出浓郁的"杂文味"。

邓拓的《一个鸡蛋的家当》，引用了明人笔记《雪涛小说》中一个市人拾得一个鸡蛋便异想天开的故事，来批评影射现实生活的"左"倾，都是成功用典的典范。杂文《龙多不治水》从"龙多不治水"的谚语，联想到某些单位"官多不办理"的情况。

列宁的《社会民主主义的宝贝儿》,就是借契诃夫名作《宝贝儿》之典,用此来比喻、揭露曾是社会民主主义者的波特列索夫(化名斯塔罗维尔)朝三暮四的言行。高尔基在讽刺美国资本家的时候,说:"他们像是三个胃袋和一百五十枚牙齿。"

常用文体写作的特别提示

准确性是公文的生命线。公文具有权威性、严肃性、政策性和实用性,不同于一般的应用文。公文以实用为目的,是务实的文书,是要解决实际问题的,其作用是重要的,其性质是严肃性的,因此,所拟文稿用词概念必须准确,事实必须搞准,造句必须合乎文法,判断推理必须合乎逻辑。

有些机关单位公文的质量不高,有的公文粗制滥造,主要表现在,内容上政治性不强,政策上有漏洞;脱离实际,空泛无物,套话连篇。形式上层次不清,结构混乱;前后不照应,文理不合情,立论相矛盾;语法有误,用词不当;文种不符,格式不规范,"八股味"浓等。这些都是公文写作上的大敌。

汉语文字的构词能力非常强,概括性强,词汇丰富,词义微妙多变,近义词多,一个基本意义可以用很多词表达,词与词之间,意义上有着细微的差别。语言表达时,必须在选词用句上狠下功夫。要认真推敲,反复比较,格外注意同义词的细微区别、搭配习惯等,选取贴切的词语,如果把握不准,就有可能表达不够准确。要力避似是而非、模棱两可、含糊其辞。我们怎样做到准确呢?要有古人"吟安一个字,捻断数根须","为求一字稳,耐得半宵寒"的精神,力求词不虚设,表意准确。

起草公文中,常出现用字不准确的现象。如,"制定干部下基层劳动的计划","制定"应改为"制订"。虽然它们都有创制的含义,但比较而言,"制定"强调"确定下来成为定案",使用的对象大,范围广,如制定法律、法规、章程。"制订"则侧重创制拟定的行为过程，如制订措施、计划等。制定适用于路线、方针、政策、法令、规章制度，制订适用于方案、规划、计划。再如，"这个企业的设备和技术力量很好，就是生产没有搞上去。"主语"设备"可以说"好"，但对主语"技术力量"说"好"，就不搭配，可改成"设备和技术力量都是第一流的"或者"设备好，技术力量强"。再如，"这个厂的党政领导齐心协力，生产建设、经济效益继续稳定提高。""经济效益"可以说"提高"，但"生产建设"就不能说"提高"，可改成"生产建设持续发展，经济效益稳步提高"。

在公文写作中由于对词汇的含义没搞明白而误用，即把对事物的概括反映到了彼事物上。如"最近以来，职工在上班期间里，很少有干私活的现象发生。"期间是个大概念，用在这里不妥，应当用"时间"这个小概念。词义的误用多出现在近义词的使用当中，如"地震给唐山造成极其严重的损坏"，这就是把本应用"毁坏"的词误用了"损坏"。

词语是逻辑思维的最基本的单位，是进行判断、推理的基础，因而用词一定要恰当，这样才能准确地认识和区别形形色色的千事万物，才能议论准确和说理妥帖。如果用词不当，概念不准，就会直接影响公文的正确性，造成认识的混乱。

在写作实践中，经常发现由于作者的粗心大意造成公文中的错漏现象。如，出现频率较高的错别字是："已和己"不分；"辨与辩"不分；"拔和拨"不分；"启事与启示"不分等。这在公文写作中都是不允许出现的。在公文写作中，有时写错或用错一个字，意思就可能完全不同，甚至给工作带来不可弥补的损失。

此外，用字要防错，数字要精确，以保证公文不出现错漏现象。有些公文当中引用数字时多写一个"零"或少写一个"零"，一差就是十倍；如果把"十万"错成"十"，则是万倍之差。所以，我们在写作时，一定要认真仔细，尽量排除这种疏忽错漏的现象。

要注意辨析表面上看差别不明显的文种，如公告、通告、通知。公告是向国内外宣布重大事项，是庄重严肃且事项重大的公开文告，发文的权力被限制在高层行政机关及其职能部门的范围之内，而且公告的题材必须是能在国际国内产生一定影响的重要事项，常通过新闻媒介一种渠道，郑重及时地发布。

有些公文标题错误，一般表现为事由表述重复、啰嗦、冗长、空洞、不明确。公文标题中的事由部分是对公文内容的高度概括，是标题的核心，要求准确、简洁，而有些公文标题的拟写出现错误。如：《××公司关于申请增加超计划出口指标的请示》，应删去"申请"二字。

公文的准确性还表现为必须遵守文法。关于文法的准确问题，毛泽东也曾做过论述："……还要讲文法。许多同志省掉了不应当省掉的主词、宾词，或者把副词当动词用，甚至于省掉动词，这些都是不合文法的。总之，一个合逻辑，一个合文法，一个较好的修辞，这三点请你们在写文章的时候注意。"（《毛泽东选集》第5卷，人民出版社1977年版，第217页。）

必要的主语、谓语、宾语必须完备无误，否则，就会导致句意不明。如，《关于出国考察的请示》，到底是谁要出国考察不清楚，应在"关于"后面加上"××同志"。

事实的准确是公文的生命，也是所有从事公文写作工作时必须遵守的指导思想和工作原则。事实是指用以说明和证实观点或结论的事件或情况，是公文准确性的基础和前提。公文中的事实表述不准确缺乏说服力和论证性也就从根本上失去了通篇公文的意义和价值。

要做到事实表述的准确，要求对有关事件或情况的叙述，必须从实际出发，实事求是。公文的写作首先要确保公文事实的准确，这与文学作品的写作是有区别的。公文反映的是公务活动中的客观事实，它涉及的人物、事件、时间、地点等必须绝对准确，任何一个细节都不允许失真，否则就会给我们的工作带来不可想象的损失。真实地反映出事实发生的本来面目和客观过程，一是一，二是二，是则是，非则非，绝不能道听途说、虚伪不实，不能凭空编造。它的措置、办法和规定要符合实际，切实可行。正确的公文内容应该是：分析情况，精辟准确；提出问题，切中要害；解决矛盾，一针见血；指导工作，卓有成效。

思想观点是文稿的灵魂和统帅,观点站不住脚,整个文稿就失去其存在的价值。因此,要检查公文的思想内容方面,是否符合党和国家的方针政策以及上级机关的指示精神,所要说明和解决的问题是否清楚,是否切合本单位、本部门的实际,要反复推敲,精心审核。还要特别注意文稿本身的观点应始终如一,不能自相矛盾。

公文的准确性,还要合乎逻辑。毛泽东还指出:"写文章要讲逻辑。就是要注意整篇文章、整篇论说的结构,开头、中间、尾巴要有一种关系,要有一种内部的联系,不要互相冲突"。(《毛泽东选集》第5卷,人民出版社1977年版,第217页。)公文写作必须合乎逻辑,包括概念、判断、推理的运用等,都必须符合逻辑规律,以保证公文内容的准确表达。

公文处理也要做到准确无误,不能出任何差错,包括:接收公文准确,是否有缺页重页等现象;检查公文内容诸要素是否完备;审核是否办理;准确呈送领导阅批,避免送错文件;准确送承办部门办理;保密文件准确传递。

写作能力是年复一年练出来的,高质量的材料是一遍一遍磨出来的。机关干部的每篇文稿都是艰苦思考、反复斟酌、修改的结果。因为客观事物纷繁复杂,事物的本质及其规律性隐藏在事物的深处。人们认识事物是一个由表及里、由浅入深的逐步深入过程,不可能一蹴而就,一眼看清事物的本来面目。毛泽东在《反对党八股》一文中指出:"文章是客观事物的反映,而事物是曲折复杂的,必须反复研究,才能反映恰当。"写文章是对客观事物再认识、再思考的过程,要通过调整结构、增删材料、锤炼观点、修饰语言,来弥补疏漏和缺陷。

领导干部要不依赖高手修改,以我为主,自我加压,不满意不交稿。只要时间允许,要改到不能再改为止,有一种语不惊人不罢休的追求。不舍得花心血、掉头发,不愿意加班加点、反复修改,是写不出好文稿的。

党的会议中的有关文件,也要文字简练,还要清爽好看。1956年8月24日,毛泽东审阅修改八大政治报告稿后,写批示,"觉得文中还有一些重复拖累的地方,还可以删节一些"。27日,他审阅修改《关于修改党的章程的报告（修改稿）》，并批示："许多句子太长，不好读。我在第 32 页的一段中试增了一些标点，考虑全文都增加一些标点。"与此同时，毛泽东在审阅修改八大政治报告稿"关于民族问题"部分的修改稿的时候，则批示说："这一部分改得很好，字数不多，清爽好看。"在毛泽东的指导和要求下，党的八大会议文件稿在原基础上有了新提升、新突破，成为载入党的历史的重要文献。

> **经典故事**

文章大家毛泽东

　　语言表达是领导者胜任工作的第一职业要求。领导干部向方方面面的人上传下达、布置工作、沟通思想，必须拥有语言交流能力。领导者崇高的智慧谋略、才华能力、风度魅力，都以恰到好处的语言作为载体。

　　毛泽东是全党公认的演讲、写文章的大师。毛泽东深邃的思想，是以鲜明的大众化语言来表述和展现的，具有很强的感染力和吸引力。比如，他在《反对党八股》中说过："如果一篇文章，一个演说……没有一点生动活泼的语言，这岂不是语言无味，面目可憎，像个瘪三么？""拖着一条小资产阶级的尾巴进党来"；"甲乙丙丁，开中药铺"；"懒婆娘的裹脚，又长又臭"；"到什么山上唱什么歌"等形象比喻，都给人留下深刻印象。

　　毛泽东善于在讲话中综合运用各种修辞手法，而且非常娴熟，信手拈来，挥洒自如，实为典范。毛泽东的口头语言、书面语言极富特点和个性。诸如：星星之火，可以燎原；我们共产党人好比种子，人民好比土地；夺取革命的胜利，只是万里长征走完了第一步；党委的同志必须学会"弹钢琴",真是经典名言,魅力无穷。

据不完全统计,《毛泽东选集》(1-4卷)中单成语、典故就有150多个,可见毛泽东是引经据典、善譬博喻的大师。"鲜明朴实的文风扑面而来,生动活泼的语言引人入胜,深入浅出的论述让人茅塞顿开"(习近平语)。

毛泽东在1930年1月写给林彪的信(即《星星之火,可以燎原》)中,把革命形势的发展比喻为星星之火终将形成燎原之势,对革命的前途充满信心。如何表述"中国革命高潮快要到来",驳斥有关虚无主义论调,坚定人们必胜信念?毛泽东连用三个精彩而贴切的比喻(以"远方来的航船""初升的朝阳""将出世的婴儿"为喻体),这之后的革命完全证实了毛泽东的这些生动的比喻具有何等惊人的预见性,成为国人在运用比喻时经常借鉴的最佳范例:

"马克思主义者不是算命先生,未来的发展和变化,只应该也只能说出个大的方向,不应该也不可能机械地规定时日。但我所说中国革命高潮快要到来,决不是如有些人所谓有到来之可能,那样完全没有行动意义的、可望而不可即的一种空的东西。它是站在海岸遥望海中已经看得见桅杆尖头了的一只航船,它是立于高山之巅远看东方已见光芒四射喷薄欲出的一轮朝日,它是躁动于母腹中的快要成熟了的一个婴儿。"

毛泽东在井冈山讲游击战术的片断:"白军强大,红军弱小,我们以弱斗强,只能采取游击战术。什么叫游击战术?简单扼要地说就是'敌进我退,敌驻我扰,敌疲我打,敌退我追',十六个大字。"

"从前井冈山有个山大王,叫朱聋子,他和当时的统治者斗了好些年,总结了一条经验:'不要会打仗,只要会打圈',朱聋子前一句话不对,后一句话是真的。我们改它一下好了:既要会打仗,又要会打圈,这样才能歼灭敌人,使根据地不断巩固,不断扩大。打圈是为了避实就虚,迷惑敌人。强敌来了,先领着他兜几个圈子;看出他的弱点,抓准了就打。要打得干净利落,要缴到枪炮、抓住人。打得赢就打,打不赢就走,赚钱就来,蚀本不干。"

毛泽东妙趣横生地讲解游击战术,先讲一个有趣的故事,形象鲜明地证明了"兜圈子"的好处；然后讲怎么"兜"，用的都是通俗的习惯用语，说的都是短小俏皮的句子，透出了诙谐与自信，显得轻松活泼。

1941年11月，开明绅士李鼎铭先生向共产党提出了"精兵简政"的建议。党内有些同志很不理解，甚至还怀疑建议的动机。毛泽东慧眼识良策，采纳了这一建议，还写了《一个极其重要的政策》的专文，阐述与推广这一政策。文中写道："目前根据地的情况迫切要求我们脱掉冬衣，穿起夏服，以便轻轻快快地同敌人做斗争，我们却还是一身臃肿，头重脚轻，很不适应于作战，若说，何以对付敌人的庞大机构呢？那就有孙行者对付铁扇公主为例。铁扇公主虽然是一个厉害的妖精，孙行者却化为一个小虫钻进铁扇公主的肠胃里去把她战败了。柳宗元曾经描写过的'黔驴之技'，也是一个很好的教训……大驴子还是被小老虎吃掉了。我们八路军新四军是孙行者和小老虎，是很有办法对付这个日本妖精或日本驴子的……"这篇妙文形象、贴切地阐明了"精兵简政"的必要性与可行性，并对李鼎铭的建议予以热情支持和高度赞赏。

毛泽东是党内外公认的语言大师，他的文章和讲话中，比喻、拟人、排比处处可见；名言、俗话、故事比比皆是；旁征博引，形象生动，诙谐幽默，妙语连珠，一语胜千言，给人留下深刻的印象。如"夺取全国胜利，这只是万里长征走完了第一步""妇女能顶半边天"……他的许多妙喻，看似顺手拈来，实则深思熟虑。毛泽东尤为擅长比喻，妙语连珠，令人叫绝，具有深刻的政治性、鲜明的政策性和真挚的情感性。

1944年10月25日，毛泽东在延安中央党校大礼堂，向参加第一期党校培训班的营以上干部作重要讲话。他说：同志们这次出去，要能够团结广大党外群众。一个共产党员，要像柳树一样，插到哪里就在那里活起来。但是柳树也有弱点，就是随风倒，软得很，所以还要学松树。松树的劲大得很，到冬天也不落叶子。松树有原则性，柳树有灵活性。斯大林说过，共产党员是特殊材料制成的。什么是特殊材料呢？就是松树和柳树结合起来，像柳树那样可亲，人人喜欢；像松树那样坚定，稳当可靠。这样人民群众就会成群结队地围绕在我们身边。

重庆谈判时期,毛泽东曾在秘书王炳南的陪同下,登门拜访陈立夫。寒暄后,毛泽东又忆起第一次国共合作的往事,说那是国共两党的"一段蜜月期。"陈立夫说,那段时期正在美国读书。毛泽东接着批评国民党的剿共政策,说:"所谓'石头过刀,茅草过火',厉害得很啦!"陈立夫则表示,这都是过去的事,无须再提。毛泽东继续说:"我们上山打游击,是国民党剿共逼出来的,是逼上梁山。就像孙悟空大闹天宫,玉皇大帝封他为弼马温,孙悟空不服气,自己鉴定是齐天大圣。可是,你们却连弼马温也不给我们做,我们只好扛枪上山了。"陈立夫表示,国民党在过去有许多要检讨的地方,这次国共和谈,愿意"尽心效力"。

1949年3月23日,毛泽东等中央领导同志由西柏坡前往北京。他对大家说:"今天是进京'赶考'嘛,进京'赶考'去,精神不好怎么行啊?"周恩来笑着说:"我们应当都能考试及格,不要退回来。"毛泽东说:"退回来就失败了。我们决不当李自成。我们都希望考个好成绩。"毛泽东把经过28年的艰苦奋斗、即将建立人民政权的时刻,比作"进京赶考",而且要"考个好成绩","决不当李自成",真是意味深长!

毛泽东不喜欢板起面孔说话,他总能赋予语言以生动诙谐之趣。1949年2月21日晚,毛泽东在西柏坡接见傅作义时,风趣地说:"过去我们在战场见面,清清楚楚,今天是姑舅亲戚,难舍难分。"一句话使傅作义起义后一个月来积聚在心头的疑虑,顿时冰消雪化,心悦诚服地拥护共产党的政策。

毛泽东1955年9月在中共七届六中全会扩大会议上作总结发言,其中说道:"什么叫'左倾'?什么叫右倾?好像妇女生娃娃,七个月就压出来,就是左了。过了九个月不准出来,就是右了。"

1958年大跃进带来的后果是严重的。毛泽东请来了四位"高参"——周小舟、李锐、田家英、周惠商讨国家大事。毛泽东在谈话中叹道:"国固思良将,家贫念贤妻。"恰如其分地反映了毛泽东对形势的忧虑,也表达了他迫切扭转局势的决心和愿望,对"四大高参"寄予的信任和厚望。

借代不直接说出该人或该事物,而是用与人或事物有关的东西来代替人或事物。借代的客观基础是事物的相关性，运用这种技巧可以使语言具体形象，富于变化。部分代整体，即用事物具有代表性的部分代本体事物。如：两岸青山相对出，孤帆一片日边来。用船的一部分"帆"来代替船。特征代本体，即用借体（人或事物）的特征、标志去代替本体事物的名称。

毛泽东在中共中央一次大会上讲过："1949年在这个地方（北京）开会的时候，我们有一位将军主张军队要增加薪水，有许多同志赞成，我就反对。他举的例子是资本家吃饭五个碗，解放军吃饭是盐水加一点酸菜，他说这不行。我说这恰恰是好事。你五个碗，我们吃酸菜。这个酸菜里面就出政治，就出模范。解放军得人心就是这个酸菜，当然，还有别的。"

"酸菜"，是一种代表艰苦的生活，引申为共产党人艰苦奋斗的光荣传统和政治本色。"酸菜里面出政治"的故事，用具体代抽象的借代方式讲述，生动有趣，过目难忘。

在领导活动和交往中，巧妙地使用典故、箴言、格言、谚语、警语、歇后语，不仅可以使你的谈话生动形象，富有美感，说理深刻，增强说服力和震撼力，而且能恰当地表达自己的意思，回避不好回答的问题，又能活跃气氛，拉近交谈双方的距离，无形中提高了你的说话水平。毛泽东批评党八股是"甲乙丙丁，开中药铺"，主观主义是"墙上芦苇，头重脚轻根底浅；山间竹笋，嘴尖皮厚腹中空"。又说"帝国主义和一切反动派都是纸老虎"。

幽默是智慧的化身，许多人喜欢幽默，体现了一种机智与聪睿，是人生智慧之源上绽放的最美丽的花朵。增添幽默感的语言可以运用比喻、拟人、夸张、双关、借代等方式，也可用漫画式的描写。

毛泽东当年对那些刚愎自用、脱离群众的领导干部，通过幽默、诙谐的话语进行了善意的批评："我们现在有些第一书记，连封建时代的刘邦都不如，倒有点像项羽。这些同志如果不改，最后要垮台的。不是有一出戏叫'霸王别姬'吗？这些同志如果总是不改，难免有一天要'别姬'就是了。"可以说是"字字珠玑，句句精彩"。

尼克松和基辛格在回忆与毛泽东1972年在北京进行历史性会晤时，

不无感慨地说：毛泽东有一种非凡的幽默感。他永远是谈话的中心，在他的指引下，这次历史性会晤，是在一种漫不经心的戏谑玩笑的气氛中进行的。轻松的俏皮话使人觉得是几个经常来往的熟人在聊天，一些十分严肃的原则性的主题在毛泽东诙谐随意的谈吐之中暗示出来。温斯顿·劳德也评论说："即使我不知道他是谁，如果我参加一次他也参加的鸡尾酒会，他肯定会靠他的力量把我吸引过去。"

毛泽东82岁时，在书房和基辛格见面。毛泽东泰然自若地说："我很快就要去见上帝了，我已经收到了上帝的请柬。"基辛格笑着答道："不要急于接受。"